돈이 모이는
재물운의 비밀

# 돈이 모이는 재물운의 비밀

재물운이 따르는 사람들의 생활습관

천동희(머찌동)지음

메이트북스

메이트북스 우리는 책이 독자를 위한 것임을 잊지 않는다.
우리는 독자의 꿈을 사랑하고,
그 꿈이 실현될 수 있는 도구를 세상에 내놓는다.

# 돈이 모이는 재물운의 비밀

**초판 1쇄 발행** 2023년 7월 1일 | **지은이** 천동희 | **초판 2쇄 발행** 2023년 7월 15일
**펴낸곳** (주)원앤원콘텐츠그룹 | **펴낸이** 강현규·정영훈
**책임편집** 남수정 | **편집** 안정연·박은지 | **디자인** 최선희
**마케팅** 김형진·이선미·정채훈 | **경영지원** 최향숙
**등록번호** 제301-2006-001호 | **등록일자** 2013년 5월 24일
**주소** 04607 서울시 중구 다산로 139 랜더스빌딩 5층 | **전화** (02)2234-7117
**팩스** (02)2234-1086 | **홈페이지** matebooks.co.kr | **이메일** khg0109@hanmail.net
**값** 19,000원 | **ISBN** 979-11-6002-403-6 03190

재물은 운이라는 바람을 타고 다가오지만,
지혜와 노력으로 그것을 잡아야 한다.

· 토머스 제퍼슨(미국의 제3대 대통령) ·

# 진정한 부자로 가는 재물운의 비밀!

"여러분은 재물운을 좋아하는가?"

질문이 생소하다면, 바꿔서 물어보겠다. "여러분은 누군가를 좋아해본 적이 있는가?" 분명 있다고 대답할 것이다. "좋아하는 누군가가 여러분을 좋아하지 않는 경우를 겪어보았는가?" 이런 경험 역시 필히 있을 것이다. 내가 좋아하는 누군가가 나를 좋아하지 않는다는 사실만큼 가슴 아픈 일도 없을 것이다. 하지만 내가 좋아하는 누군가가 나를 좋아하지 않는다고 해서 내가 가난해지거나 먹고사는 일에 지장이 생기지는 않는다. 물론 그리운 마음에 식음을 전폐하고 아무것도 못하고 있다면 이야기는 달라지겠지만 말이다.

그런데 재물운이라는 것은 좀 다른 이야기다. 재물운을 싫어하는 사람은 없겠지만, 재물운이 당신을 좋아하지 않는다면 틀림없이 당신은 누군가로부터 외면받는 것보다 더 고통스러운 삶을 살게 될 것이다. 경제적인 궁핍뿐만 아니라 여러 가지 결핍된 것들 때문에 지금도 힘든 시간을 견뎌내고 있는 이들이 많을 것이다. 나 역시 그러한 시절을 지나왔다. 하지만 지금은 그 누구보다 재물운이 따르는 사람 중 하나가 되었다.

이쯤에서 나를 소개하자면, 나는 풍수컨설팅회사를 운영하고 있고 풍수를 통해서 많은 사람들의 삶을 컨설팅해주고 있는 풍수 전문가다. 대외적으로는 '머찌동'이라는 이름으로 활동하고 있다. 아마 내 연령대에 풍수전문가로 활동하는 사람은 없을 것이라고 생각한다. 풍수 컨설팅을 하면서 많은 사람들을 만나고 있고, 나의 집안은 4대째 풍수의 학풍을 이어오고 있다. 그 전통을 통해서 더 나은 삶을 살아온 분들의 수를 생각한다면 수십만 명은 족히 넘을 것이다. 그만큼 누구보다 운에 대해서는 많은 경험과 식견을 쌓아가고 있다고 생각한다.

나는 법학을 전공했고, 오랫동안 법을 공부했다. 학문 쪽 배경 때문인지는 몰라도 나름대로 논리적인 사고를 통해서 세상을 바라보려고 한다. 내가 지금까지 공부해오고 있고 의뢰인들의 삶에 적용해주는 자연의 원칙과 운의 진실들은 분명 그 어떤 것보다 논리적이었다. 수많은 사람들을 보면서 느꼈다. 그리고 그러한 원칙과 진실들을 적용했을 때 나타난 의뢰인들의 변화 역시 놀라웠다. 나의 삶을 통해서도 증명하고 있다.

운이라는 것을 제대로 생각하면서 살아온 지 채 몇 년 되지 않았다. 불과 몇 년 전만 해도 직장도, 가진 것도 없었고, 빚밖에 없는 사람이었다. 하지만 운의 진실과 재물운을 가까이하기 위해 노력한 덕분에 단 몇 년 만에 한 분야의 전문가, 그리고 한 회사를 운영하는 대표가 되었다. 나의 이름으로 된 재산이 있고, 이제는 더 가지려는 노력과 동시에 가진 것들을 지키고자 하는 노력을 함께 해나가고 있다.

물론 나보다 더 많은 것을 가진 사람이 참 많다. 하지만 내가 자신할 수 있는 것은 나보다 더 많은 것을 가진 사람들은 많을지라도 나만큼 가진 것의 의미를 잘 알고 행복감을 느끼는 사람은 많지 않더라는 사실이다. 정재계의 유명인사들과 부자들을 만나면서 깨달은 사실은 정말 행복을 느끼는 이들은 많지 않다는 것이었다.

쉽게 말해서, 나는 행복과 재물운에 있어서는 가성비가 높은 삶을 살고 있다고 자부한다. 그리고 이 책을 통해서 내가 깨달아온 것들과 실제 강연과 컨설팅을 통해서 사람들에게 알려주고 있는 것들, 나의 삶에 적용하고 있는 것들을 솔직하게 이야기했다.

풍수 컨설팅을 통해서는 한 사람이 살고 있는 공간, 그 공간 안에서 살아가고 있는 사람들 간의 관계, 그리고 한 사람이 살아온 내력 등을 모두 들여다볼 수 있다. 그러다 보니 운이라는 것은 단순히 보이지 않는 막연한 무언가가 아니라 실체적이고 구조화된 존재라는 것을 알게 되었다. 그래서 이 책에서는 재물운의 실체를 이야기하면서 운을 쌓을 수 있는 영역을 4가지로 나누었다. 첫 번째는 공간을 통해서 쌓을 수 있는 운을 이야기했고, 두 번째는 관계를 통해서 쌓을 수 있는 운을 이야기했다. 세 번째와 네 번째는 모두 나 자신에 대한 것이다. 다만 나의 외적인 부분과 내적인 부분으로 조금 더 세분화해 운을 쌓을 수 있는 방법들을 나열했다. 책의 내용 중간중간에는 독자가 직접 적을 수 있는 공간을 마련했다. 이것은 독자로 하여금 이 책을 좀더 적극적인 방법으로 읽고, 이 책을 통해 조금이라도 좋은 방향으로 삶의 변화를 느꼈으면 하는 마음으로 마련한 공간들이다. 가벼운 마음으로 읽어나가되, 진지하게 적어보고 생각해봤으면 한다. 그러한 과정을 차곡차곡 쌓아가다 보면 분명 책을 다 읽은 즈음에는 '재물운이 좋아하는 당신'이 되어 있을 것이다.

이 책을 쓰기까지 도움을 주신 분들에 대한 감사 인사를 하고 싶다. 우선, 풍수뿐만 아니라 삶에 대한 전반적인 철학을 깊이 있게 알도록 해주신 스승님이자 아버지인, 대통령 풍수자문의 천성조 마스터님께 무한한 존경을 표한다. 국내의 풍수 현대사를 새롭게 펼치고 계신 천성조 마스터님의 가르침을 계속해서 이어나갈 것이다. 그리고 이 책이 세상에 나올 수 있도록 좋은 인연을 맺어주신 메이트북스 관계자분들 모두에게 감사하다는 말씀을 전한다. 마지막은 당연히, 한 사람에 대한 감사다. 내 평생 만나게 될 좋은 운 중에서 가장 큰 행운인 나의 아내에게 사랑의 마음을 전한다.

이제, 진정한 의미의 부자가 될 당신의 삶을 만나러 가보자.

2023년 6월, 천동희(머찌동)

# 차례

## 운의 진실
### 1장 3천여 명의 인생과 집을 보고 난 후 알게 된 진실

# 공간 운

## 2장 내가 있는 공간에서 운을 끌어올리는 법

# 사람 운
## 3장 타인으로부터 운을 끌어올리는 법

# 나의 운(외양)
## 4장 행동과 습관만 바뀌어도 재물운이 상승한다

## 나의 운(내면)

### 5장    모든 운은 마음에서부터 시작된다

우리가 그토록 원하는 재물운이란 대체 무엇일까? 재물운도 결국 '운'의 한 종류다. 1장에서는 우리 옆에 항상 존재했지만 알아차리지 못한 운의 진실에 대해서 확실하게 알게 될 것이다. 운을 얻고, 잘 살게 되는 기초공사를 하는 단계 정도로 생각하면 좋을 것 같다. 1장에서 알게 될 운의 진실들은 뒤에 이어지는 장들과 유기적으로 연결되어 있다. 운의 진실들을 잘 습득해 재물운이 당신을 바라보게 될 수 있도록 한걸음 나아가보도록 하자.

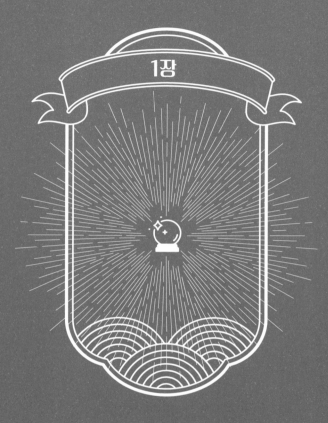

# 운의 진실

**3천여 명의 인생과 집을 보고 난 후 알게 된 진실**

# 미신은 안 믿지만
# 재물운은 섬긴다

**당신은 누구보다 재물운을 좋아하는 사람이다.
재물운을 얻기 위해서는 재물운이 무엇인지,
어떠한 노력을 해야 하는지를 알아야 한다.**

## 돈이 잘 들어오길 바라는 해바라기 액자

공간을 중심으로 사람들의 삶을 들여다보는 일을 하다 보면 기이한 장면을 쉽게 목격한다. 나의 회사를 통해서 풍수 컨설팅을 받으신 분들 중에는 종교에 몸을 담고 계신 분들도 있다. 다양한 종교에 계신 분들이니 특정 종교를 떠올릴 필요는 없다.

하루는 그중 한곳에 들렀는데 문을 열자마자 큐빅이 반짝반짝 빛나는 돈 나무 액자가 걸려 있는 것을 보았다. 참 재밌는 일이다. 종교

관련 공간에 오는 사람들은 보통 풍수지리나 운을 미신이라고 치부하는 경우가 많다. 그러한 공간의 입구에 재물운을 상징하는 액자가 있는 것이 아이러니하다는 생각이 들었다. 물론 재물운 때문이 아니라 단순히 예뻐서, 혹은 인연이 깊은 사람의 선물이라서 걸어두었을 수도 있다.

나는 종교시설, 공장, 사옥, 상가, 주택, 아파트 등 여러 공간을 돌아보고 컨설팅하고 있다. 서로 다른 다양한 공간들이지만 한 가지 공통점이 있는데, 바로 어느 공간이든 재물운을 상징하는 특별한 액자나 소품들이 입구에 하나씩은 있다는 것이다.

가까운 상가의 입구를 한번 보라. 분명 액자나 소품이 있을 것이다. 그만큼 대부분의 사람들은 일상생활 속 내 공간 안에서 좋은 일이 일어나기를, 돈이 많이 들어오는 일이 일어나기를 항상 바란다.

**해바라기 액자**

* 모두의 마음속에는 해바라기 액자가 하나씩 걸려 있다.

미신은 안 믿지만 재물운은 누구보다 귀히 대하는 것이 우리의 모습이다. 그도 그럴 것이 돈이라는 존재는 사람이 새로운 무언가를 할 수 있는 기회를 제공해준다. 원하는 것, 먹고 싶은 것, 하고 싶은 것을 마음껏 한다는 것은 나의 미래를 자유롭게 선택할 수 있음을 의미한다. 돈이 잘 들어오길 바라는 마음은 우리 마음속에도 우리만의 해바라기 액자가 걸려 있다는 증거이기도 하다.

## 30cm 차이가 가져오는 인생의 큰 차이

✳

외부 채널에서 인터뷰를 하거나 강연에 가면 꼭 빠지지 않고 나오는 질문이 하나 있다. "풍수적으로 어느 동네가 진짜 부자 동네인가요?" 사람들이 풍수에서 흔히들 착각하는 개념이 바로 '명당 동네'인데, 이것은 사실 큰 의미가 없다.

설령 평택의 한 지역이 명당 동네라고 하더라도 그 안에 수없이 많은 아파트 단지가 있다. 그리고 한 아파트 단지 안에도 동, 라인, 층, 집 구조, 방 배치 등에 따라 그 공간에 사는 사람들의 운이 달라진다. 그래서 같은 라인에 살더라도 누구는 잘살고 누구는 못사는 현상을 풍수적으로 해석할 수 있는 것이다.

명당과 흉당은 한 발자국 차이에 불과하다. 죽은 사람이 사는 집을 풍수 용어로 '음택(묘)'이라고 한다. 한강을 사이에 두고 삶의 질을 나누는 것처럼, 죽은 이의 자리도 마찬가지다. 한 발자국 차이로 땅의 기운이 흐르는 땅과 수맥이 흘러 좋지 않은 땅이 구별되는 것이 음택이다. 땅의 기운이 흐르는 땅에 묻힌 조상님은 편안하게 쉴 수 있을 것이고, 단지 한 걸음 떨어져 있을 뿐이지만 수맥이 흐르는 땅에 묻힌 조상님은 영원토록 불편하게 지내게 되는 것이다.

30cm의 차이가 명당과 흉당을 결정짓는다. 그러한 영향이 자손에게 대대손손 전해지는 것이 음택의 원리다. 30cm의 차이는 상상을 초월한다. 우리가 살고 있는 이 세상도 똑같다. 한 걸음 옆에 있는 누군가는 수백억 원의 건물을 몇 개나 가진 자산가일 수 있고, 한 걸

**자산가와 거지**

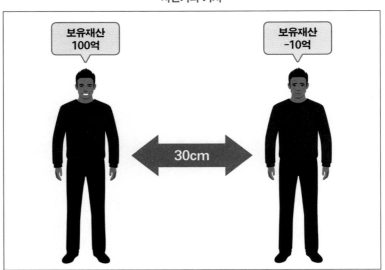

* 자산가와 거지의 물리적 거리는 30cm에 불과하다. 물리적 거리가 더 가깝기 때문에 잔인하게 느껴진다.

음 옆에 있는 또 다른 누군가는 매일 빚에 시달리며 하루하루를 겨우 살아내는 실업자일 수 있다.

수백억 자산가와 실업자의 물리적 거리 역시 30cm에 불과하다. 사람과 사람이 서로를 볼 수 있다는 것은 참으로 신비롭기도 하고 잔인하기도 하다. 사람과 사람의 관계를 통해 새로운 에너지와 삶의 동기를 얻기도 하고, 남자와 여자가 만나 새로운 사람이 탄생하기도 한다. 또 한편으로는 눈앞에 보이는 사람 때문에 내 삶을 초라하게 느끼기도 하고, 끝없는 동굴로 빠져들기도 한다. 이런 이유 때문에 사람들은 돈을 좋아하는 동시에 미워하기를 반복한다. 애증의 관계인 것이다.

## 당신만의 운에 이름을 붙여주자

사람과 돈의 애증 관계를 놓고 봤을 때, 그 사이를 결정짓는 것이 바로 우리가 말하는 운이다. 조금 더 구체적으로는 재물운이다. 재물운이 있는 사람들은 돈과의 관계가 조금 더 사랑스러울 것이고, 재물운이 없는 사람들은 돈과의 관계가 참으로 지긋지긋할 것이다. 돈과의 친밀한 관계를 통해 내 삶의 자유를 얻고 원하는 선택을 하며 살아가는 삶, 바로 그것이 모두가 꿈꾸는 삶이다.

분명 운이 있는 삶은 운이 없는 삶보다 좋다는 것을 누구나 안다.

그렇다면 운을 얻어야 할 것이다. 운
을 얻으려면, 또 언제나 내 삶 속에서
함께하고자 한다면, 운이라는 것이
무엇인지부터 파악해야 한다.

**운이라는 존재**

\* 당신의 운은 어떻게 생겼을까?

내 삶을 풍요롭게 만들어줄 운이라
는 존재를 당신이 짝사랑하고 있는
누군가라고 생각하자. 분명 이 책을
읽는 대부분의 사람들은 사랑하는 한
사람을 얻기 위해 한 번쯤은 미친 듯
이 노력해본 적이 있을 것이다. 이제

그 노력의 대상을 운이라 생각하고 그대로 적용하면 된다. 한 사람
의 마음을 얻기 위해 그 사람이 누군지 파악하고, 그 사람이 무엇을
좋아하고 싫어하는지 미리 공부해 그 사람이 좋아할 만한 행동을 하
는 것이다.

이번 장에서 말하게 될 내용들이 이것이다. 운이 어떻게 생겼으
며, 어떤 것을 좋아하고, 어떻게 했을 때 내 옆에 오래도록 머물게 할
수 있는지를 포함한다.

지금부터 자신만의 운에 이름을 붙여주자. 그리고 아직은 운이 당
신에게서 멀리 떨어져 있거나 당신에게 호감을 갖고 있지 않을지라
도, 기필코 자신의 것으로 만들 수 있으리라 확신하며 이 책을 읽고
실천해보자. 그러다 보면, 분명 이 사랑스러운 존재가 나의 곁에 언
제나 머물게 될 것이다.

# 운을 좋게 만드는 것이
# 과연 가능할까?

**당신은 삶이 나아질 수 있다는 희망을 품고 있는가?**
**그 희망을 실현시키기 위해서는**
**자신의 운을 바꾸어야 한다는 것을 기억해야 한다.**

## 정해진 운명을 바꾸어나간다

풍수지리학의 중국 고서 『금낭경』을 보면, '탈신공개천명(奪神工改天
命)'이라는 말이 나온다. 뜻을 풀이해보자면, 신이 만들어낸 공적을
빼앗고 하늘의 정해진 운명을 바꾸어나가는 것이 풍수의 원리라는
것이다. 그만큼 우리가 살아가는 공간 속에 머물러 있는 기운을 잘
활용한다면 정해진 운명까지도 바꾸어나갈 수 있을 만큼 삶의 커다
란 변화를 만들어낼 수 있는 것이 풍수의 작용이다.

\* 한 사람의 운명은 한 가지 요소만으로 결정되지 않는다.

한 사람의 운명은 개인의 타고난 사주나 관상뿐만 아니라 조상님의 산소에서부터 비롯되는 운(음택), 사는 공간에서 비롯되는 운(양택), 그리고 개인의 노력과 마음 씀씀이가 하나로 모여서 만들어지는 것이다. 어떤 한 가지 요소만으로 삶이 결정되는 것이 절대 아님을 기억하자. 각각의 요소가 하나로 모여야만 한 사람의 운명이 만들어진다.

나는 2개의 풍수지리 관련 유튜브 채널을 운영하고 있으며, 2023년 5월 기준 누적 5,000만 뷰 이상을 기록하고 있다. 하루에 100개 이상의 댓글이 쌓인다. 수많은 댓글 중 자주 보이는 내용 중 하나는 '내 마음 편하면 명당이지, 다 부질없다'이다.

우리의 운명을 결정짓는 요소 중에서 마음가짐이 가장 큰 부분을 차지하는 것은 확실하다. 하지만 그것이 전부라고 생각해서는 안 된다. 내가 아닌 다른 존재에게 기대는 유약한 마음을 가지라는 뜻이 아니다. 나라는 존재가 잘나서 이 세상에 혼자 우뚝 서 있는 것이 아니라, 언제나 내가 자연의 일부로서 주변의 사람, 공간, 사물과 교감한 덕분에 지금까지 잘 살아가고 있다는 사실을 기억해야 한다는 것이다.

사람의 마음은 쉽게 유혹에 흔들리고 외부 환경에 영향을 받는다. 설령 이 책을 보는 당신이 지금 당장 깨달음을 얻어서 마음속 평화를 느낀다 하더라도 누군가가 다가와서 욕을 하고 뺨을 때린다면 바로 화를 내게 될 것이다.

내가 말하고 싶은 것은, 이렇게 쉽게 변하는 마음이 계속해서 좋게 유지되려면 좋은 공간이 가장 우선시되어야 한다는 점이다.

쉬운 예로, 키가 175cm에 몸무게가 80kg에 달하는 성인 남성이 유치원생들이 앉는 작은 나무의자에 앉는다고 생각해보라. 앉아 있는 내내 불편함을 느낄 것이고, 시간이 조금 더 지나면 화를 내게 될 것이다. 반대로

**몸집에 맞지 않는
작은 의자에 앉아 있는 사람**

* 좋은 공간이 우선시되어야 한다.

편안한 리클라이너에 앉아서 두 다리를 쭉 뻗고 거의 눕다시피 앉게 된다면 너무나도 편안할 것이다.

우리의 마음은 쉽게 흔들린다는 사실을 기억하자. 이것을 역으로 이용할 방법을 찾는다면, 우리가 어떠한 운명을 타고났든 나의 의지로 내 삶을 결정해나갈 수 있게 된다. 나의 타고난 운명, 타고난 운을 얼마든지 바꿀 수 있음을 반드시 기억하자. 바로 그것이 내 삶을 변화시키는 출발점이다.

## 운의 진실, 삶을 변화시키는 통계

지금까지 머찌동컴퍼니를 통해서 풍수 컨설팅을 받은 분들만 해도 수천 명에 달한다. 나의 집안은 대대로 풍수에 조예가 깊은 집안이다. 4대째 내려오는 풍수의 가르침을 바탕으로 풍수와 관련된 많은 콘텐츠와 지식을 생산해내고 있다.

나의 스승이신 아버지는 대통령 풍수자문의 천성조 마스터님이다. 80평생, 60년 이상의 현장 경험과 3,000곳 이상의 유료 출장 컨설팅을 진행해오셨다. 나는 수십만 명의 삶과 공간을 통해 깨달은 자연과 세상의 이치를 아버지에게 전수받았으며, 그것을 모두 이 책 속에 녹여냈다.

현실적인 풍수 컨설팅을 해오며 깨달은 운의 진실들이 있다. 사주명리학은 통계에 가까운 학문이다. 풍수 역시 마찬가지다. 특정한 풍수의 원리가 있다면, 그에 따라 사람들의 삶이 변하게 된 통계치가 존재한다.

이 책에서 언급하는 공간 운의 진실도 그러한 측면으로 볼 수 있다. 풍수 컨설팅을 통해 알게 된 운의 진실은 나의 삶에도 모두 적용하고 있다. 우리가 몰랐던 운의 진실은 삶의 공통점이자 법칙이다.

여기까지 읽다 보면, 이런 궁금증이 들 것이다. 운에 대해 장황하게 이야기하고 있는 나는 과연 현실적으로 부자인가 하는 궁금증이다. 부자의 기준은 천차만별이다. 뒤에서 돈과 부자에 대한 개념들도 함께 이야기해나가겠지만, 나의 기준으로 봤을 때 나는 풍족한 삶을 살고 있는 부자라고 생각한다.

부자와 일반인의 차이는 지켜야 할 것들에 얼마나 신경을 쓰느냐에 있다고 정의할 수 있다. 일반인들은 지켜야 할 것들이 그리 많지 않다. 하지만 부자는 가진 것이 많기 때문에 그것들을 지키기 위해 상당한 노력을 기울인다. 그렇게 봤을 때 나 역시 이제는 지켜야 할 것들이 아주 많아졌다. 그러니 의심은 접어두고 뒤에서 이어지는 운의 진실을 삶에 접목해서 어떻게 하면 운이 좋아하는 사람이 될 수 있을지 고민했으면 좋겠다.

지금부터 밝히는 운의 진실은 책 전체를 통해 흘러가고 녹여질 내용이다. 하나씩 하나씩 이해해간다면 당신의 삶의 깊이는 더욱 깊어질 것이다.

# 운은 한순간도
# 가만히 있지 않는다

한순간도 가만히 있지 않는
운의 진실을 마주할 때,
어떻게 운을 내 옆에 둘 수 있는지 계획할 수 있다.


## 왔다가 사라지는 운

＊

가장 먼저 생각해야 할 운의 진실은 운의 움직임에 대한 것이다.
'운'이라는 글자의 한자를 들여다보면, 그 속성을 쉽게 생각해볼 수
있다. 한자 運은 군대가 모여서 대열에 맞추어 움직이는 모양을 본
뜬 형성 문자다. 움직이고 나르고 운반하는 의미를 지닌 운은 운동,
운송 등 움직임과 관련된 단어에 쓰인다. 우리는 보통 '운이 좋았다'
라는 말을 쓴다. 만약 운이 움직이지 않고 항상 내 옆에 있었다면,

군사들의 이동 – 운

쉬지 않고 움직이는 – 운

* 한순간 운이 내 옆으로 왔다가 떠난다.

'운이 좋았다'라는 말은 쓰이지 않았을 것이다. 한순간 운이 내 옆으로 들어와서 좋은 일을 만들어내고 나면 운은 다시 떠나버린다. 이 점을 잘 기억해야 한다.

보통 현장에서 만나게 되는 의뢰인들의 연령대는 대부분 40대 이상이다. 풍수에 관심을 갖는 나이 또한 40대 이상이다. 사람들은 젊은 시절에 열심히 일을 하고 돈을 벌면 40대에는 안정이 찾아올 것이라고 생각한다. 하지만 막상 40대가 되면 안정은커녕 더 많은 걱정과 불안함을 마주한다. 뜻하지 않은 실패라도 경험하게 되면 삶을 크게 후회하기도 한다.

단순히 나의 열정과 노력만으로는 잘될 수 없었음을 시행착오를 겪은 다음에야 알게 되는 것이다. 20~30대 혹은 인생의 전성기 때 찾아온 그 운이 다시 한번 내 인생에 찾아왔으면 하는 마음이 들게 된다.

# 움직이는 운을 내 편으로 만드는 것

흔히들 말하는 "나 때는 말이야"라는 말 역시 운이 변해감을 내포한다. 그런 의미에서 운의 이러한 역동적인 특성은 풍수의 개념과도 맞닿아 있다.

풍수의 사전적인 의미는 바람과 물이다. 풍수고서인 『장경』에 나온 '장풍득수(藏風得水)'의 줄임말이 '풍수'다. 바람을 가두고 물을 얻는다는 뜻이다. 특정한 공간에 살아가는 사람이 좋은 기운을 받고 살아갈 수 있는 기본 요소가 풍수인 것이다. 바람을 가둔다는 뜻은 외부에서 불어오는 바깥 바람을 막고 나의 공간 안에 있는 훈훈한 기운을 잘 유지함을 말한다. 그리고 모든 생명의 근원인 물을 통해서 새로운 것들을 생산해내는 것이 풍수의 근본 원리다.

**풍수의 근본**

* 산을 통해 바람을 막고 물을 얻는 것이 풍수의 근본이다.

바람과 물은 계속해서 움직인다. 그 움직이는 것들을 나에게 유리한 것으로 만들어 편안한 공간을 만들어내는 풍수의 원리가 곧 운의 첫 번째 진실이다. 그렇게 봤을 때, 지금 당장 운이 좋은 상황을 맞이했다고 해서 절대 방심해서는 안 된다. 그러면 운은 소리소문 없이 또 다른 곳으로 떠나버릴 것이다.

그래서 운에 대해 확실히 알고 지속적으로 관심을 가져야 한다. 이런 운의 진실을 알아가는 것이 피곤하다고 생각될 수도 있다. 피곤한 것이 사실이다. 하지만 잘살고자 한다면 그 정도의 노력은 필요하다. 어렵더라도 방법을 아는 것, 그것만으로도 우리는 한 단계 나아가는 것이다.

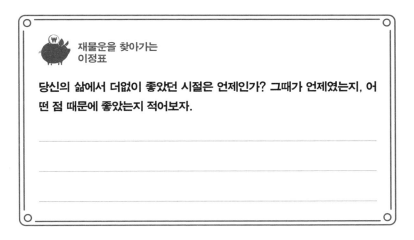

재물운을 찾아가는 이정표

**당신의 삶에서 더없이 좋았던 시절은 언제인가? 그때가 언제였는지, 어떤 점 때문에 좋았는지 적어보자.**

# 운은 매일 음식을
# 먹는 것과 같다

오늘 하루 당신이 먹은 음식이 쌓여서
당신의 건강을 결정짓듯, 당신이 오늘 하루 갖는
마음가짐과 행동이 모여서 당신의 운을 만들어낸다.

## 종이 한 장의 법칙

매일 술과 담배를 하고 짠 음식과 단 음식을 항상 입에 달고 산다면, 병에 걸릴 확률이 커진다. 한 잔의 술, 한 개비의 담배, 한 끼의 해로운 식사만으로 큰 병이 생기지는 않는다. 단, 이러한 순간들이 쌓이면 이야기는 달라진다. 건강을 유지하고 싶다면, 최대한 몸에 좋지 않은 행동과 음식을 멀리해야 한다. 규칙적인 식습관과 한 번의 운동이 몸을 금방 건강하게 만들지는 못하겠지만 이것들이 모여서 힘을 발휘하면 건강한 몸과 마음을 만들 수 있다.

운도 마찬가지다. 운을 쌓아가는 것은 매일매일 음식을 먹는 것과 같다. 내가 오늘 하루 나쁜 운을 쌓는 것은 내가 오늘 하루 동안 몸에 해로운 음식을 먹고 나쁜 행동을 했다는 것이다. 내가 오늘 하루 좋은 운을 쌓는 것은 내가 오늘 하루 동안 몸에 좋은 음식을 먹고 좋은 행동을 했다는 것이다. 이렇듯 매일의 행동과 순간의 마음이 모여 인생의 큰 운을 결정짓는다. 이렇게 매일매일 운이 쌓여가는 것을 '종이 한 장의 법칙'이라고 한다.

다음은 내가 강의를 할 때 초반부에 항상 중요하게 이야기하는 것 중 하나다. A4 사이즈의 종이 한 장이 여러분의 손에 들려 있다고 생

**하루하루 쌓아가는 운**

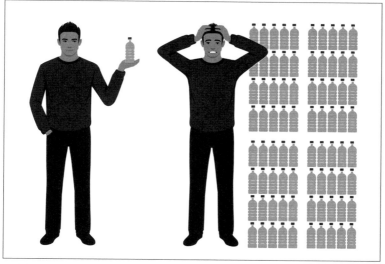

\* 내가 쌓은 운의 무게를 견뎌낼 사람은 아무도 없다.

각해보자.

A4 사이즈 종이 한 장의 무게는, 두께에 따라 차이가 있지만, 보통 5g 정도다. 이제 종이를 100장 정도 쌓았다고 해보자. 손에 500g을 올렸으니 작은 생수병 하나의 무게라고 볼 수 있다. 이 정도까지는 쉽게 버틸 수 있다. 다음은 1,000장이다. 작은 생수병 10개를 들고 있는 것이다. 얼마나 버틸 수 있을까? 몇 분 지나지 않아 물통들이 바닥에 떨어지게 될 것이다.

더 나아가서 등에 1만 장을 짊어진다고 생각해보라. 50kg의 성인 여성을 등에 짊어지는 것이고, 2만 장이라면 그 무게에 눌려 주저앉게 될 것이다. 눈에 보이지는 않지만, 우리가 하루하루 쌓아가는 좋은 운, 나쁜 운은 종이 한 장 한 장을 쌓아가는 것과 같음을 알려주고 싶었다.

## 하루하루 쌓아가다 보면 달라진다

✸

풍수 인테리어는 내가 살아가는 공간 속에서 내가 할 수 있는 최선의 방법을 찾는 일이다. 내가 사는 곳의 주변 입지와 집 구조를 인위적으로 바꾸기는 어렵지만, 집 안 물건들의 위치를 옮기고 집을 관리하는 등 지금 당장 마음만 먹으면 할 수 있는 일을 실행하는 것이다. 풍수지리와 풍수의 원리를 유튜브 채널을 통해서 매일매일 알려드리고 있다. 실제로 많은 분들이 이런 댓글을 남겨주신다.

"머찌동님의 영상을 보고 매일 따라 하면서 실제로 저의 삶이 바뀌게 되었어요."

그동안 우울한 마음으로 어두운 삶을 살아왔다면 마음을 고쳐먹고 하루 반짝 좋은 마음과 행동으로 산다고 한들 삶이 한순간에 바뀌지는 않을 것이다. 하지만 그 빛나는 하루가 하루 이틀 쌓이다 보면 내 몸과 마음이 점점 깨끗해지는 것을 느낄 수 있게 된다. 마찬가지로 기운이 좋은 공간에서 사는 세월을 쌓아갈지, 기운이 좋지 않은 공간에서 사는 세월을 쌓아갈지에 따라 나의 삶이 달라지게 된다.

40대 이후 뜻하지 않은 삶의 굴곡을 경험하고 질병이 나타나는 것은 모두 운의 두 번째 진실인 '종이 한 장의 법칙'으로 설명이 가능하다. 늘 하루하루 보인 내 행동들의 총합이 곧 내 미래인 것을 기억하자. 오늘 하루의 힘은 이처럼 강력하다.

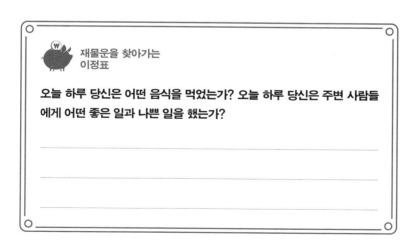

재물운을 찾아가는 이정표

오늘 하루 당신은 어떤 음식을 먹었는가? 오늘 하루 당신은 주변 사람들에게 어떤 좋은 일과 나쁜 일을 했는가?

# 운을 이기는
# 사람은 없다

당신은 운을 이길 수 있다고 생각하는가?
그런 생각을 가지고 있는 한,
당신이 부자가 되기는 어려울 것이다.

## 노력만으로는 해결할 수 없다

세계적인 축구 스타 손흥민은 언제나 경기에 임하기 전에 기도를 한
다. 그 기도의 내용은 다음과 같다.

"제게 뛸 수 있는 기회를 주셔서, 피치 위에 서게 해주셔서 감사합
니다. 이 경기 이후 축구를 통한 행복을 잃고 싶지 않습니다. 다치지
않길, 부상당하지 않길."(출처: 〈스포츠조선〉 기사, "경기전 SON의 기도 '뛸
수 있음에 감사… 축구하는 행복을 잃지 않게 해주세요'")

세계 최고의 자리에 섰음에도 그는 늘 모든 경기에서 이런 감사와 겸손의 기도를 올렸다. 아버지의 혹독한 훈련을 버텨내고 일반인으로서는 상상도 할 수 없는 노력을 한 사람의 기도라고 하기에는 유약해 보이기도 한다.

이러한 기도는 손흥민뿐만 아니라 해외의 많은 스포츠 스타들을 통해서도 쉽게 확인할 수 있다. 어찌 보면 인간이 할 수 있는 최고의 노력을 했기 때문에 기도라는 것, 운이라는 것을 전혀 생각하지 않을 사람들처럼 보인다. 하지만 그들은 그들의 노력만으로는 좋은 결과를 얻을 수 없다는 것을 너무나 잘 알고 있다.

아무리 좋은 컨디션이라고 하더라도 그날 경기에서 마주하는 선수의 태클로 심각한 부상을 입게 될지, 가벼운 상처만 나게 될지는 아무도 알 수 없는 것이다. 운이 자신들의 경기에 미치는 영향을 잘 알고 있기 때문에, 그들은 일반인들보다 더 많이 운에 대해서 생각하고 운을 항상 옆에 두기 위해 노력하는 것이다.

이러한 사례를 언급하는 이유는 보통 사람들은 인간의 한계를 극복한 사람들의 생각을 모르기 때문이다. 보통 사람들이 가장 잘못 생각하고 있는 것 중 하나가 바로 자신의 노력 하나로 모든 것을 해결할 수 있다고 생각하는 것이다.

우리는 이 부분에서 운의 세 번째 진실을 생각해볼 수 있다. 운을 이길 수 있는 사람은 아무도 없다. 제아무리 최고의 실력을 가진 축구선수라고 하더라도 출전하는 날의 운이 좋지 않다면 절대 좋은 결과를 얻어낼 수가 없다.

모든 것을 기도로 해결하고, 운에 기대어 하늘에서 결과물이 떨어지기만 기다리라는 것은 아니다. 만족할 만한 결과를 얻고자 할 때 그에 맞는 충분한 노력을 한 이후에 그런 기도와 간절한 마음이 빛을 발하는 것이다.

## 운에 기대는 부자들

풍수를 대하는 사람들의 마음을 볼 때에도 이러한 진실이 쉽게 드러난다. 정말 최고의 노력을 하고 돈이라면 부러울 것이 없는 최고의 기업가들과 정치인들, 그리고 부자들이 일반 대중보다 훨씬 더 풍수를 중요하게 생각하고 이를 삶에 적용하고 있다. 그들이 대외적으로 말하지 않을 뿐이지 암암리에 풍수에 의존하고 있음을 많은 사람들이 알고 있다.

나의 의뢰인들 역시나 그런 분들이 많기 때문에 솔직하게 이야기할 수 있는 것이다. 그렇다고 해서 그들이 미신에 빠졌다고 생각하지 않았으면 한다. 도의적인 책임에 대한 판단을 떠나 정재계의 사회 지도층과 큰 부를 이룬 사람들은 모두 일반인을 뛰어넘는 노력을 하며 삶을 살아가고 있다.

일반 대중은 특정한 매체에서 보이는 단면만을 보고 판단하는 경향이 강하다. 그들의 화려한 모습 뒤에 숨겨진 엄청난 노력을 볼 줄 알아야 한다. 물론 큰 노력 없이 방탕한 생활을 이어가는 사람들도 있지만, 일반적인 경우가 아니니 너무 염두에 두지는 말자.

코로나 시대를 겪으며 재물운의 흐름이 뒤흔들리고 있다. 많은 사람들이 힘든 생활을 겪게 되지만 반대로 특정한 사람들에게 재물이 강하게 흘러 들어가기도 한다. 괄목할 만한 성과를 이루어낸 이들에게 그 비결을 물어보면 하나같이 다음과 같이 이야기한다. "운이 좋았다."

세 번째 진실을 통해 우리가 조금 더 삶에 접목할 수 있는 부분은 '진인사대천명(盡人事待天命)'의 자세다. 사람이 할 수 있는 최선을 다한 이후에는 그에 따른 결과를 받아들이고 후회하지 않는다는 고사다. 그러니 이길 수도 없는 운을 이기려 하지 말고, 나 자신을 이기기 위해 더욱 노력하자.

**진실4**

# 운은 자신을 알아봐주는
# 사람을 좋아한다

매일매일 주어지는 하루는 새롭게 펼쳐지는 시간이다.
깨끗한 시간이다. 그 위를 걷는 내가 깨끗해야
내가 지낸 시간이 깨끗하게 남아서 나의 삶을 더욱 빛나게 해준다.

## 언제나 운이 따른다는 믿음

나에게 상담을 신청한 두 사람이 있다. 첫 번째 내담자 A는 이렇게 이야기를 시작했다.

"안녕하세요? 유튜브를 자주 봤어요. 이렇게 시간을 내주셔서 감사합니다. 제가 이렇게 연락드린 이유는요. 제가 얼마 전부터 알아보고 있는 아파트가 있는데…"

두 번째 내담자 B는 이렇게 이야기를 시작했다.

"질문해도 되죠? 지금 알아보고 있는 아파트가 있는데 사도 돼요?"

당신이라면 A와 B의 질문에 똑같은 답변을 할 수 있을까? 나도 사람이기에 상담을 요청하는 사람의 대화 내용에 따라 답변의 질이 달라질 수밖에 없다. 두 사람의 대화에서 느낄 수 있는 가장 큰 차이점은 바로 나에 대해 미리 인지했느냐는 것이다. 만일 누군가가 나의 존재를 인정해주고 어느 곳에 가든 알아봐준다면 저절로 그 사람에게 관심이 갈 수밖에 없다.

운 역시 마찬가지다. 네 번째로 알아야 할 운의 진실이 바로 이것이다. 운은 자신을 알아봐주지 않는 사람에게는 쉽게 곁을 주지 않는다. 운이라는 것은 항상 있는 것이라는 믿음과 더불어, 자신에게는 늘 그런 운이 따른다는 생각을 가지고 살아야 진정으로 좋은 운들이 따라온다.

언제나 자신은 운이 없는 사람이라고 말하는 이에게 좋은 일은 잘 일어나지 않는다. 찾아온 운마저도 내쫓게 되는데, 보통 이것을 '기회를 놓쳤다'라고 표현한다. 한 사람의 삶이 힘든 데는 여러 가지 원인이 있겠지만, 그중에서도 결정적인 원인은 스스로 잘될 수 있을 거라는 믿음이 없다는 것이다.

운을 알아보는 것과 같은 효과를 낳는 것이 있다. 바로 긍정적인 자세를 유지하는 것이다. 새롭게 다가오는 미래와 기회의 시간에 좋은 운과 함께 좋은 일이 찾아올 것이라는 믿음을 갖자. 이러한 운을 알아보기 위해서는 구체적인 덕목이 필요하다. 물들지 않아야 하고, 인내할 줄 알아야 한다.

# 물들어버리는 것의 무서움

운을 알아보는 사람이 되기 위해서는 우선 물들지 않아야 한다. 어디에 물들지 않아야 할까? 바로 부정적인 상황과 관계에서 비롯되는 부정적인 생각이다.

좋은 기운이 있는 집, 나쁜 기운이 있는 집이 있다. 아파트나 주택에 감정을 나갈 때면 그 집이 거주하기에 적합한 곳인지를 따지기 위해 100여 가지 이상의 항목을 체크한다. 종합적으로 판단해서 거주하기에 좋지 않은 집이라고 감정 결과를 말씀드릴 때가 있는데, 간혹 이를 부정하는 분들도 있다.

분명 그 집에 살게 되면서부터 여러 가지 좋지 않은 일들이 벌어졌기 때문에 풍수 컨설팅을 의뢰한 분들이었다. 그럼에도 부정적인 사건들을 잊은 채 그 집에서 지내온 익숙함 때문에 평안하다고 느끼는 것이다.

어떤 사람을 곁에 두고 만나느냐에 따라 내가 발전하기도 하고 도태되기도 한다. 그리고 그렇게 변화하는 과정을 체감하게 되었을 때에는 이미 발전했거나 혹은 도태되었거나, 특정한 결과가 일어난 이후다. '나쁜 것에 물들어버린다'는 것이 그래서 무섭다. 좋은 것이라면 모를까, 나쁜 것에는 쉽게 물들지 않도록 언제나 주의를 기울여야 한다.

매일매일 주어지는 하루는 새롭게 펼쳐지는 시간들이다. 깨끗한 시간이다. 그 위를 걷는 내가 깨끗해야 내가 지낸 시간들이 깨끗하게 남아서 나의 삶을 더욱 빛나게 해준다. 물들 수밖에 없다면, 좋은 것에만 물들어야 한다.


## 성실한 기다림

두 번째는 기다림이다. 인내할 줄 알아야 한다. 운이 나를 알아보려면 어느 정도 시간이 걸린다는 것을 알고 기다려야 한다. 앞에서 말한 진인사대천명에서 '대'는 기다린다는 뜻이다.

살을 빼려면 적정한 임계점에 다다를 때까지 계속해서 운동을 해야 한다. 하루 이틀 운동했는데 살이 안 빠진다면서 포기해버리면, 오히려 살이 더 찔 것이다.

무언가를 성취해내는 과정은 거의 대부분 같은 모습을 하고 있다. 성장은 제이커브(J-Curve)로 이루어진다. 우리의 삶은 그 제이커브를 반복하면서 계단식으로 성장해나간다.

한 가지 주의할 점은 무작정 기다린다고 해서 다 되는 건 아니라는 것이다. '대' 하는 동안 '진인사' 해야 한다. 즉 최선을 다하면서 기다려야 한다.

나는 사법시험과 로스쿨 준비로 20대를 다 보냈다. 지난 시간을 생각해보면 참으로 어리석었던 것 같다. 그리고 지금 내가 이야기하

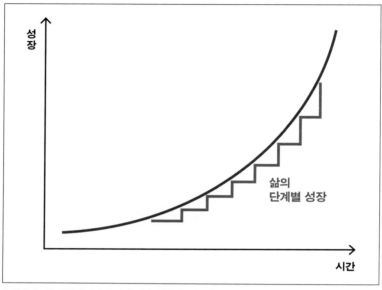

성장계단과 제이커브

삶의
단계별 성장

성장

시간

\* 제이커브를 반복하면서 우리의 삶은 계단식으로 성장한다.

고 있는 운의 진실들을 삶에 적용할 줄 알았더라면, 더 빨리 다른 길을 선택해 더 많은 것들을 해낼 수 있었겠다는 조금의 아쉬움이 남는다.

그 당시 나는 기다릴 줄만 아는 사람이었다. 결과에 다다르기 위해 보통의 합격자가 공부한 만큼 공부하고 기다렸어야 했다. 하지만 그만큼의 노력은 하지 않으면서 시간이 지나면 잘될 것이라는 헛된 생각으로 시간을 허비했다.

물론 그렇게 기다리다가 뜻하지 않은 결과를 마주할 수도 있다. 한 번씩 눈먼 운이 주인을 잘못 찾아가서 선물 보따리를 풀어버리는

데, 우리는 이것을 '요행'이라고 한다. 그렇게 얻게 된 요행의 대가는 또 다른 삶의 단계에서 느끼게 될 더 큰 좌절이다.

기다림에도 '질'이 있다. 열심히 하지 않는 기다림에는 운이 찾아올 만한 가치가 없다. 그러니 운이 알아볼 때까지 기다리되, 최선을 다하면서 '성실하게' 기다리자.

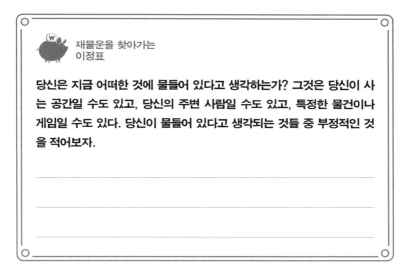

재물운을 찾아가는
이정표

당신은 지금 어떠한 것에 물들어 있다고 생각하는가? 그것은 당신이 사는 공간일 수도 있고, 당신의 주변 사람일 수도 있고, 특정한 물건이나 게임일 수도 있다. 당신이 물들어 있다고 생각되는 것들 중 부정적인 것을 적어보자.

# 운을 얻고 싶다면
# 운이 좋아하는 일을 해야 한다

멀리서 바라보기만 한다면 상대방의 마음을 절대로 얻을 수 없다.
운도 그렇다. 운을 얻고 싶고 운을 옆에 두고 싶다면
구체적으로 행동해야 한다.

## 운이 당신을 알아볼 때까지

앞에서 이야기한 운의 진실을 통해 당신이 좋아하는 운이 있다는 것을 알고, 그 운이 당신을 알아볼 때까지 열심히 준비해야 한다는 것을 알게 되었을 것이다. 그러면 무엇을 열심히 준비해야 하는 걸까? 그 질문의 답이 다섯 번째 운의 진실이다.

운이 좋아하는 것을 준비해야 한다. 누군가의 마음을 얻고 싶다면, 그 사람이 좋아하는 것과 싫어하는 것을 알아내 좋아하는 것만 계속해서 보여줘야 한다. 운이 좋아하는 것들이 무엇인지는 2장부터 상세하게 설명하겠다. 여기서는 운이 좋아하는 것을 해야 운이 찾아온다는 다섯 번째 운의 진실을 이해하고 넘어가자.

## 생각하고 기록하고 말하고 행동하라

내가 아무리 누군가를 좋아한다고 한들 그 사람 앞에 나타나지 않고 멀리서 바라보기만 한다면 상대방의 마음을 절대로 얻을 수 없다. 운도 그렇다. 운을 얻고 싶고 운을 옆에 두고 싶다면 구체적으로 행동해야 한다.

이 책에서 다루는 내용을 모두 이해하고 생각해야 한다. 중간중간 기록해야 하며, 자신이 이루고자 하는 것을 말해야 한다. 만약 앞에 나온 '재물운을 찾아가는 이정표'를 그냥 지나쳤다면, 다시 앞으로 돌아가서 적어보자.

단순히 읽는 것에만 의의를 둔다면 상관없다. 하지만 이 책을 통해 삶을 조금이라도 변화시키길 원한다면 한 글자 한 글자 적으면서 자신의 현재 상황을 알아가는 것이 매우 중요하다. 휴대폰에 작성하는 것도 좋지만 이왕이면 펜을 꺼내 직접 적어보길 권한다. 모든 감각을 동원해 기록하는 것이 더 의미 있기 때문이다.

당신의 운을 좋게 하는 많은 것들을 알아냈다고 하자. 하지만 여기서 멈춘 채로 실천하지 않으면 아무런 소용이 없다. 실천은 말과 행동을 통해서 가능하다. 말에 대해서는 뒤에서 상세히 언급하겠지만 사람의 입에서 나오는 말에는 오묘한 힘이 있다.

물론 물리적인 힘도 있다. 판타지 영화를 보면 큰 목소리를 낸 적들을 제압하는 상황이 나오기도 한다. 혹은 소프라노 가수가 고음을 내 유리잔을 깨는 장면도 본 적이 있다. 말을 통해서 나오는 운의 소리는 내가 가지고 있는 마음의 무언가도 깨뜨릴 수 있다.

이렇게 말하고 적고 나면 분명 당신의 삶에 붙어 있던 부정적인 것들이 깨지기 시작할 것이다. 그러니 운이 좋아하는 것들을 알아차렸으면, 실천을 통해 삶의 변화까지 느끼게 해야 한다는 것을 잊지 말자.

# 운을 쌓는 것은
# 밑 빠진 독에 물 붓기와 같다

**우리가 잘살고자 한다면
밑 빠진 운의 그릇에 계속해서
좋은 기운의 물줄기를 퍼부어야 한다.**

## 좋은 기운의 물줄기를 퍼붓기

운의 여섯 번째 진실을 이야기하기에 앞서, 도움이 될 만한 설명을 하나 덧붙이려고 한다. 풍수에 있어서 우리가 좋은 공간에 머무르면 잘살게 된다는 의미는 땅의 기운에서부터 비롯된다. 땅 아래에서 기운이 올라오는 곳에 살면 그곳에 사는 사람에게 좋은 기운이 전달되어 몸과 마음에 모두 영향을 준다. 그런데 그 좋은 기운이 생각보다 얻기가 참 어렵다.

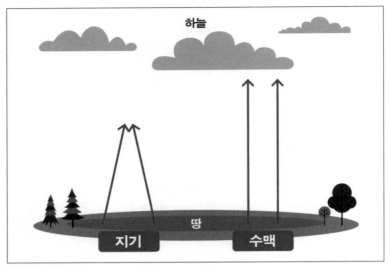

지기와 수맥

하늘

땅

지기

수맥

* 지기는 올라갈수록 약해지지만 수맥은 높이 올라가도 변함이 없다.

특히 땅에서부터 올라오는 기운인 지기(地氣)는 높이 올라갈수록 약해진다. 반대로 사람에게 좋지 않은 영향을 주는 기운 중 하나가 바로 수맥이다.

현대 사회에서 수맥은 유사과학이라고 칭해지고, 풍수지리를 업으로 하는 사람이라면 수맥을 측정하는 금속 기구인 '엘로드'를 들고 있는 모습을 머릿속에 떠올리곤 한다. 하지만 수맥은 풍수의 영역이라기보다는 과학적으로 완벽하게 풀어내지 못한 지질과 파장에 대한 부분이라고 보는 것이 더 정확할 것이다. 수맥에 대한 연구는 서구 사회에서부터 본격적으로 이루어졌다. 1850년경 유럽에서 연구가 시작되었고, 보통 의사와 과학자를 통해 진행되었다.

수맥에 대한 이야기는 이 정도로만 하고, 여기서 이야기하고 싶은 것은, 수맥 파장은 지기와 반대되는 성격을 지닌다는 점이다. 수맥은 인체에 유해한 영향을 주며, 고도가 아무리 올라가도 그 파장이 쉽게 약해지지 않는다.

좋은 기운을 전해주는 지기는 쉽게 받기 어렵고, 나쁜 기운을 전해주는 수맥 파장은 너무나 쉽게 영향을 끼친다는 것을 풍수 현장에서 확인할 수 있다. 운의 여섯 번째 진실이 바로 이것이다. 우리는 계속해서 좋은 운을 내 곁에 두는 것에 대해 이야기하고 있다. 내가 말하고 싶은 것은, 좋은 운을 쌓는다는 것이 이처럼 쉬운 일이 아니라는 사실이다. 그 어려움의 정도를 비유하자면 흡사 밑 빠진 독에 물을 붓는 격이다. 밑 빠진 독에 물을 가득 채우기 위해서는 나가는 물보다 채우는 물이 더 많아야 한다.

우리가 잘 살고자 한다면 밑 빠진 운의 그릇에 좋은 기운의 물줄기를 계속 퍼부어야 한다. 그래야만 빠져나가는 운들보다 더 많은 좋은 운을 채워나갈 수 있는 것이다.


## 운을 바꾸려면 아프고 힘든 것이 당연하다

좋은 운을 쌓는 일이 쉽지 않다는, 운의 불편한 진실을 말하는 이유는 이런 진실을 '알아야' 하기 때문이다. 목적지가 어딘지 모른 채로 달리는 일만큼 사람을 지치게 하는 것도 없다.

　삶이 지금 너무나도 힘들고 나아질 기미가 보이지 않는다면 좋은 운을 지금부터 쌓아나가야 한다. 그동안 밑 빠진 독을 통해 빠져나간 운 때문에 운의 독을 가득 채우는 것은 생각보다 어렵게 느껴질 것이다. 하지만 불가능한 것은 아니다. 변할 수 있다. 묵묵히 채워나가다 보면 분명 가득 찰 시간이 오게 된다.

　한 가지 주의할 점은, 운의 독이 가득 차서 내가 뜻하는 대로 인생이 풀린다 하더라도 잠시 방심하게 되면 금방 독이 말라버린다는 것이다. 좋은 운은 계속해서 채워야 한다. 방심하는 순간 독은 말라버린다. 그동안 채운 노력이 있어서 잠시 괜찮다고 느낄 뿐 정신을 차리고 나면 분명 빈 독을 마주하게 될 것이다.

진실7

# 좋은 운과 나쁜 운은
# 함께 온다

**만약 당신에게 나쁜 일이 일어났더라도
그 나쁜 일 뒤에는 분명 정체를
숨기고 있는 좋은 일이 있다.**

## 불운으로 남길 것인가, 천운으로 바꿀 것인가?

운의 일곱 번째 진실은 개인적인 이야기로 시작해보려 한다. 2019년 4월, 당시 나는 지방에 있는 작은 대학교의 교직원으로 일하고 있었다. 학교에서 근무하기 전에는 같은 계열의 다른 직장에서 열심히 일하며 안정된 생활을 하고 있었다. 그러다가 인력이 부족하고 믿을 만한 사람이 필요하다고 해서 순간적으로 휩쓸려 학교로 직장을 옮기는 선택을 했다. 이전의 직장 상사분들에게는 죄송한 마음이 들었지만 나름대로의 가치 판단이라 생각하고 나의 선택을 합리화했다. 옮겨간 학교에서는 누구보다 열심히 일했다.

나는 어릴 때부터 대부분의 사람들과 잘 어울리는 편이었다. 학창 시절 12년 내내 반장을 한 노하우(?)인지는 몰라도, 전 직장에 있을 때나 대학교에서 근무할 때나 거의 모든 직원들과 회식을 할 정도로 가깝게 지냈다. 하지만 삶은 언제나 뜻대로 되지 않는 법이다. 1년이 지나갈 무렵, 나를 어떻게든 학교에 데려오려고 애썼던 직장 상사들이 이번에는 나에게 학교에서 나가라는 통보를 했다.

생각지도 못한 일이다. 물론 나의 주관적인 이야기이지만, 당시 나는 인사 담당자로 일을 했고 해당 부서의 1년치 결재문서 757개 중 절반 이상을 기안하고 진행했다. 대부분의 직원들과 잘 어울렸고, 조직과 사람들 모두에게 좋은 방식을 위해 노력했다. 이런 나의 퇴사 소식에 학교 직원들의 분위기도 술렁거렸다.

어떠한 문제점도 없었다고 생각했기 때문에 더 황당할 수밖에 없었다. 지금도 그 이유는 잘 모른다. 다만 그러한 황당한 선택지를 마주하게 되었다는 것이 운에 대한 일곱 번째 진실의 시작점이다. 수많은 의뢰인들을 대상으로 상담과 컨설팅을 진행하다 보면, 인생에서 뜻하지 않게 큰 시련이 있을 때가 있다는 것을 깨닫게 된다. 그 시련을 잘 겪어나간 의뢰인도 있고, 현재 그 시련에서 벗어나기 위해 열심히 노력하는 의뢰인도 있다. 시련의 순간이 주어질 때 그것이 나에게 독이 될지, 득이 될지는 오직 나의 선택과 판단에 달렸다.

나처럼 황당한 일을 겪고 직장을 떠나게 되면 대부분의 사람들은

* 독이 될지, 득이 될지는 오직 당신의 선택에 달렸다.

이것을 불운한 일로 여길 것이다. 하지만 그것이 불운한 일로 남을 지, 천운과도 같은 귀한 기회로 돌아올지는 자신이 어떻게 대처하느 냐에 따라 달라진다.

갑작스럽게 직장을 나온 탓에 나는 당장 무엇을 해야 할지 몰랐 다. 잠시 방황했지만, 이전에는 생각도 못 했던 유튜브를 시작하게 되었고, 이전에는 몰랐던 귀인을 얻게 되었다. 그 귀인은 다름 아닌 나의 아버지, 천성조 마스터님이다.

나의 집안은 200년 가까이 풍수의 명맥이 이어져오고 있는 풍수 가문이었고, 아버지 역시 많은 사업과 정치에 몸담으시면서도 항상 풍수 연구와 실전 컨설팅의 맥을 유지해오셨다. 다만 나는 어릴 적부터 법조인의 길을 가야 한다는 집안의 기대가 있었기에 다른 직업은 생각해본 적이 없었다.

막연한 꿈을 가지고 시간만 질질 끌었다. 서른 중반이 되도록 딱히 부모님께 해드린 것이 없다는 사실이 참 가슴 아팠다. 직장을 나오면서 그나마 부모님께 해드릴 수 있는 것은 나의 시간을 드리는 것뿐이었다. 조금이라도 시간을 내서 부모님을 위해 의미 있는 일을 해보고 싶어 유튜브를 시작하게 된 것이다.

처음에는 아버지의 업적을 남기기 위해 시작했다. 그렇게 촬영을 이어가다 보니, 자연스럽게 한 분야의 대가로서 진정한 가치를 느끼게 되었고, 나 역시 자연스레 풍수 전문가의 길로 들어서게 되었다.

결론적으로, 내가 직장을 나오게 된 일은 나에게는 천운과도 같은 귀한 사건이었다. 그 사건이 나의 새로운 미래를 위한 원동력과 시작점이 되어준 것이다. 그때는 나를 '잘라낸' 그 사람들이 원망스러

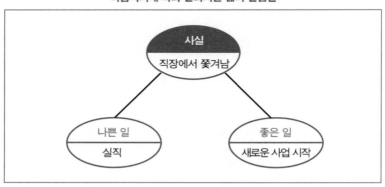

마음먹기에 따라 달라지는 삶의 갈림길

* 나쁜 일 뒤에는 좋은 일이 있다.

왔다. 하지만 지금은 진심으로 너무나 고맙게 생각하고 있다.

만약 지금 당신에게 나쁜 일이 일어났더라도 그 나쁜 일 뒤에는 분명 정체를 숨기고 있는 좋은 일이 있다. 운의 네 번째 진실에서 말한 것처럼, 좋은 운이 다가올 것을 믿고 열심히 지내면서 기다린다면 분명 좋은 국면으로 전환할 수 있게 된다.

여기서 우리가 운의 진실을 잘 활용해야 하는 부분은, 내가 특정한 사건을 어떻게 활용하느냐에 달린 것이다. 나에게 일어난 사건을 나의 성장 발판으로 삼는다면 나는 더 나아갈 수 있게 되는 것이고, 단지 이것을 내 인생의 불운한 사건으로 여겨 벗어나지 못한다면 평생 마음의 굴레로 남게 될 것이다.

## 나쁜 운은 좋은 운을 질투한다

호사다마(好事多魔)의 진실은 언제 어디서 일어날지 모른다. 예전에 한 의뢰인에게 원주에 있는 아파트를 찾아드린 적이 있었다. 그분은 기존에 살던 지역에서 더는 살 수가 없어 거의 도피하다시피 원주를 택해서 이사를 해야 하는 상황이었다. 빚이 있는 데다, 아이가 셋이었다. 다행히 우리와 인연이 되어 좋은 집을 얻어드리게 되었는데, 하루는 그분에게 전화가 왔다. 지금 살고 있는 곳이 너무 좋고, 이곳에서 모든 일이 잘 풀릴 것 같다고 했다. 나는 이렇게 답해드렸다.

"그럴 때일수록 더 조심하셔야 합니다. 설령 좋은 집에서 좋은 일이 생길 것이 확실하더라도 항상 그럴 때 나쁜 일이 일어날 확률도 큽니다. 지금의 좋은 마음은 살고 있는 곳에 감사하는 마음으로 남기시고, 너무 좋다는 말도 밖으로 자주 꺼내지는 마세요."

나는 이 말을 좋은 집에 들어가서 감사 인사를 전해오는 의뢰인들에게 항상 들려드린다. 무탈하게 잘 지내셔야 하기 때문이다. 호사다마와 함께 기억해야 할 것은 언제나 나쁜 운은 좋은 운을 질투한다는 사실이다.

좋을 때일수록 특히 더 조심하고 신중하게 일을 진행해야 한다. 굳이 좋다는 말까지 참을 필요가 있나 하는 생각이 들 수 있다. 선택은 각자의 몫이다. 언제나 좋은 일 근처에는 나쁜 운이 기웃거리고 있다는 것을 기억하자.

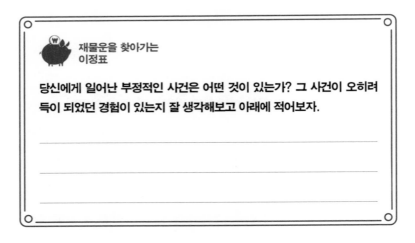

재물운을 찾아가는
이정표

당신에게 일어난 부정적인 사건은 어떤 것이 있는가? 그 사건이 오히려 득이 되었던 경험이 있는지 잘 생각해보고 아래에 적어보자.

진실8

# 운은
# 한 번에 바뀐다

**삶의 순간이 대나무 위에 서 있는 것처럼 위태롭더라도,**
**그 순간 한 걸음을 더 내딛느냐 아니냐에 따라**
**더 높은 차원의 삶의 문이 열릴지가 결정된다.**

## 단숨에 변화하는 운

광양에 사는 어떤 분에게 연락이 왔다. 이사를 가려는 아파트가 어떤지 감정을 요청하셨다. 그 아파트 인근에 큰딸이 들어갈 고등학교가 있는 등 여러모로 생활이 편해질 거라는 생각을 하셨다.

현장에 가보니, 그곳은 전혀 살 곳이 못 되는 아파트였다. 성장기 아이에게 땅의 원리는 더욱더 중요하다. 어린 묘목에게 주는 약이 효과가 더 큰 것과 같다. 어릴 때일수록 풍수적으로 좋은 곳에서 살아야 더 잘 성장할 수가 있다. 자녀에게 열성을 보이는 의뢰인들에게는 터의 중요성을 더 강조해서 말씀드린다. 공부보다 더 중요한 사항이기 때문이다.

다행히 의뢰인은 우리의 감정 결과를 받아들이셨다. 우리는 전혀 다른 지역의 새로운 아파트로 이주하도록 확실하게 컨설팅을 해드렸고, 바로 이사가 진행되었다. 이 모든 과정이 2주 안에 이루어졌다.

이것이 운의 여덟 번째 진실이다. 앞의 의뢰인은 과감한 이사 결정 덕분에 모든 가족의 생활이 바뀌었고, 삶의 새로운 전환점을 맞이하게 되었다. 다행히 새로 이사한 지역에서 자녀들이 적응을 잘하고 있고, 그래서 아주 만족한다는 후일담을 들려주셨다.

만약 이사와 같은 중대한 결정을 하게 되면, 모든 가족의 운이 한번에 뒤바뀌는 결과가 따라오게 된다. 이것이 좋은 쪽일지, 나쁜 쪽일지는 결정의 '질'에 달렸다. 1장을 통해서는 모든 운들이 단숨에 변한다는 사실을 기억해야 한다. 운의 여섯 번째 진실과 운의 일곱 번째 진실을 잘 이해했다면, 운의 여덟 번째 진실이 그 연장선에 있음을 알 수가 있을 것이다.

더 나은 삶을 살기 위해 열심히 노력하는데도 나쁜 일이 닥쳤다면 운의 여덟 번째 진실만 잘 기억하고 그 순간을 버텨내면 된다. 좋은 운을 쌓고자 하는 노력은 분명 의미 있게 쌓이고 있다. 그리고 그것이 임계치를 넘어서는 순간, 나쁜 일이라 생각했던 것이 사실은 좋은 일이었음을 깨닫게 될 것이다.

# 한 걸음 더 내딛는다면

여기까지 책을 읽은 독자라면 내가 나에 대해 강한 믿음을 갖고 있음을 알 수 있을 것이다. 그렇다. 20대 시절 경험을 살짝 이야기했지만, 내가 잘못된 믿음을 가지고 시간을 보내면서 밝은 미래가 다가오기만을 마냥 바랄 수 있었던 것은 나에 대한 믿음 때문이었다.

나는 나 자신을 비난하지 않았다. 나는 잘될 것이고 분명 더 잘살게 될 것이라고 매일매일 일기장에 적었고, 마음에 새겼다. 물론 그런 나의 믿음이 흔들릴 때도 있었다. 나는 이렇게 좋은 마음으로 살아가는데 삶이 왜 이렇게 나를 힘겹게 하는가라는 투정을 허공에 대고 하기도 했다.

계속된 불합격의 순간에 한번은 방 안에서 베개에 머리를 박고 소리쳤다. 목이 쉬어라 악을 썼다. 그동안 지켜온 나의 신념과 믿음을 저주했다. 세상은 다 거짓말투성이라고 저주했다. 그렇게 하고 나서 속이 후련했을까? 전혀 그렇지 않았다. 오히려 그나마 나를 힘겹게 감싸주고 있던 보호막이 떨어져 나가는 기분을 느꼈다.

아차 싶었다. 그때 그 기분을 느낀 이후로는 절대 나 자신과 나의 믿음을 원망하지 않았고, 지금까지도 그 마음을 잘 이어오고 있다. 그 덕분에 내가 지금 이렇게 글을 쓸 수 있는 상황이 되었다고 생각한다. 그 시절 현실적인 노력을 쌓지는 않았더라도 마음의 노력은 줄이지 않았기에, 좋은 운들이 나를 알아보고 지금도 계속해서 나의 곁에 머무르고 있는 것이다.

'백척간두진일보(百尺竿頭進一步)'라는 말이 있다. 100척(약 30m)이나 되는 대나무 장대 위에 올라섰을 때 한 걸음 더 나아간다는 의미다. 삶의 순간이 100척이나 되는 대나무 위에 서 있는 것처럼 위태롭다 하더라도, 그 순간 한 걸음을 더 내딛느냐 아니냐에 따라 더 높은 차원의 삶의 문이 열릴지가 결정된다.

만일 거기에서 당당하게 한 걸음을 더 내딛고 노력을 멈추지 않는다면, 모든 운은 좋은 쪽으로 흘러가게 될 것이다. 터널 속에서 빛이 보이지 않는다 하더라도 한 걸음 더 나아가자. 분명 그때부터 터널 끝 인생의 밝은 빛이 보일 것이다.

# 운은 생각보다
# 가까이에 있다

좋은 운은 좋은 일, 좋은 사람, 좋은 직장, 좋은 직업, 좋은 꿈 등
다양하게 표현될 수 있다. 좋다고 말할 수 있는 여러 선택지들이
내 주변에 이미 존재하고 있었음을 기억해야 한다.

## 운도, 평생의 인연도 가까이에

대학 시절 '사랑의 심리'라는 교양 과목을 수강한 적이 있다. 그때 교재에서 본, 일본에서 진행한 한 연구결과가 생각난다. 결혼한 부부를 대상으로 조사해보니 두 사람이 서로 알기 전 생각보다 가까이에서 살고 있었을 확률이, 멀리 있었을 확률보다 높다는 것이었다.

당연하다 생각할 수도 있겠지만, 한편으로는 일리 있는 결과였다. 나 역시 충청도에서 아내를 처음 만났지만, 알고 보니 같은 대구 출

신이었다. 학창시절에 중간고사가 끝나고 친구들과 동성로에 갔을 때 분명 알게 모르게 지나쳤을 것이다.

아홉 번째로 생각할 운의 진실은 바로 운이 생각보다 가까이에 있다는 것이다. 평생의 배우자를 만난다는 것은 정말로 중요한 일이다. 어떤 상대를 배우자로 만나느냐에 따라 인생이 바뀐다는 말처럼, 운적인 측면에서 봤을 때도 인생의 큰 전환점 중 하나가 바로 평생의 배우자를 만나는 일이다.

요즘 결혼과 출산 등 여러 가지 사회적인 문제가 많지만, 한 가지 명확한 것은 모두 점점 외로워지고 있다는 사실이다. 만약 누군가를 만나 평생 함께하고 싶다면, 주변을 돌아볼 것을 권한다. 지금 머릿속에 떠오르는 사람들을 두고 엉터리라고 생각하지 말고 한 번쯤 다시 생각해봤으면 한다.

운 역시 마찬가지다. 좋은 운은 좋은 일, 좋은 사람, 좋은 직장, 좋은 직업, 좋은 꿈 등 다양하게 표현될 수 있다. 좋다고 말할 수 있는 여러 선택지들이 내 주변에 이미 존재하고 있었음을 기억하자.

한번은 의뢰인의 부친이 갑작스러운 사고로 임종을 앞두시게 되어 급히 묏자리를 정해드리기 위해 안동에 간 적이 있었다. 깊은 곳으로 들어가니 집성촌이 있었고, 의뢰인 소유의 산과 밭이 있었다. 의뢰인이 미리 점찍어둔 자리를 먼저 감정했는데, 그렇게 좋다고는 할 수 없는 자리였다.

천성조 마스터님과 함께 주변을 돌아보다가 생각지도 않았던 산 밑에 붙어 있는 밭에 좋은 자리가 딱 보였다. 사실 밭에는 좋은 자리가 있기가 어렵다. 늘 그 주변으로 사과를 심고 지나다니는 등 항상 가까이 하던 곳이었지만, 그곳이 아버지가 앞으로 오래도록 편히 쉬게 될 천년유택(영원히 돌아가신 조상님이 머무르게 될 집)이 될 것이라고는 의뢰인 역시 생각도 못 했다.

　나의 평생의 반려자처럼 좋은 공간도 마찬가지다. 이사를 생각할 때 사람들은 막연히 좋은 동네가 어디일지 찾지만, 실상 좋은 자리는 언제나 그리 멀지 않은 곳에 있을 때가 많다. 한 동네에 오래 살았다고 하더라도, 한 사람의 동선은 한번 정해지면 바뀌기 어렵다. 그러다 보니 자연스레 내가 움직이는 동선 위주로 내가 사는 지역에 대한 시야를 제한하고 고정시켜버린다. 이러한 점을 잘 알기 때문에 어떤 공간을 답사하거나 컨설팅을 가더라도 항상 새로운 생각과 열린 마음, 그리고 다양한 관점으로 공간을 살피기 위해 노력한다. 그러니 바라는 무언가를 얻고자 한다면 멀리가 아닌 가까이에서부터 찾아가도록 하자.


## 진로와 귀인

✳

가까이에 있다는 측면에 대해서 더 이야기하고 싶은 것이 있다. 앞에서도 언급했지만 사실 풍수 집안에서 나고 자라면서도 어릴 적 아버지께서 들려주시던 풍수에 대한 이런저런 이야기를 흘려듣거나,

'저 말씀을 또 하시네'라고 생각했던 적이 많았다. 이제는 풍수를 공부하면서 아들이 아닌 제자로서 아버지를 한 분야의 대가로 바라보게 되니 너무나도 대단한 사람임을 새삼 느끼고 또 느끼게 되었다. 그분을 통해 배운 풍수의 지혜가 이 책 속에 모두 녹아 있다. 땅을 통해 얻게 된 삶의 이치와 의미 있는 지혜 또한 마찬가지다.

지금도 모든 출장 컨설팅 현장은 마스터님과 동행하고 있다. 결혼을 하고 아주 조금 철이 들어서일까. 이 세상 모든 자식들이 부모님이 들려주시는 삶의 이야기를 자식 입장이 아닌 제3자의 입장에서 듣게 되면 삶의 시행착오를 줄일 수 있을 것이라고 생각한다.

집 밖에서 가족이 아닌 남에게서 듣는 이런저런 조언들은 사실상 이미 부모님께서 미리 이야기를 해주신 경우가 대부분이다. 다만 내가 그것을 한 귀로 듣고 한 귀로 흘렸을 뿐이다.

귀인과 직업을 가까이에서 얻게 된 나의 삶을 통해 볼 때 운은 생각보다 가까이에 있다는 진실은 너무나도 명백하다. 그러니 당신의 주변 사람들과 가족을 다시 한번 더 찬찬히 돌아보라. 설령 모든 순간은 아니더라도, 중요한 순간에서만큼은 나의 귀인이 되어줄 사람들이다.

진실10

# 행운과 불운의
# 중간 지점은 없다

행운과 불운 중 그 어느 쪽도 선택하지 못한다면,
당신의 삶은 절대로 나아질 수 없다.
선택은 무조건 해야 하는 것이고, 그 해답 또한 이미 정해져 있다.

## 불운이 아닌 행운을 선택한다

동전을 한번 들여다보자. 명확한 앞면과 뒷면이 있을 것이다. 적당한 두께가 있다 보니 가운데가 있을 것이라는 생각이 들겠지만, 사실상 앞면과 뒷면뿐이다. 운의 열 번째 진실은 바로 행운과 불운의 중간 지점은 없다는 것이다.

당신은 운이 좋다고 생각하는가, 나쁘다고 생각하는가? 당신이 선택할 수 있는 답은 그 중간이다. 물론 동전을 튕겨 올렸을 때 그 동전이 정확히 서서 앞면도 뒷면도 아닌 상황이 닥칠 수도 있다. 하지만 그것은 영화에서나 볼 수 있을 만큼 기적적인 일이다.

운의 열 번째 진실을 알게 되었을 때 우리가 이어서 해야 할 행동이 한 가지 있다. 그것은 바로 '선택'이다. 무엇을 선택할 것인가? 당연히 좋은 쪽을 선택한다. 불운이 아닌, 행운을 선택한다.

나는 언제나 모든 상황을 마주할 때 행복한 쪽을 선택한다. 아니, 어떤 선택이든 행복과 행운이 따를 것이라 믿는다. 그러다 보면 진짜 그렇게 내 삶이 만들어진다. '뜻이 있는 곳에 길이 있다'는 말은 뻔하게 들리지만 사실은 잊고 있던 일상 속 진리인 것이다.

그 어느 쪽도 선택하지 못한다면 당신의 삶은 절대로 나아질 수 없다. 선택은 무조건 해야 하는 것이고, 그 해답 또한 이미 정해져 있다. 어찌 보면 앞에서 말한 운의 진실들보다 너무 쉽지 않은가?


## 운은 마주하는 것이 아니라 잡는 것이다

✳

행운의 방향으로 가기로 결정했다면, 행운의 종착지에 구체적으로 무엇이 있고, 얻게 되는 것은 무엇일지 상세하게 그려보자. 여기에서 한 가지 알아둘 것이 있다. 운은 마주하는 것이 아니라 잡아야 하는 것이라는 점이다.

이제 당신의 노력으로 행운이 옆에 다가왔다면, 이제는 그것이 도망가지 않도록 명확하게 잡아야 한다. 그런데 그 행운이 어떻게 생겼는지 모른다면, 잡을 수가 없다. 그러니 행운의 모습을 구체적으로 머릿속에 그려놓아야 한다. 노트에 직접 써놓는 것도 좋다.

한 가지 확실한 것은, 행운은 당신이 생각하는 모습 그대로 당신의 눈앞에 나타난다는 점이다. 얻고자 하는 사람이든, 일이든, 돈의 크기든, 직업이든 무엇이든 좋다. 당신에게 찾아왔으면 하는 행운을 떠올려보고 구체적으로 써보자.

다른 사람의 시선 따위를 생각할 필요가 없다. 당신이 1억을 벌고자 그림을 그렸다면 1억의 모습을 한 행운이 찾아올 것이며, 100억을 그렸다면 100억의 모습으로 찾아올 것이다. 행운과 불운의 중간 지점이 없다는 사실을 깨달았다면, 당신이 가야 할 행운의 방향은 어디이며, 그 행운의 구체적인 모습은 어떠할지 떠올려보자.

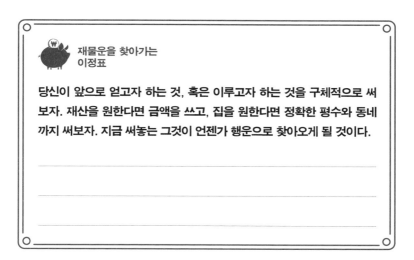

재물운을 찾아가는
이정표

당신이 앞으로 얻고자 하는 것, 혹은 이루고자 하는 것을 구체적으로 써보자. 재산을 원한다면 금액을 쓰고, 집을 원한다면 정확한 평수와 동네까지 써보자. 지금 써놓는 그것이 언젠가 행운으로 찾아오게 될 것이다.

진실11

# 당연한
# 운은 없다

나무를 바라볼 수 있는 눈이 있고,
걸을 수 있는 다리가 있어준 덕분에 세상을 느끼며 오늘을 살아갈 수 있다.
당연하다고 여긴 것들 덕분에 말이다.

## 가진 것이 없다고 생각한다면

많은 사람들이 풍수지리를 미신이라 생각하는 이유는 전혀 생각하지 않았던 집의 위치나 모양을 통해, 혹은 다 똑같아 보이는 조상 산소를 통해 한 집안의 길흉이 결정된다고 생각하기 때문이다.

사실 풍수에 대한 제대로 된 교육도 없었고, 교육을 받을 만한 곳도 없었다. 그러다 보니 힘든 상황에 처한 사람의 마음을 악용한 사례들이 늘어났고, 대중은 경험적으로 풍수를 미신에 불과하다고 인식하게 된 것이 아닌가 판단 해본다.

하지만 정확한 이론과 관점으로 집을 둘러싼 주변 환경과 집 내부를 돌아보면, 신기할 정도로 한 사람 혹은 한 가족의 삶의 앞날이 적중될 때가 많다.

* 앞동의 모서리가 나를 공격하는 모양새다.

만일 이사를 한 이후에 남편이 돌변해 아내를 무시하게 된다면, 집의 구조와 외부 아파트 동들과의 관계를 통해 그 이유를 찾아볼 수 있다. 유독 한 집안의 한 세대가 잘 풀리지 않거나 대대로 같은 병을 앓는다면, 가족력을 떠올리기 전에 음택에서부터 그 원인을 찾아볼 수 있다.

이러한 풍수의 원리를 통해서 말하고 싶은 운의 열한 번째 진실은 바로 당연한 운은 없다는 것이다. 살아가는 과정에서 겪는 모든 일에는 다 나름의 이유가 있다. 단지 그 이유를 정확하게 알 수 없을 뿐이다.

아마 이런 의문이 들 수 있을 것이다. 그렇게 잘 안다면 이 책을 쓴 나는 재벌쯤 되어야 하는 것 아니냐고 말이다. 이런 일차원적 질문에 답을 하자면, 삶을 구성하는 요소는 그리 단순하지 않다. 풍수를 통해 내 삶의 큰 운을 변화시킬 수 있을지 몰라도, 이것 하나로 다른 모든 변수들까지 아우를 수 있는 것은 아니다.

만일 그 변수들을 알면 내가 원하는 삶을 그대로 얻을 수 있겠다는 생각도 든다. 하지만 우리가 살아가는 현실에서는 영화 〈매트릭스〉에서처럼 가상현실을 훤히 꿰뚫는 '네오'라는 존재가 되는 것이 불가능하다.

단, 불가능하다고 하더라도 확률적으로 가까워질 수는 있다. 바로 이 책에서 이야기하고 있는 운의 진실과 운이 나아질 수 있도록 도와주는 방법들을 통해서 말이다. 운의 열한 번째 진실을 알고서 삶에 적용하게 되면, 내 주변의 것들을 다시 돌아보면서 일상 속에서도 쉽게 행복한 순간들을 모을 수 있게 된다.

## 불운의 확률을 이겨낸 행운의 결과물

나의 아내는 일상 속에서 쉽게 행복을 찾을 줄 아는 사람이다. 꽃이 필 때는 겨우내 숨죽였다 올라온 아름다운 모습에 감탄을 한다. 꽃이 질 때는 꽃 뒤에서 몰래 돋아나고 있던 새 잎들이 세상으로 나온 것에 또 행복감을 느낀다.

주변 세상이 당연한 것처럼 여겨지고 일상이 너무 평범하게 느껴진다면, 다시 한번 잘 생각해보라. 자연이 철저한 시스템으로 돌아가주는 덕분에 매번 나무가 꽃을 피우고 새 잎이 돋아난다. 그 나무를 바라볼 수 있는 나 자신은 어떤가? 앞을 볼 수 있는 눈이 있고, 걸을 수 있는 다리가 있어준 덕분에 세상을 느끼며 살아갈 수 있다.

생각보다 우리는 일상에서 누리는 것들이 많다. 그것들 중에는 당연한 것이 없다. 수많은 불운의 확률을 이겨낸 뒤 내 눈앞에 펼쳐진 행운의 결과물이다.

나보다 못한 사람들을 보면서 위안을 느끼라는 것이 절대로 아니다. 나보다 불운한 사람에게 초점을 맞추는 것이 아니라 내가 가진 일상의 것들이 누군가에게는 정말 간절히 원하는 소원의 영역일 수 있다는 점을 기억하라는 것이다.

# 내가 바꿀 수 있는 운과
# 바꿀 수 없는 운을 구별하라

**내 인생에서 펼쳐지는 수많은 싸움 중에서
내가 이길 수 있는 싸움을 고르는 것.
이것이 잘살고 부자가 될 수 있는 중요한 방법 중 하나다.**

## 큰 병을 알약 하나로 고칠 수는 없다

많은 사람들이 풍수지리를 미신이라 생각한다. 하지만 나의 관점에서 봤을 때 더 미신적이고 비합리적인 것은 일반 대중의 생각이다. 풍수지리는 자연 그대로의 모습을 볼 줄 아는 눈을 길러준다. 그리고 자연을 해하지 않고 있는 그대로의 모습 안에서 평안하게 살아갈 수 있는 특별한 해법을 알려준다. 2021년 경기연구원에서도 탄소중립을 위해서는 풍수를 통해서 해법을 마련해야 한다고 했다.

컨설팅을 하러 가는 현장이든, 유튜브상의 댓글이든, 가장 많이 물어보는 질문 중 하나가 '비방법'에 대한 것이다. 예를 들어 내가 사는 집의 위치가 너무나 좋지 않을 때, 이것을 막을 수 있는 방법이 없는지 물어보는 것이다. 이럴 때에는 단호하게 대답한다. 그런 것은 없다고 말이다.

전라도에 있는 음택지를 감정 갔을 때의 일이다. 갑자기 조상님들의 묘 주위로 이끼가 나기 시작했는데 어떤 방법이 없을지, 지금 있는 곳에서 조상님을 계속 모셔도 될지를 의뢰했다. 현장에 가보니 평지 위에 줄지어 있는 묘들이 보였다. 전체적으로 잔잔한 풀과 이끼들이 봉분을 뒤덮고 있었다.

이야기를 들어보니 친척 중 한 분이 묘 근처에 전봇대를 설치할 수 있게 허가를 해주었고, 그 전봇대를 설치한 이후부터 봉분 주위로 이끼가 끼고 풀이 나기 시작한 것이었다. 이처럼 지형상의 변화로 수맥의 경로가 변화할 수 있다.

이러한 경우에는 그 누구라도 막을 수 있는 방법이 없다. 의뢰인들에게 우리가 할 수 있는 것은 없고 이장을 하는 것만이 가장 최선의 방법이라고 감정 결과를 말씀드렸다. 씁쓸한 마무리였다.

좋지 않은 감정 결과를 말하는 내 마음도 편치는 않다. 그런데 잘못된 부분을 고칠 방법이 없다는 결과를 들은 의뢰인들은 그것을 받아들이지 못하고 우리를 의심하거나 부정하는 경우가 종종 있다.

풍수에서는 '비보'라는 용어가 자주 쓰인다. 비방법처럼 입지에서 부족한 것을 다른 조형물이나 구조물을 통해서 보완한다는 뜻이다.

하지만 비보라는 것은 본질적인 부분에서 큰 문제가 없고 부족한 부분을 메울 수 있는 정도일 때 가능하다. 간에 큰 병이 생겨서 간을 이식받는 것밖에는 방법이 없는데, 간단하게 약을 먹고 해결할 수는 없느냐고 묻는 것과 같다. 당장 들어갈 비용을 줄이고 싶은 욕심에, 돈은 돈대로 세월은 세월대로 낭비하면서 상황을 악화시키는 것이다. 여기에서 우리가 생각해야 할 운의 열두 번째 진실은, 바로 바꿀 수 있는 운과 바꿀 수 없는 운을 구별하는 것이다.

## 내가 만들 수 있는 운과 내가 바꿀 수 없는 운

지금까지 이야기한 운의 진실들만 놓고 보면, 이 운의 진실들을 잘 알고 삶에 적용하면 모든 것이 해결될 수 있을 것처럼 이야기했다. 물론 충분히 가능한 일이다. 하지만 아무리 마음을 고쳐먹고 다른 사람이 된다고 하더라도 기본적으로 바꿀 수 있는 것에만 노력을 해야 한다. 아무리 기량이 뛰어나고 호기로운 장수라고 하더라도 모든 전쟁에서 이길 수는 없는 법이다.

풍수를 이야기할 때 많은 사람들이 풍수를 부정하면서 하는 말 중 하나가 "내 마음만 편하면 그게 명당이지"라고 하는 것이다. 이 말을 들을 때마다 안타깝다는 생각이 든다. 내 마음 하나 고쳐먹는다고 해서 흉지가 명당이 될 수는 없다.

기본적인 풍수의 근본 원리는 '내가 바꿀 수 없는 것'에 비유할 수 있다. 그리고 풍수 인테리어를 통해 내가 집 안에서 물건의 위치를 옮기고 집을 잘 관리하는 것은 '내가 바꿀 수 있는 것'에 비유할 수 있다.

바꿀 수 없는 것을 바꾸려고 하는 인간의 본능 덕분에 기술이 발달되어 우리가 생각하고 상상하던 것들이 실현되고 있다. 하지만 언젠가는 그것이 지식의 저주가 되어 우리의 삶을 더 비효율적으로 만들게 될지 모를 일이다.

이기는 싸움만 골라서 할 줄 안다면 진정으로 모든 싸움에서 이길 수 있다. 내 인생에서 펼쳐지는 수많은 싸움 중에서 내가 이길 수 있는 싸움을 고르는 것. 바로 이것이 또한 잘살 수 있고 부자가 될 수 있는 중요한 방법 중 하나인 것이다.

**CHAPTER 1 Summary**

# 운의 진실

● 재물운을 확실히 내 옆으로 가져올 수 있는 방법이 있다. 자신에게 곧 다가올 운에 이름을 붙이고, 그 운의 실체를 하나씩 그려보라.

● 모든 운을 개척해낼 수는 없다. 하지만 나의 노력으로 바꿀 수 있는 운의 영역 은 분명 크다. 아래의 운의 진실들은 내 인생을 바꿔줄 해답과도 같다.

● 진실1: 운은 한순간도 가만히 있지 않는다.

● 진실2: 운은 매일 음식을 먹는 것과 같다.

● 진실3: 운을 이기는 사람은 없다.

● 진실4: 운은 자신을 알아봐주는 사람을 좋아한다.

● 진실5: 운을 얻고 싶다면 운이 좋아하는 것을 해야 한다.

● 진실6: 운을 쌓는 것은 밑 빠진 독에 물 붓기와 같다.

● 진실7: 좋은 운과 나쁜 운은 함께 온다.

● 진실8: 운은 한 번에 바뀐다.

● 진실9: 운은 생각보다 가까이에 있다.

● 진실10: 행운과 불운의 중간 지점은 없다.

● 진실11: 당연한 운은 없다.

● 진실12: 내가 바꿀 수 있는 운과 바꿀 수 없는 운을 구별하라.

이번 장에서는 공간에서 쌓을 수 있는 운에 대해 이야기해보려 한다. 나라는 사람, 그리고 주변의 사람 모두 어떠한 공간 속에서 만나고 함께 살아간다는 것을 기억하자. 사람들과 잘 지내고 인복을 쌓는 방법, 나 스스로 운을 쌓아갈 수 있는 방법은 모두 공간이 없다면 실행할 수 없다. 공기와 같은 존재로 여기는 것이 공간이기 때문에, 오히려 공간에 대한 개념을 머리에 집어넣고 살아가는 사람들이 더 잘 살 수밖에 없다. 이해를 돕는 사례를 통해 개념을 조금씩 설명하면서 이야기를 이어갈 테니, 천천히 함께 걸어가보자.

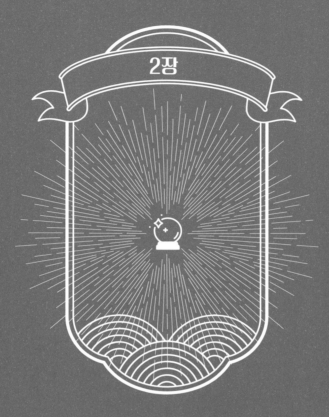

# 공간 운

### 내가 있는 공간에서 운을 끌어올리는 법

# 집에 인사해본 적이
# 있는가?

집에 이름을 붙여주고, 집을 나갈 때는 잘 다녀오겠다고 인사하고
집에 들어올 때는 잘 다녀왔다고 말을 건네면,
집과 자연스럽게 교감하면서 포근한 마음을 느끼게 될 것이다.


## 가장 큰 재물, 집

코로나19는 사람들의 삶을 많이 변화시켰다. 사람들의 집에도 큰 변화가 일었다. 특히 한국에서는 대중들이 부동산에 본격적인 관심을 갖게 된 계기가 되었다. 평생 일군 자산의 가치가 한순간에 오르락내리락하는 것을 모든 사람들이 경험했다. 집 밖을 나가지 못하는 생활 덕분에 집 안에서의 삶에 더욱 관심을 갖게 되었고, 풍수 인테리어에 대한 관심도 급격히 늘어났다.

여기서 말하고 싶은 것은, 집이라는 것을 어떤 개념으로 바라보아야 하는가에 대한 부분이다. 대부분의 사람들은 집을 가장 큰 자산으로 여긴다. 부동산이라는 개념으로 말이다. 하지만 예로부터 집은 안식처로 여겨졌으며 신성성이 부여되어왔다. 집을 짓기 전부터 정성을 들였고, 집을 지으면서는 물론이고 집에서 생활하는 내내 집에 대한 감사함을 잊지 않았다.

집이라는 공간을 통해 운을 얻고 싶다면, 콘크리트 덩어리로서의 자산이 아니라 나와 함께 살아가는 존재, 유기체 혹은 생명체로 생각해야 한다. 집을 옮기면 많은 것들이 변한다. 내가 생활하는 환경이 바뀌고, 아이의 학교가 바뀌고, 내 삶이 바뀐다.

앞에서 2주 만에 이사를 해서 모든 가족의 운을 바꾼 의뢰인의 사례를 이야기했다. 대부분의 사람들은 이러한 변화가 집과는 별개로 나타난다고 생각한다. 하지만 모든 변화는 옮긴 집에서부터 시작되는 것이다.

그렇게 봤을 때 이사라는 것은 단순한 자산의 증식 혹은 거처의 이동이 아닌, 내 삶과 가족 모두의 삶이 변화하는 전환점으로 받아들여야 한다. 뒤에서 자세히 언급하겠지만, 이런 이유로 이사를 신중히 생각해야 하며, 어떤 집과 함께 생활할 것인지 잘 고려해야 하며, 집 안에서 좋은 운을 모을 수 있는 행동과 마음가짐을 쌓아가야 한다.

# 우리 집 안에 누가 살고 있다

한 집과 한 사람이 만나는 과정은, 30년 가까이 따로 살아온 두 사람이 한집에서 새로운 삶을 시작하는 신혼부부의 모습과 같다. 결혼을 해보신 분들은 모두 알 것이다. 결혼 전 얼마의 기간을 만났든, 결혼 후 한 공간을 함께 쓰면서부터는 이전과는 다른 새로운 사람과 사는 경험을 하게 된다는 것을 말이다.

신혼부부의 모습을 머릿속에 그려보자. 두 사람의 삶의 방식은 너무나 달랐을 것이다. 일어나는 시간, 잠자는 시간, 밥을 먹는 습관, 취미생활 등 모든 것이 달랐다. 그런데 결혼을 하면서 이제 그것이 한 공간에서 이루어져야 한다. 그러다 보니 두 사람은 자연스럽게 충돌하게 된다.

충돌은 자연스러운 협의의 과정이다. 이 과정을 잘 거쳐야 두 사람이 평온한 마음으로 오랜 세월을 잘 살아갈 수 있다. 충돌이라고 표현했지만 두 사람의 성향에 따라 대화로 해결될 수도 있고, 싸움으로 해결될 수도 있다.

충돌의 과정을 반복하다 보면, 점점 충돌 지점이 줄어들게 되고, 두 사람은 비로소 장기적으로 함께 살아갈 수 있는 관계의 시스템을 구축하게 된다. 이는 마치 2개의 서로 다른 톱니바퀴가 충돌하면서 서로 공격하던 날들이 점점 무뎌지면서 부드럽게 돌아가는 것과 비슷하다.

* 2개의 톱니바퀴가 부드럽게 맞물리려면 시간이 필요하다.

이러한 관계의 합의 과정은 집과 사람 사이에서도 똑같이 일어난다. 그 이유는, 처음에 말했던 것처럼, 집이 하나의 생명체이기 때문이다. 집 안에 신성성을 부여하고 집을 고귀하게 생각하는 성주신앙이 예로부터 전해져온다.

영화 〈신과 함께〉에서 마동석 배우가 연기하는 캐릭터가 바로 집을 지키는 '성주신'이다. 성주신은 그 집에 사는 사람을 지키고 보호한다. 하지만 성주신이 집 안에 사는 사람을 모두 지켜주는 것은 아니다. 결혼한 두 사람이 오랜 합의의 과정을 거쳐서 조심스럽게 서로 다가가듯 성주신도 마찬가지다. 집을 아끼고 집이라는 공간에 진정으로 감사하고 집을 잘 가꿀 줄 아는 사람에게 더욱더 애정을 쏟을 수밖에 없다.

비유적으로 표현했지만, 실제로 여러 문제가 있어서 연락을 주신 의뢰인들의 집과, 비교적 큰 문제 없이 더 잘 살고자 해서 연락을 주신 의뢰인들이 사는 집은 확연한 차이가 있다. 문제가 있어서 연락을 주신 의뢰인들의 집을 직접 찾아가보면 눈에 띄게 지저분하거나 이상한 냄새가 나고 여러 가지 불안정한 기분이 든다. 단순히 청결의 문제라기보다 내가 사는 공간을 경영해내는 정도에 따라 삶의 질에 차이가 난다는 것을 매 컨설팅마다 느낀다.

내가 사는 집을 통해서 운을 얻고자 한다면, 단순한 부동산이 아닌 나와 함께 살아가는 존재, 나에게 좋은 기운을 전해주는 존재로 생각해야 한다. 내가 집을 대하는 마음만큼 집이 나에게 기운을 전해준다.

## 감성 넘치던 조선시대

3대 부자가 없고 3대 가난이 없다는 말을 한 번쯤 들어봤을 것이다. 그만큼 오래 부를 유지한다는 것이 참으로 어렵다. 그런데 이 어려운 일을 해내 오래도록 부를 유지해 지금까지 이름이 전해지는 가문이 있다. 바로 경주 최부잣집이다. 이 집에 가보면 '대우헌(大愚軒)'이라는 현판이 걸려 있다.

큰 부를 유지했음에도, '큰 대' 자와 '어리석을 우' 자를 써서 집에 붙여놓았다. 이 집에서 살아가는 사람들이 언제나 겸손의 미덕을 마음에 새기고자 함을 확인할 수 있다. 이처럼 예전 우리 선조들은 사

**경주 최부잣집**

\* 경주 최부잣집에 가보면 '대우헌'이라는 현판이 걸려 있다.

는 공간에 이렇게 이름을 붙여, 사는 공간과 삶을 하나로 연결시켰다.

단순히 나의 집만이 아닌 내가 머무르는 공간, 그리고 내 주변을 둘러싼 모든 자연과 교감을 할 줄 아셨다는 것을 엿볼 수 있다. 이렇게 집에 이름을 붙이는 것에서 그치지 않고, 심지어 사는 동네에도 별칭을 붙이셨다.

예전 주택들을 보면, 대문 앞에 집주인의 문패가 달린 것을 쉽게 볼 수 있었다. 요즘은 그런 모습을 볼 수 없게 되었고, 대부분 아파트 생활을 하게 되면서 내 이름도 내 삶의 가치도 사라지게 되었다.

풍수 인테리어 강의에서 항상 내주는 숙제가 있다. 내가 사는 집에 이름을 붙이라는 것이다. 설령 2년을 살다 가고 내 명의로 된 집이 아니라 하더라도, 내가 머무는 동안만큼은 내가 실질적인 그 집의 주인이다. 어느 곳에 가든 주인이 된 마음가짐을 가지라는 '수처작주(隨處作主)'의 마음을 우리 집에도 적용하자.

한 수강생은 영어로 지어도 되느냐고 물었다. 상관없다. 어떤 이름이든, 모든 비바람을 막아주고 밖에서의 고된 삶에서 벗어나 온전한 공간을 만들어준 집에 감사한 마음을 갖는 것이 중요하다.

그렇게 집에 이름을 붙여주고, 집을 나갈 때는 잘 다녀오겠다고 인사하고, 집에 들어올 때는 잘 다녀왔다고 말을 건네면, 집과 자연스럽게 교감하면서 포근한 마음을 느끼게 될 것이다.

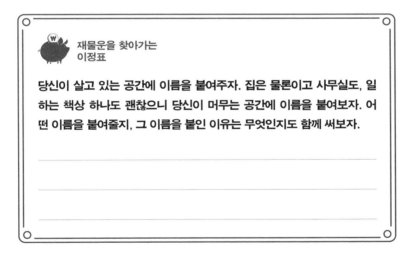

**재물운을 찾아가는 이정표**

당신이 살고 있는 공간에 이름을 붙여주자. 집은 물론이고 사무실도, 일하는 책상 하나도 괜찮으니 당신이 머무는 공간에 이름을 붙여보자. 어떤 이름을 붙여줄지, 그 이름을 붙인 이유는 무엇인지도 함께 써보자.

# 같은 아파트에 살아도
# 운이 다른 이유

**시대가 변해도 변하지 말아야 할 것들, 잊어서는 안 될 것들이 있다.
오랜 세월이 흘러도 사계절은 순환하고,
나무가 뿌리를 내리고 푸른 잎이 나는 원리는 변하지 않는다.**

## 윗집, 아랫집 다른 아파트

예전에 이런 댓글이 달렸다. 친한 언니와 함께 같은 아파트 윗집, 아랫집으로 이사를 왔는데 두 집의 삶이 너무나 달라져서 무슨 이유인지 궁금하다는 내용이었다. 한 집은 남편이 승진하고 아이들도 잘 자라는데, 한 집은 이러저러한 어려움에 부딪혔다는 것이다.

이렇게 두 집의 운명이 갈리는 데는 이유가 있다. 같은 아파트, 같은 동, 같은 라인, 같은 구조로 된 집이라 하더라도 다르게 생각해볼

\* 사는 집의 입지와 구조가 중요함을 늘 강조한다.

것들이 정말 많다. 가족들이 집 안에서 어떻게 생활하는지, 방 배치
는 어떻게 했는지, 자는 방향은 어떠한지, 가구가 잘 배치되었는지
등과 타고난 팔자, 살아온 삶의 이력, 정신적인 에너지까지 고려되
어야 할 요소가 너무나 많다. 그래서 실제로 출장 컨설팅을 나가면
집의 거주 적합성을 판단하기 위해 고려하는 요소가 100여 가지 이
상이 되는 것이다.

사람들은 보통 풍수라고 하면, 막연한 감으로 멀리 있는 산을 한
번 쓱 보고 "음, 여기가 좋네"라고 말하는 것이라고 생각한다. 하지
만 실제 풍수 컨설팅에서는 풍수에 대한 수많은 이론적인 요소와 현
장에서 느낄 수 있는 제반 사항, 의뢰인에 대한 요소 등을 종합적으
로 판단해낸다. 그렇게 해서 한 사람 혹은 한 가족의 운명을 바꾸는
결정을 내리는 것이다.

집에 대한 것도 그렇고, 살아감에 있어서 모든 것들을 종합적으

로 고려할 줄 알아야 하며 항상 많은 변수가 일어날 수 있음을 생각해야 한다. 매 순간 마주하게 되는 현실은 대부분 새롭고 각자의 이익으로 충돌한다. 단편적인 것만 가지고 삶을 결정짓는다면, 언제나 생각하지 못했다는 말만 되뇌면서 삶의 하향곡선을 그리게 된다.

# 아파트 풍수지리

풍수지리는 역사가 기록되기 전부터 존재해온 공간에 대한 개념이다. 앞으로 오랜 세월이 흘러도 공간이라는 개념이 존재하는 한은 항상 적용하고 염두에 두어야 할 것이 바로 풍수지리다.

지금의 2030 세대의 90%는 태어날 때부터 아파트에서 나고 자랐다. 시대가 변했다 말하지만, 사람이라는 존재가 공간 안에서 살아간다는 개념은 변하지 않았다. 아파트에도 동일하게 풍수지리의 원리가 적용되는 이유가 바로 이것이다.

수많은 현장과 강의를 통해 내가 사는 공간의 입지와 구조가 중요하다고 말하면, 꼭 따라오는 말이 있다. 그렇게 치면 같은 아파트 같은 동에 사는 사람들은 다 똑같은 팔자로 살아야 하는 것 아니냐고 말이다. 이에 대한 대답은 이미 앞에서 이야기했다.

이러한 이야기는 일반인들뿐 아니라 소위 말하는 '전문가'들도 같은 말을 한다. 최근 한 서점가에서 풍수를 언급하는 책에도 이러한 내용이 적혀 있었다. 그 사람의 이력을 들여다보니, 풍수와는 거리가 먼 삶을 살아왔고 현장 경력이 전무했다. 단지 유튜브에서 풍수 콘텐츠로 인기를 얻어 전문가로서 대우를 받는 것이었다. 지금도 아파트를 감정하면서 좋은 아파트 단지를 선정해주고 있으며 아파트 풍수지리를 강의하는 유일한 전문가 입장에서 봤을 때 너무나 안타깝다.

시대가 변해도 변하지 말아야 할 것들, 잊어서는 안 될 것들이 있다. 오랜 세월이 흘러도 사계절은 순환하고, 나무가 뿌리를 내리고 푸른 잎이 나는 원리는 변하지 않는다. 풍수는 자연의 원리를 담고 있다. 그 원리를 잊고 자연스러운 삶에서 벗어나는 순간, 살아가는 데 더 큰 에너지가 들고 힘든 시행착오를 겪게 된다.

## "집이 너무 사랑스러워요"

예전에 우리를 통해 집을 얻은 의뢰인이 이런 말을 전해주신 적이 있다. "집이 너무 사랑스러워요." 이분은 집을 얻을 때 풍수지리를 고려하는 것이 매우 중요하다는 사실을 알고 계셨다. 이분과 처음 인연을 맺게 된 것은 경주에 있는 한 아파트에서부터였다. 맨 처음 마스터님과 함께 감정을 가서 집을 둘러보니, 그곳은 편안한 삶을 이어가기 어려운 공간이었다.

의뢰인은 50대 중년 여성이었고, 의뢰인과 남편, 딸, 이렇게 세 식구가 사는 집이었다. 그 후로 의뢰인은 2번 이사를 하셨고, 그러한 과정 동안 많은 노력을 기울였다. 우리 역시 아파트 단지를 돌아보며 조언을 드렸고, 의뢰인이 정한 아파트 단지의 모든 집 구조를 분석해드리기도 했다. 그리고 마침내 최종적으로 집을 선택해서 들어가게 되셨고 평안한 마음을 얻게 되셨다.

컨설팅을 해드린 지 반년 정도 지난 어느 날, 서울에서 출장을 마치고 돌아오던 차 안에서 의뢰인의 전화를 받았다. 그리고 지금 살고 있는 집이 너무 사랑스럽고 이런 집을 찾게 되어 너무나 감사하다는 말씀을 들었다.

그분은 매우 이성적이고 논리적인 분이셨다. 금융계열에 종사하는 분이었기 때문에 확실하게 하나하나 따져 가면서 집을 찾으셨다. 그런 분이 이렇게 풍수의 원리를 잘 깨닫고 삶에 적용해 평안한 삶을 얻게 된 것이 너무나 뿌듯했다.

찾아드린 아파트는 사실 경주 지역 내에서는 구축 아파트였다. 이전에 살던 아파트는 신축 아파트에다가 층수도 높고 평형도 넓었다. 하지만 겉으로 드러난 것들의 유혹에 넘어가지 않고 어떤 선택이 현실적으로 자신의 삶에 이득이 되는지를 잘 판단하셨다.

좋은 집을 얻고자 하는 노력과 바른 선택 덕분에 평안한 마음뿐 아니라 건강한 신체, 사람들과의 관계 모두 원활해졌다. 이처럼 집과 사람의 인연이 잘 맺어지게 되면 많은 것이 순조롭게 지나간다. 좋은 집을 찾고자 노력하는 것, 포기하지 않고 긴장의 끈을 놓지 않는 것, 그 모든 과정 속에서 나와 나의 소중한 사람들의 운이 결정된다.

# 이사의
# 중요성

**나의 가족과 함께 하루라도 더 행복하게 살고,
병이 나지 않으며, 하는 일이 잘되게 하는 집을 찾아서
하루라도 빨리 거처를 옮기는 것이 인생을 위한 진정한 투자다.**

## 명품백보다 쉽게 고르는 집

✳

여러 집을 다녀보면 특징적인 몇 가지가 있다. 집의 경제 상황을 떠나 거의 대부분 안방 화장대에 비싼 명품백이 놓여 있다. 가방마다 가격은 다르지만 모두 똑같이 주인의 마음이 담겨 있는 것을 보면, 흥미로운 기분이 든다.

아마 그 명품백을 얻게 되기까지 참으로 많은 시간이 들었을 것이다. 직접 산 명품백이라면 오랫동안 돈을 모아서 샀거나 할부로 저

당을 잡혀 샀을 것이다. 누군가에게 선물을 받았다면 그 사람과의 오랜 관계를 통해 쌓은 신뢰 혹은 협박이었을 수 있다. 어떤 사정이든 쉽지 않게 얻은 명품백이었을 것이다.

안방 화장대 위 명품백

* 백이 중요한가, 집이 중요한가?

명품백이라면 보통은 몇백만 원, 정말로 비싸면 몇천만 원 정도다. 그런데 집은 그보다 훨씬 비싸다. 흔히 가방을 얻기까지 공을 들이고 고민하는 시간과 노력을 생각한다면, 가방 값과 비교도 되지 않게 고가인 집을 얻을 때 사람들이 들이는 시간과 노력은 무척 적다고 볼 수 있다.

계약 기간이 끝나서 혹은 자녀 때문에 집을 옮겨야 해서 등등 수동적인 의미로 집을 옮길 뿐, 기운이 좋은 집을 통해 잘 살고자 하는 마음으로 집을 옮기는 사람들은 거의 없다. 안타깝게도 삶의 어려움을 겪은 후에야 집의 중요성을 깨닫고 우리에게 연락을 주시는 분들이 많은 것이 사실이다. 만약 명품백을 얻고자 하는 마음으로 내가 살 집을 탐색하고 선택했더라면, 그 명품백을 훨씬 더 쉽게 얻을 수 있는 삶을 누리게 되었을 것이다.

잘 크고 있는 화분을 분갈이할 때 크기에 맞지 않거나 물갈이가 잘 되지 않는 화분으로 바꾸게 되면 식물은 금세 죽는다. 사람도 똑같다. 잘 자랄 수 있는 화분을 찾아 식물을 옮겨주는 것처럼, 땅의 기운을 받고 살아가는 사람도 제대로 살아갈 수 있는 집을 찾아야 한다.

# 학군보다 집

한번은 이사 방향 진단을 신청하면서 한 의뢰인이 이런 질문을 남겨 놓으셨다. 아이가 다닐 학원 근처로 집을 알아보고 이사를 생각하고 있는데, 마음에 둔 집들이 올해 이사 방향에 맞는지 궁금하다는 질문이었다.

이와 유사한 경우가 참 많다. 아이의 학원과 학군만 생각하면서 이사를 고려하는 경우다. 물론 학군을 고려하는 것은 중요하다. 문제는 학군만 고려하기 때문에 안타까운 상황이 벌어지는 것이다.

아무리 좋은 학군과 학교에 들어간다 하더라도 아이가 기본적으로 살게 될 집이 안정되지 못하면, 아무 의미가 없다. 부모가 매일 다투게 되는 집, 자녀가 말을 잘 듣지 않게 되는 방 배치, 평안하게 잠을 잘 수 없는 집 등을 선택한다면 학교와 학원에서 좋은 실력을 발휘할 수가 없다.

학창시절 나는 대구에서 유명한 수성구 학군에서 학원을 다니긴 했지만 집은 변두리 학군에 위치해 있었다. 하지만 국내에서 유일한 풍수지리 전문가이자 대통령 풍수자문을 지낸 분이 선정하고 구조를 설계한 집에 산 덕분인지 학교 생활 내내 큰 어려움이 없었고 좋은 성적을 거두었으며, 초중고 내내 반장과 전교회장을 할 만큼 교우관계도 좋았다. 대학 역시 재수를 하긴 했지만, 수능시험 없이 논술 한 번으로 대입에 성공할 수 있었다.

공부하는 학생의 노력이 동반되어야 좋은 결과가 나오는 것이지만, 운이 없이는 절대로 큰 성공을 거두며 살아갈 수 없다. 이사는 자녀의 학교 성적, 부모의 관계, 가족들의 주변 인간관계, 직장에서의 승진, 사업, 재물운 등 모든 것이 변화되는 시작점이다. 그러니 우선순위는 언제나 집이라는 것을 잊어서는 안 된다.

## 이사 가야 할 징조

위례에 사는 한 의뢰인에게 전화가 왔다. 지금 사는 아파트에 이사온 뒤로 남편과 사이가 너무 좋지 않게 되었고, 특히 남편이 완전히다른 사람이 되었다는 것이다. 현장에 가보니, 집 구조도 문제였지

**좋은 집의 예**

* 주변의 자연 지형에 맞추어 지어진 집이 좋은 집이다.

만 집의 위치가 주변 자연 지형에 어울리지 않게 '억지로' 지어진 집이었다.

풍수 입지에 대한 것을 한 가지 말하자면, 보통 우리는 향을 위주로 집을 결정한다. 하지만 중요한 것은 향이 아니라 주변의 자연 지형에 맞게 지어진 집이냐 하는 것이다. 예를 들어 남향이라 하더라도 앞쪽에 산이 막고 있으면 그 집은 좋은 운을 받기가 어렵다. 반대로 북향이라 하더라도 주변의 지형에 맞게 지어졌다면, 잘못 지은 남향집보다 백배 천배 좋은 집이다.

위례에 사는 의뢰인의 집이 전형적인 그런 집이었다. 자세한 사항을 모두 이야기하기는 어렵지만, 그러한 지형과 여러 가지 방위로 봤을 때 남편이 아내를 억압하는 형세의 집이었다. 자연 속에서는 그러한 증거들이 모두 남아 있다. 다만 그것을 알아차리고 제대로 볼 줄 아는 사람이 없었을 뿐이다.

이렇게 된 집은 사실 할 수 있는 방법이 없다. 문제를 해결할 수 있는 방법은 새로운 집을 찾는 것뿐이다. 물론 이사가 쉽지는 않다. 대출을 끌어모아 겨우 집을 얻었고, 오래 살 계획으로 집수리까지 끝낸 상태라면 더더욱 이사하기가 어려울 것이다. 하지만 이럴 때일수록 삶에서 진정으로 중요한 가치가 무엇인지 깨달아야 한다.

수천만 원 혹은 수억 원을 들여 예쁘게 꾸며 놓은 새 아파트도 중요하지만, 나의 가족과 함께 하루라도 더 행복하게 살고, 병이 나지 않으며, 하는 일이 잘되게 하는 집을 찾아서 빨리 거처를 옮기는 것이 인생을 위한 진정한 투자다.

오히려 돈에 얽매이다 보면 하루 이틀, 한 달, 일 년… 시간만 지날 뿐 일이 해결되지 않는 것을 경험하게 된다. 돈에 연연해 시간을 잃는 것은 재물운을 잃는 것과 같다.

많은 어려운 일들이 갑자기 들이닥쳤다고 느끼겠지만, 사실 이러한 인생의 고비들은 오기 전에 여러 징조를 드러낸다. 만일 당신이 사는 공간을 이동한 이후에 아래의 징조가 나타났다면, 공간에 어떤 문제가 있는 것은 아닌지 진지하게 고민해봐야 한다.

 **이사 가야 할 징조**

＊ 부부관계가 갑자기 좋지 않게 된다.
＊ 말을 잘 듣던 자녀가 갑자기 부모의 말을 듣지 않게 된다.
＊ 생각하지 못했던 건강상의 큰 문제가 일어난다.
＊ 가벼운 사고가 아닌, 상해를 입는 큰 사고가 일어난다.
＊ 직장에서 어떠한 변동이 없음에도 불구하고 뭔가 일이 될 듯 말 듯 하면서 성사가 안 된다.
＊ 계획했던 일이 시작하기도 전에 계속해서 무산된다.

# 재물운이
# 절대로 모이지 않는 집

**대상의 속성을 바꿀 수 없다면, 아예 그 대상을 바꿔버리는 것이다.
이것이 현명한 사람이 내리는 판단이며,
인생의 운을 쌓는 지름길이다.**

## 좋은 집에서 좋은 생각이 나고, 좋은 사람이 된다

"좋은 집에서 좋은 생각이 나고, 좋은 사람이 된다." 마스터님께서 풍수에 대한 지혜를 전수해주시면서 늘 하시는 말씀이다. 공간에 대한 운을 알아가는 과정에서 우리가 꼭 기억해야 할 개념이 있다. 앞에서 말한 운의 진실에 대한 것인데, 입지에 대한 개념은 우리가 바꿀 수 없는 운이라는 것이다. 즉 선택을 통해 바꿀 수 있을 뿐, 사람의 노력으로는 그 자체의 길흉을 바꿀 수 없다.

상식적으로 생각해보면 누구나 쉽게 이해할 수 있다. 화분 속 식물의 품종이 건강하다면 흙이나 화분이 어떠하든 모두 이겨내고 잘 자랄 수 있을 것이라고 생각하는가? 그렇지 않을 것이다. 입지도 이와 같다. 이러한 경우 가장 현명한 판단법은 다음과 같다. 대상의 속성을 바꿀 수 없다면, 아예 그 대상을 바꿔버리는 것이다. 이것이 현명한 사람이 내리는 판단이며, 인생의 운을 쌓는 지름길이다.

이런 개념을 바탕으로, 이제부터 좋지 않은 입지란 무엇인지 알려드리려고 한다. 물론 아래의 내용들을 현실에서 확실하게 적용하는 것은 개인마다 차이가 있을 것이다. 또한 이것을 나름대로 습득했다고 해서 주변 사람들의 삶에 쉽게 개입해서는 안 된다. 주변에 반풍수 친구를 두어서 망한 집안이 한둘이 아니다.

풍수를 공부하다 보면, 실습하고 싶은 마음이 드는 것이 당연하다. 하지만 섣불리 실습했다가 자칫 한 가문의 삶을 송두리째 흔들 수도 있는 법이다. 그러니 지금부터 알려드리는 내용은 개념을 위주로 이해하고 자기 자신에게만 적용하는 것이 좋다.

## 비탈진 곳

✳

땅에서의 기운은 모름지기 한곳에 모여 있어야 한다. 이것을 두고 '운이 응결되어 있다'고 칭한다. 소중한 물 한 그릇을 얻기 위해서는

### 비탈진 곳에 지어진 집

* 비탈진 곳에 지어진 집은 기운이 모이기 어렵다.

물을 담을 그릇이 반드시 필요하다. 만약 그릇에 구멍이 나 있거나 그릇이 경사진 곳에 놓여 있다면 물도 물그릇도 아래로 흘러 떨어져 버릴 것이다.

땅의 기운도 마찬가지다. 지나치게 경사진 곳에 지어진 집은 기본적으로 기운이 흘러 내려가는 것이라 보면 된다. 다른 곳보다 운이 쉽게 모이기 어렵다.

이렇게 이야기를 하면, 보통 부산을 예로 들며 반론을 제기하는 분들이 계신다. 일리 있는 반론이기는 하나, 비탈진 곳이라 하더라도 그 경사도에 따라 다르고, 비탈진 지형 중에서도 평평한 구간이 있다. 그런 곳이라면 비탈진 곳이라고 볼 수 없다.

# 산을 깎은 곳

산을 깎지 않은 아파트가 어디 있느냐고 하는 분들이 많을 것이다. 여기서 말하는 깎은 정도는 옹벽이 세워질 정도로 산을 과하게 절개한 곳을 말한다. 아래의 사진에서 보이는 현장이 전형적인 그런 아파트였다.

의뢰인 가족이 해당 아파트로 이주하게 되면서 의뢰인의 아내가 갑작스럽게 혈액암에 걸렸다. 모든 입지에 대한 기운은 산에서부터 비롯된다. 산이 외부의 바람을 막아주고 내가 사는 공간에 좋은 운을 모이게 한다. 또한 기를 공급해주는 역할을 하기도 한다. 우리나

**산을 과하게 절개해 만든 아파트**

\* 산을 절개한 부지는 좋은 운이 끊긴 자리다.

라의 산세를 정맥에 비유하는 것처럼, 우리 주변에 보이는 크고 작은 산들은 기운이 흘러가는 모세혈관과 비슷하다고 생각하면 된다. 그 혈관을 잘라냈으니 피의 흐름이 끊기고 피가 터져 나가는 것이다. 산을 절개한 부지는 이렇게 기운이 잘려져 좋은 운이 끊긴 자리이기 때문에 아주 좋지 않은 곳 중 하나다.

## 골바람이 치는 곳

전국으로 출장을 다니다 보면 곳곳마다 집과 사람이 없는 곳이 없다. 빽빽한 산 사이로 지어진 집도 참 많이 있는데, 문제는 골짜기 사이에 집을 지었을 때 발생한다. 골짜기 사이에 있다고 하면 바람이 불어 내려오는 것이다.

**골바람이 불어오는 집터**

\* 좋은 기운을 모두 쓸어버리는 형태다.

　풍수가 '장풍득수'의 줄임말이라고 앞에서 이야기했다. 집은 외부의 기운을 막을 수 있는 곳에 위치하는 것이 중요한데, 골바람이 치는 골짜기 사이는 내가 사는 공간의 좋은 기운을 모두 쓸어버리는 형태인 것이다.

전원주택을 짓기 위해 남편이 땅을 매입했는데 왠지 모르게 불안한 마음이 들어 아내분께서 터의 감정을 의뢰하신 사례가 있었다. 전라북도의 외진 곳에 위치했는데 전형적으로 골바람이 불어오는 땅이었다. 골짜기라는 개념이 없다면, 대부분의 일반인들은 단순히 산이 둘러쳐져 있으니 숲세권으로 생각하게 된다. 하지만 가만히 들여다보면 삶을 위협하는 무서운 징조가 도사리고 있음을 깨닫게 된다.

## 앞이 막힌 곳

✳

누군가가 당신의 앞길을 딱 가로막는다고 생각해보라. 어떤 난관에 부딪혔을 때, 우리는 가로막혔다고 표현한다. 집도 마찬가지다. 집

**앞이 막혀 있는 집터**

* 발코니를 기준으로 앞에 산이 막는 경우도 좋지 않다.

앞이 답답할 정도로 높은 건물, 높은 산으로 가로막혀 있다면, 내가 살아가면서 받게 될 운이 막히고 더 큰 성장 또한 막히게 된다. 큰 나무 그늘 아래에서는 크지 못하는 작은 나무와도 같다.

　적당한 거리와 적당한 높이의 주변 지형과 건물은 나에게 도움을 주고 나를 보호해준다. 하지만 그것이 너무 높고 크다면 집의 운, 내 삶의 운을 모두 막는 것임을 알고 피해야 한다.

# 현관 밖은
# 내 집이 아닐까?

**좋은 운을 쌓는 것도 중요하지만,
나쁜 운이 들어오지 못하도록 하는 것이
더 중요할 때가 있다.**

## 모든 운이 들어오는 시작점

풍수의 입지에 대한 분석과 달리 풍수 인테리어는 내가 바꿀 수 있는 운에 가깝다. 그러한 점에서 우리 집 안에서 가장 운이 들어오기 좋은 공간이 어디인지 꼭 알아두자.

그곳은 바로 현관이다. 바깥의 모든 운들이 집 안으로 드나드는 통로가 바로 현관이다. 세부적인 풍수 이론으로 보자면, 각 집의 방향에 따라서 정확한 현관 방향이 있다. 그리고 그중에서도 좋은 현관 방향을 '생방'과 '왕방'이라고 칭한다. 우리 집 안에서 좋은 기운을 만들어낼 수 있는 방향, 그리고 우리 집 안으로 좋은 것들을 가져다주는 방향이라는 뜻이다.

상세한 방향을 언급하지 않는 이유는, 이 책에서 언급하기에는 전문적인 풍수의 심화 내용이기 때문이니 이해해주기 바란다. 우리는 여기서 현관의 의미를 생각하고 공부하면서 스스로 만들어갈 수 있는 운을 알고 쌓아가보자.

옛 선조분들께서는 봄이 되면 대문에 '입춘대길(立春大吉)'이라는 글귀를 써서 붙이셨다. 입춘대길뿐 아니라 '개문만복래(開門萬福來)' '소지황금출(掃地黃金出)'도 주로 대문에 쓰이던 문구인데 그

**필자의 집 현관에 걸린 마스터님의 친필 글귀**

\* 현관은 진정한 재물운의 시작점이다.

뜻을 보면, 현관은 진정한 재물운의 시작점임을 알 수 있다.

개문만복래는 문을 열면 모든 복이 들어온다는 뜻이고, 소지황금출은 땅을 쓸면 금(재물운)이 들어온다는 뜻이다. 현대적인 개념으로 해석해보자면, 집 안의 묵은 기운을 순환시키고, 집 밖에서부터 집 안으로 들어오기를 기다리는 모든 복을 맞이하는 과정이 문을 여는 것이다. 쉽게 말해, 환기를 시키는 것이다. 그리고 항상 현관 주변을 깨끗하게 해서 재물운이 가득한 공간으로 만들어야 한다는 것을 내포한다.

오래전 선조들이 남기신 삶의 지혜를 잘 기억해서, 현관을 잘 정리하고 꾸미는 일이 중요하다. 세부적인 풍수 인테리어 방법은 여러 가지가 있겠지만, 가장 중요한 것은 개념을 아는 것이다. 이 공간이 어떠한 곳인지를 알면, 스스로 응용해 잘 꾸밀 수 있게 된다. 다른 공간보다 현관을 더 밝고 깨끗하고 고급스럽게 꾸며야 더 많은 운과 복을 불러들일 수 있음을 기억하자.

## 현관 앞에 쌓인 쓰레기

현관 밖에 쓰레기를 두는 안타까운 사람들이 많다. 아파트 맨 꼭대기 층에서부터 한 층씩 걸어서 내려오다 보면 한 라인에 한 집 이상은 꼭 복도에 쓰레기를 두는 집이 있다.

아파트라는 공간 개념을 놓고 봤을 때, 현관 밖은 공용 공간이다. 나만의 공간이 아니다. 쓰레기를 복도에 두는 건 당연히 주변에게 해를 끼치는 행동이다.

**현관 앞에 놓인 재활용 쓰레기**

\* 오던 운도 도망간다.

집 밖에 쓰레기를 내놓으면, 집 안에는 쓰레기가 없으니 깨끗하다고 느낄지 모르지만, 이것은 눈에 보이는 것에만 치중하는 1차원적인 판단이다. 현관 앞에 쓰레기를 두는 것은 돈이 들어오길 원하지 않는다는 뜻과 같다.

앞에서 말한 것처럼 모든 운과 복은 현관에서부터 들어온다. 그런데 현관 앞에서부터 더럽다면, 들어오고 싶은 운도 다시 도망가게 되어 있다.

이러한 원리를 식당에 대입해보면 쉽게 이해가 갈 것이다. 식당은 손님이 곧 운이고 돈이다. 손님이 많이 찾아와서 잘 먹고 돌아가면, 그것이 복이 되고 돈이 되어 식당 주인이 잘 살아가게 되는 것이다. 그런데 식당의 입구가 지저분하고 온갖 쓰레기 냄새 때문에 입구에서부터 들어가길 주저하게 된다면, 조금씩 손님이 줄어들 것이다. 아무리 음식이 맛있다고 하더라도 말이다.

이렇게 이야기를 하면, 전국에 있는 아주 특별한 낡고 허름한 맛집을 떠올리면서 반론을 들고 싶을 것이다. 하지만 비정상적인 사례를 일반화하지 말자.

식당의 손님이 돌아선다는 것은 운이 돌아선다는 것이다. 집도 마찬가지다. 손님이 찾아오는 일은 드물지만, 보이지 않는 모든 기운들이 내 집 안으로 들어오려고 매 순간 기다리고 있다. 그 운들을 다 맞아들이기 위해 지금이라도 당장 현관을 정리하자.

집 밖에 둔 자전거, 혹은 입구가 좁아서 어쩔 수 없이 두는 유모차라면 깨끗하게 잘 관리해서 세워두자. 모든 것은 내가 처한 상황에서 할 수 있는 방법을 찾아서 만들어내면 된다.

# 현관에 반드시 두어야 할 물건

풍수 인테리어를 언급하면, 많은 사람들이 관심을 갖는 것이 있다. 바로 풍수 인테리어 소품이다. 풍수 인테리어 소품을 두는 것도 의미가 있지만, 간혹 소품과 세부적인 내용에만 치중해 풍수의 근본 원리와 터의 가치를 잊는 경우가 있다. 그러니 앞에서 언급한 집에 대한 가치, 입지에 대한 가치를 항상 최우선으로 두고, 그다음으로 풍수 인테리어에 대한 내용을 생각하는 것이 현명한 판단이다.

지금도 오래된 고찰과 시골 마을에 가보면, 소금단지를 묻는 행사를 정기적으로 하는 것을 볼 수 있다. 지금은 소금이 흔해서 항상 염분 과다 상태에 있는 것이 현대인들의 삶이지만, 예전에는 너무나도 귀한 재산 중 하나가 소금이었다. 소금은 풍수적으로 불의 기운을 억누르고 액운을 막는 의미로, 항상 마을에서 가장 강한 기운을 전해주는 산봉우리에 심었다. 미신이라고 치부하지 말았으면 한다. 우리의 전통적인 풍습, 혹은 마을 행사 정도로 생각한다면 조금 더 받아들이기 편할 것이다.

한 일화를 소개하자면, 매년 소금단지 행사를 하던 마을에서 한 해는 사정이 생겨 소금단지를 새롭게 묻지 않았는데 그 해에 유독 화재가 잦았다고 한다. 다시 소금단지를 묻고 난 다음부터는 불이 나던 일이 사라지게 되었다고 전해진다.

이러한 개념을 현대적으로 해석해 풍수 인테리어에 적용한 것이 작은 소금단지를 현관에 두는 것이다. 집 안에 좋은 운을 들이고 나쁜 운을 막고 싶다면, 소금단지를 현관에 둬보자. 좋은 운을 쌓는 것도 중요하지만, 나쁜 운이 들어오지 못하게 하는 것이 더 중요할 때가 있다.

또 다른 전통적인 풍수 인테리어 요소 중 하나가 바로 엄나무다. 오래된 한옥이나 옛 시골집에 가보면, 종종 엄나무 가지를 잘라서 문 앞에 걸어둔 것을 볼 수 있다. 요즘은 삼계탕에 들어간 엄나무

**현관에 두면 좋은 엄나무**

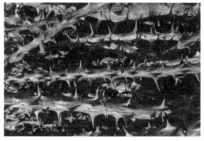

\* 나쁜 액운을 막아준다.

를 더 자주 보게 되지만, 사실은 현관 앞에서 마주하는 것이 우리 삶에 더 도움이 될 수 있다.

예로부터 나쁜 액운을 막아주던 뾰족한 방패와도 같은 역할이니, 소금단지와 더불어서 액운을 더 막고 싶다면 엄나무 가지를 구해서 현관에 두도록 하자.

# 내가 잠자는 곳에
# 운이 쌓인다

안방은 나의 기운을 생성시켜주는 인큐베이터와 같은 공간이다.
자라날 아이가 머무르는 공간처럼
안방은 집 안의 그 어떤 곳보다 깨끗해야 한다.

## 살면서 가장 오래 머무는 곳

한 인간이 태어나서 가장 오래 머무는 곳이 바로 침실이다. 잠을 자는 공간으로서 침실이 중요한 이유는 이 때문이다. 가만히 누워서 오랜 시간을 보내기 때문에, 누워 있는 동안은 내가 위치한 곳 아래의 기운과 방의 기운을 그대로 빨아들인다.

세종에 있는 한 아파트를 감정하러 간 적이 있다. 가장 높은 층에 있는 펜트하우스에 사는 젊은 사업가 부부가 의뢰인이었다. 그 집에 들어온 뒤로 사업도 잘되고 생각하지도 못한 큰돈을 벌었는데, 그 집에서 남편이 단 하루도 편하게 잠을 자지 못했다는 것이다.

집 내부를 감정해보니, 안방에 수맥이 많이 흐르고 있었다. 침대 방향과 구조 모두 적합하지 않았다. 여러 가지 요소를 봤을 때 그곳에서 오래 머무르면 당뇨가 올 수 있다고 말씀드렸다. 그 말을 듣자 의뢰인은 마침 감정을 하기 전날에 당뇨 초기 판정을 받았다고 말씀하셨다.

아무리 돈을 많이 벌어도 건강을 잃으면 더 많은 돈이 나가게 된다. 궁극적으로는 그 집에 살면서 돈과 건강을 모두 잃게 되는 것이다. 그러니 잠을 자는 공간을 잘 꾸미고 신경 쓰는 것이 나의 건강운과 재물운에 큰 영향이 간다는 것을 기억하자.

현관이 우리 집 안에 모든 기운이 들어오는 통로였다면, 안방은 나의 기운을 생성시켜주는 인큐베이터와 같은 공간이다. 안방의 운을 극대화시킬 수 있는 공간으로 꾸미려면 인큐베이터 개념을 기억하자. 자라날 아이가 머무르는 공간처럼 그 어떤 곳보다 깨끗해야 한다. 안방에는 잡다한 물품을 두지 않아야 하므로 당연히 휴지통은 다른 곳에 두는 것이 좋다.

침실에서 잠을 자면서 집의 모든 기운을 흡수하고 기력을 충전해 다음 날을 위한 생기를 얻는 것이 침실의 원리다. 온전히 집의 기운을 흡수해야 하는데, 만일 침실에 식물이 있다면 사람이 흡수해야 할 기운을 식물이 빼앗아간다. 따라서 침실에는 식물을 두지 않는 것도 중요하다.

# 침대 방향의 대원칙

생각보다 많은 분들이 침대 방향에 대해 관심이 많다. 그도 그럴 것이 유튜브만 보더라도 침대 방향과 관련된 영상이 몇백만 조회 수를 기록하는 것을 제법 볼 수 있다.

풍수의 원리상 침대 방향은 복잡하게 생각할 필요가 없다. 딱 2가지만 기억하면 된다. 이 2가지 원칙만 기억하면 건강운과 재물운을 모두 챙길 수 있다.

침대머리 방향의 대원칙은 바로 '동부서빈'과 '남장북단'이다. 동쪽으로 머리를 두면 부유해지고, 서쪽으로 머리를 두면 가난해진다. 남쪽으로 머리를 두면 장수하고, 북쪽으로 머리를 두면 단명한다. 그러니 동쪽과 남쪽의 두 방향만 생각해서 머리 방향을 설정해두면 된다.

'지금까지 북쪽이나 서쪽으로 머리를 두고도 잘 살았는데'라는 생각은 하지 않았으면 한다. 운의 두 번째 진실처럼, 좋은 운과 나쁜 운

**대통령의 침대 방향**

\* 청남대의 침대머리는
동쪽 방향으로 되어 있다.

모두 내 인생에서 차곡차곡 쌓이고 있다. 지금까지 나쁜 일이 일어나지 않았음에 감사하고 새롭게 방향을 수정해나가면 훨씬 도움이 될 것이다.

이러한 원칙을 대통령들도 알았던 것일까? 우연인지는 모르겠으나 예전 대통령들이 지내던 별장인 청남대에 가보면 침대머리가 동쪽으로 되어 있는 것을 볼 수 있다. 가장 높은 위치에 있는 사람인 만큼 그에 맞는 재물운도 필요했는지 모를 일이다.

이 원칙의 중대한 예외가 하나 있다. 바로 화장실이다. 만일 동쪽이나 남쪽을 향하게 머리를 둔다 하더라도 바로 머리맡에 화장실 문이 있거나 혹은 벽 너머에 화장실이 있다면 잠자리가 편하지 않을 확률이 크다. 잠을 자는 신성한 머리 방향과 화장실의 더러운 기운이 충돌하기 때문이다.

사실 방향에 대해 이렇게 언급하면, 이러한 방향을 지키는 것에 대해서 의아해하거나 이해를 하지 못하는 분들이 많을 것이다. 방향에 따른 기운의 원리를 간단히 설명해보자면, 하늘과 땅이 생겨나면서 이 세상의 공간이 만들어지게 되었다. 하늘과 땅은 음양의 원리로 봤을 때 '음(땅)'과 '양(하늘)'으로 분류된다. 2개의 끝점이 생겨나면서 그 사이에 공간이 존재하게 되고, 그 공간에서 생겨난 기운이 동서남북 사방, 그리고 그 사이의 사방으로 해서 총 8방향으로 퍼져나가게 되었다. 그러면서 3차원의 공간이 존재하게 된 것이고, 각 방향마다 나름의 의미를 두고 세상의 원리를 적용하는 것이 자연을 바라보는 시선 중 하나인 것이다.

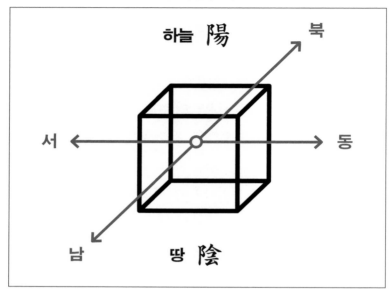

* 음과 양으로 만들어진 기운의 공간에서 다시 사방으로 기운이 펼쳐진다.

　침대머리 방향에 대한 이야기로 다시 넘어오면, 앞에서 말한 원칙과 예외를 제외한 다른 요소들은 그렇게 중요한 것이 아니니 너무 신경 쓰지 않아도 된다. 예를 들어 머리를 동쪽으로 뒀지만, 동쪽 머리맡에 문이 있다든지 창문이 있다든지 하는 것은 부차적인 요소인 것이다.

　나 역시 학창시절에 지냈던 집에서 남쪽 방향으로 머리를 두다 보니, 머리맡에서 바로 문이 열렸다. 하지만 아무런 문제 없이 너무나 잘 자랐다. 그래서 현장 컨설팅을 갈 때면 항상 이렇게 조언을 해드린다.

# 잘못된 믿음을 거르는 눈

유튜브를 비롯한 많은 웹상의 공간들을 통해서 정보들이 생성되고 있다. 그렇기 때문에 더더욱 정확한 정보를 볼 수 있는 눈이 필요하다.

침대머리 방향과 관련해, 대표적으로 잘못 알려진 것이 바로 '회두극좌'다. 이것은 태어난 생년에 따라서 절대로 머리를 두면 안 되는 방향이 정해져 있다는 것이다. 또한 매년 두면 좋은 머리 방향을 알려주기도 하는데, 상식적으로 생각해도 말이 안 되는 이론이다.

그 어떤 성공한 사람 중, 명당에서 태어나고 자라 성공했다는 이야기는 들었을지 몰라도 침대머리 방향을 매해 바꾸었더니 성공했다는 이야기는 들어본 적이 없다. 그러니 회두극좌와 관련된 정보를 접했거나 그와 관련된 이야기를 하는 사람이라면 한 번쯤은 다시 고민해보기를 바란다.

# 집 안에 죽은 공간을
# 살리는 법

**사람의 손이 지속적으로 닿느냐 아니냐,
여기에 따라서 공간의 생사가 갈린다.
관심이 떨어지면 공간은 자연스럽게 죽게 되고 생기가 떨어진다.**

## 집 안을 살리는 방법

✴

살아 있는 사람이 머무는 공간을 풍수용어로 '양택'이라고 한다. 이
때 '양' 자는 음과 양으로 나눌 때의 양으로 볕, 태양, 밝음, 생성, 하
늘, 남성, 생기 등을 뜻한다.

살아 있는 사람이 머무는 공간을 양택이라고 부르긴 하지만, 그중
에서도 모든 공간이 살아 있는 것은 아니다. 당장 당신의 집을 한번
돌아보라. 물건을 쌓아둔 채로 오래도록 손을 대지 않아 먼지가 쌓

이거나 정리하지 않고 어질러져 있는 공간이 있을 것이다.

　이러한 공간을 우리는 '죽은 공간'이라고 한다. 즉 사람의 손이 지속적으로 닿느냐 아니냐에 따라서 공간의 생사가 갈린다. 다행히 내 집 안에서 죽은 공간은 나의 노력을 통해 살려낼 수 있다. 지속적으로 관심을 기울여 관리하고 청소하면 되는 것이다. 관심이 떨어지면 공간은 자연스럽게 죽게 되고 생기가 떨어진다.

　예전의 풍수 이론에서는 한 사람에게 필요한 공간의 넓이가 현대의 시각으로 볼 때 납득이 되지 않을 만큼 좁았다. 예전의 기준으로는 24평이면 4인 가족이 지낼 만하다고 했는데, 지금은 신혼부부에게도 34평이 넓다고 할 수 없는 시대가 되었다. 실제 생활 공간이 넓어진 만큼 집을 관리하는 중요성도 높아지게 되었다.

　가끔 넓은 집과 좁은 집의 의미에 대해서 물어보시는 분들이 계신다. 넓은 집에 살더라도 주인의 관리 능력이 떨어져 그 집 안을 잘 활용하지 못하면 그 공간은 넓은 것이 아니라 휑한 공간이 된다. 평수가 넓은 아파트나 주택을 감정할 때 휑한 기운이 느껴지는 곳들이 종종 있다. 휑한 기분이 든다는 것은 집 안에 생기가 없고 기운이 빠져나간다는 의미로 해석할 수 있다.

　집 자체의 문제가 큰 비율을 차지하긴 하지만 집을 관리하는 주인의 역량도 상당히 중요하다. 집과 주인은 기운을 서로 주고받기에 어느 것이 먼저고 나중이라고 할 수 없다.

　이처럼 어떤 공간이든, 감사한 마음을 가지고 그에 맞게 적절히 채우고 비워가면서 지낼 줄 아는 것이 그 사람의 운의 크기를 좌우한다.

만일 지금 집을 돌아봤을 때 어딘지 모르게 휑한 기분이 들거나 조화롭지 못하게 느껴진다면 잘 생각해보자. 무엇을 채우고 무엇을 비워나갈지를 말이다.

## 집 안에서 치워야 할 물건

산 사람이 살아 있는 공간이 '양택'이기 때문에, 당연히 죽음과 관련된 것은 피하는 게 좋다. 가장 쉬운 예로는 돌아가신 분이 사용하시던 물건이다.

이런 이야기를 하면, 많은 분들이 또 반문을 하신다. 돌아가셨다 해도 나의 가족인데 해를 끼치겠느냐고 말이다. 일리 있는 말이긴 하나, 이미 생과 사가 나뉘어졌다는 것을 알았으면 좋겠다.

감정적으로만 생각할 것이 아니라 자연의 섭리를 바탕으로 생각해야 한다. 그렇게 본다면, 돌아가신 분의 육체 역시 내 옆에 있어도 된다는 뜻으로 볼 수 있다. 그러니 돌아가신 분의 물건은 하나씩 정리하거나 잘 보이지 않는 곳에 두고 추억할 때만 꺼내서 보는 것이 좋다. 단, 그분이 살아 계실 때 물려주신 물건이라면 이미 나에게 소유권이 넘어와서 나의 기운이 깃든 물건이니 그런 것까지 정리할 필요는 없다.

죽음과 관련된 개념은 고인의 물건뿐만 아니라 여러 공간을 통해서도 찾아볼 수 있다. 손이 잘 닿지 않는 소파 뒤편, 창틀의 먼지, 신발장 제일 위 칸 등 우리가 살면서 한 번도 청소하지 않는 공간들이 많을 것이다. 이런 공간들도 다 죽은 공간이니 살아 있는 공간으로 바꾸도록 노력하자.

특히 우리 몸에 생기를 전해주는 음식을 보관하는 냉장고가 오히려 '시체 보관소'인 집이 많다. 이른바 죽은 음식들이다. 순간의 식욕을 이기지 못해 하나씩 사둔 식재료가 쌓이다 보면, 나도 모르는 사이에 썩고 곰팡이가 핀다. 냉장고의 죽은 음식들을 자주 치워주고 생기 있는 음식으로 채워서 자주 순환시켜주자.

지금까지 집 안에서 치워야 할 물건들만 이야기를 했는데, 집에 둘 때 의미 있는 물건도 한 가지 이야기해보겠다. 바로 책이다.

한 사람의 전문가가 쓴 책, 수백 년, 혹은 수천 년이 넘게 쌓인 지혜가 담긴 책들을 집 안에 많이 두고 자주 접할수록 삶의 질이 높아진다. 뻔한 이야기라고 생각할지 모르나, 실제 출장을 나가보면 생각보다 책이 없는 집이 너무나도 많다. 어린이나 학생이 보는 문제집이 많은 집은 있어도, 읽을 책이 많은 집은 정말 드물다.

나의 경우에는 잘 읽지는 않더라도 책을 쌓아두는 것을 예전부터 좋아했다. 지금도 책을 완독하지는 못하더라도 목차라도 확인하기 위해 책을 사두는 경우가 많다. 전자책이 잘되어 있어서 태블릿이나 휴대폰을 통해서도 쉽게 책을 볼 수 있지만, 종이책의 질감과 그 기운을 따라오기가 어렵다.

예전에 한 책에서 이러한 내용을 본 적이 있다. 집에 책이 많을수록 그 집 학생의 성취도와 재산 정도가 유의미하게 올라간다는 이야기였다. 정말로 내가 컨설팅한 집들에서 이 연구 결과와 유사한 느낌을 많이 받았다. 강남이나 잠실에 살던 분들의 집을 컨설팅할 때 더 많은 책을 본 것 같은 기분은 절대 착각이 아닐 것이다. 그러니 재물운을 떠나 실질적인 의미를 위해서라도 책을 집 안에 많이 두고 접하고 생각을 키워나가보자.

# 집 안에서 이 말 하는 것을
# 재물운이 싫어한다

**당신이 집 안에서 이야기하는 내용은 집 안 곳곳에 울려 퍼진다.
그리고 그 소리는 집을 통해
다시 나에게 반사되어 돌아온다.**

"우리 집이 참 좁고 누추해요"

옛날 어른들은 겸손의 미덕이 너무 지나쳐서 하지 않아도 될 말을 종종 하셨다. 그중에 대표적인 것이 집에 대한 이야기다. 손님을 모시거나 음식을 차릴 때, 거의 항상 "집이 누추합니다" "차린 것은 없지만…"이라고 말씀하셨다.

겸손도 좋지만, 집이 누추하다고 하면 지금까지 주인을 잘 지켜주던 집의 기분이 나빠질 것이다. 항상 집과 함께 교감한다는 것을 잊지 말아야 한다. 앞에서 내가 사는 집에 이름을 붙여주었다. 그렇다면 이제는 자신만의 이름을 가진 고유한 존재인 '우리 집'에게 기분 나쁜 이야기를 하지 말아야 한다.

예전에 강남에 있는 아파트에 감정을 하러 간 적이 있었다. 의뢰인이 어렵게 분양을 받은 아파트였는데, 그곳에서 거주해도 될지를 고민하고 계셨다. 다행히 그 집은 거주하기에 적합한 집이었다. 강남 한복판이었지만, 지형도 구조도 적합했고, 안정되고 차분한 곳에 위치한 아파트였다.

하지만 한 가지 마음에 걸리는 부분이 있었다. 연락을 주신 의뢰인은 큰 회사를 운영했던 대표님이셨다. 그분은 자신의 상황을 설명하며 사정이 좋지 않게 되어 작은 집으로 올 수밖에 없다는 말씀을 하셨다. 그래서 그런 것인지는 몰라도, 집에 들어서면서부터 "집이 참 좁다"는 말씀을 연신 반복하셨다.

물론 그 대표님에게는 자신의 화려한 시절, 최고로 잘나가던 시절의 공간과는 비교할 수 없을 만큼 작은 공간으로 느껴졌을 것이다. 하지만 이 집도 운이 좋게 얻은 것임을 말씀하시기도 했다. 감사한 마음이 드는 한편 현재 상황에 대한 안타까움이 있었을 것이다. 그런 마음 때문인지 자꾸만 집이 좁다고 말씀하셨는데, 그 말씀이 지금도 기억에 남는 이유는 그런 말이 공간에게 좋지 못한 영향을 주기 때문이다.

# 집은 다 듣고 있다

감사한 마음과 감사한 말에는 묘한 힘이 있다. 우리는 보통 우리가 마주하는 현상과 사람들에게 감사하는 마음을 갖자고 한다. 하지만 내가 사는 공간에 감사하라는 말은 쉽게 들어본 적이 없을 것이다. 공간에 감사하는 마음을 가지면 남들보다 더 많은 운을 쉽게 쌓을 수 있다.

소리는 보이지 않지만 분명히 존재한다. 이것이 곧 운의 원리와도 같다. 앞에서 집을 지켜주는 성주신에 대해 설명했다. 성주신이 집 전체를 지킨다면, 집 안의 주요 공간마다 그곳을 지켜주는 신이 있다. 신이라고 하니 어색하거나 거부감이 들 수 있지만 기운의 측면으로 이해하면 좀 더 편안하게 받아들일 수 있을 것이다.

낮말은 새가 듣고 밤말은 쥐가 듣는다고 했다. 굳이 새와 쥐가 아니더라도 당신이 집 안에서 이야기하는 내용은 집 안 곳곳에 울려 퍼진다. 그리고 그 소리는 집을 통해 다시 나에게 반사되어 돌아온다. 메아리와 같은 원리다. 그러니 집에 대한 부정적인 이야기, 집 안에서 하는 여러 가지 부정적인 생각은 그만 멈추는 것이 좋다.

나 같은 경우에는 이사와 관련된 이야기를 절대 살고 있는 집 안에서 하지 않는다. 지금 나를 보호해주고 하는 일이 잘되게 해주는 고마운 존재인 집이 섭섭해할 말을 직접적으로 하지 않는 것이다. 그렇게까지 하면서 살아야 되나라는 생각이 들 수도 있다. 하지만 몸에 좋은 음식이라면 뭐든 먹는 것처럼, 좋은 운을 얻고자 하는 일인데 무엇인들 못하겠는가?

반대로 집 안에서 좋은 이야기를 하면 당연히 더 좋아질 수밖에 없다. 가족 간에 좋은 이야기를 나누고 많이 웃고 지나치게 부정적이거나 잔인한 영화나 드라마 등은 자주 보지 않는 것이 좋다. 그 소리가 떠돌아다니기 때문이다. 좋은 음악을 틀어 놓고, 보이지 않는 집 안의 공간까지 챙기는 노력을 하게 된다면, 그 노력은 분명 현실적인 좋은 일로 보상받게 된다는 것을 잊지 말자.

# 지금 당장 돈이 필요하다면
# 이것을 해보라

운의 진실을 잊지 말고 지금 당장 할 수 있는 사소한 것부터 쌓아가자.
당신의 믿음과 노력이 담긴 그 행동들이 차곡차곡 쌓여서
임계치에 이르는 순간, 당신의 삶은 바뀌게 될 것이다.

## 재물운은 노력하는 자에게 온다

"돈을 벌고 싶니? 부자가 되고 싶니?" 영화 〈타짜〉에 나오는 명대사 중 하나다. 도박을 배우러 온 고니에게 평경장이 화투를 가르쳐주면서 한 말이다. 그 질문에 고니는 한 치의 망설임도 없이 "네"라고 대답했다.

자본주의 사회에서 살아가는 우리가 이러한 질문을 받는다면, 모두 고니처럼 대답했을 것이다. 하지만 이러한 마음을 드러내는 것은

부끄러워한다. 부끄러워할 필요가 없다. 주변의 시선을 신경 쓰지 않고 자신의 욕구를 당당히 마주할 때, 진정한 성취를 이룰 수 있다.

지금은 직원을 둔 법인체의 대표로서 사회적인 성공을 쌓아가고 있지만, 나 역시 불과 몇 년 전까지만 해도 돈이 너무나도 궁하고, 가진 것보다 갚아야 할 것이 많은 시절이 있었다. 돈이 궁해지면 사람은 그 무게에 짓눌린다. 저절로 어깨가 움츠러들고, 고개가 땅을 향한다.

그럴 때일수록 당당해져야 한다. 운의 진실을 잊지 말자. 운을 얻고 싶다면 운이 좋아하는 것을 해야 한다. 운은 한번에 바뀐다. 나는 그 사실을 절대 잊지 않았다. 그렇게 힘이 들던 시절에도 주변에 단한 번도 티를 낸 적이 없다. 그런 믿음과 현실적인 노력이 뒷받침된 덕분에, 지금은 그런 시절이 언제였는지도 기억나지 않을 만큼 많은 것이 바뀐 삶을 살고 있다.

그러니 만일 돈의 무게에 짓눌려 있다면, 절대로 운의 진실을 잊지 말고 지금 당장 할 수 있는 사소한 것부터 쌓아가자. 당신의 믿음과 노력이 담긴 그 행동들이 차곡차곡 쌓여서 임계치에 이르는 순간, 당신의 삶은 바뀌게 될 것이다.

지금은 공간에 대한 이야기를 하고 있으니, 내가 사는 공간에서 재물운을 조금 더 잘 쌓을 수 있는 행동들은 무엇이 있는지 나열해보겠다. 삶이 답답하다고 느낄 때, 한숨이 쉬어지고 힘을 내기 힘들 때 아무 생각하지 말고 지금부터 열거하는 공간들을 매일 매일 깨끗이 청소해보자.

이게 무슨 의미가 있겠나 생각하며 실행하지 않는 실수를 범하지 말자. 운을 부르기 위해서가 아니더라도 깨끗한 공간을 보고 기분이 나빠질 사람은 거의 없다. 기분이 좋아진다는 것 자체가 바로 운이 좋아졌다는 것이다. 결국 운이 아니고서는 우리의 삶은 나아질 수 없다.

## 재물운을 위해 지금 당장 청소할 공간

**현관**: 앞에서 말한 것처럼 모든 복이 들어오는 시작점인 현관을 매일 닦아보자. 현관 바닥뿐 아니라 손이 잘 닿지 않는 현관 주변 가장자리, 외부의 도어락, 조금 더 나아가서 외부의 현관 앞까지 닦아보자. 집을 청소한다는 것은 청결에 청결을 더하는 의미로 해야 한다. 더러워지면 청소하는 것이 아니라, 깨끗한 상태를 유지하기 위해 매일매일 닦는 것이 좋다. 나 역시 의도적으로 매일 휴지 한 장을 꺼내 먼지를 조금이라도 훔쳐낸다. 현실적인 청소의 의미이자, 집에 대한 성의의 표현이라고 볼 수 있다.

**가스레인지**: 풍수 인테리어에서 재물운과 가장 연관이 깊은 공간이 바로 가스레인지가 있는 공간이다. 인덕션이 있다면, 인덕션 자리라고 생각하면 된다. 예로부터 주방에서 밥을 지었고 집 안의 훈기를

더하도록 불을 떼었다. 주방을 통해 재물운과 건강운을 모두 챙기는 것이다. 그것을 현대적 의미로 해석하면 음식을 직접 조리하는 공간인 '화구'에 해당한다고 볼 수 있다. 어디서 돈이나 좀 떨어졌으면 좋겠다 싶을 때는 혼자서 하소연을 하더라도 가스레인지를 닦으면서 하는 것이 좋다.

**창틀, 문틀, 문고리**: 의뢰인의 집을 보러 다니면서 깜짝 놀란 것 중 하나는 사는 동안 단 한 번도 창틀을 닦지 않는 집이 많다는 점이었다. 창틀은 집의 외부와 내부의 중간 지점이다. 외부에서 들어오는 바람이 창틀의 먼지를 쓸고 집 안으로 들어오게 된다. 창틀의 먼지가 집 안으로 들어오는 것이다. 청결이 곧 '좋은 운'이다. 집 안으로 나쁜 먼지와 운이 들어오지 않도록 창틀과 문틀을 자주 닦아주자. 문고리 역시 늘 우리가 손을 대기 때문에 가장 많은 먼지와 세균이 묻어나는 공간이다. 그러니 자주 닦을수록 좋다.

**각종 배수구와 수도꼭지**: 방향의 원리로 봤을 때, 재물운을 금에 비유하곤 한다. 하지만 실질적인 재물운의 속성은 물의 원리와 닮아 있다. 전통적인 풍수 이론에서도 물을 얻는 것이 곧 재물을 얻는 것이었다. 그런 의미에서 우리 집 안에 물을 가져다주는 공간을 잘 관리하는 것이 재물운의 흐름을 원활하게 해주는 역할을 한다고 볼 수 있다. 주방에 있는 수도꼭지, 화장실과 세탁실에 있는 각종 배수구까지 꼼꼼하게 챙기자. 물의 흐름이 곧 재물운의 흐름이며, 물은 만

물이 생성되는 '모체'와도 같다. 이것을 잘 해석해보면, 좋지 않은 것까지도 생성될 수 있는 것이 물이다. 고여 있는 물에서 세균과 해충이 자라는 것만 봐도 쉽게 이해할 수 있다. 그러니 물이 흐르는 통로와 물이 머물렀다 간 공간은 언제나 세심하게 관리하는 것이 재물운을 높일 수 있는 방법이다.

## 풍수 인테리어를 적용했더니

한번은 30대 초반의 신혼부부에게 전화가 왔다. 신혼집으로 구한 현재의 집에서 여러 가지 문제가 생겼는데, 내 첫 책을 읽고 풍수의 원리가 너무나 현실적이고 논리적으로 생각되어 컨설팅을 신청하고 싶었다고 하셨다. 출장 컨설팅은 비용 부담이 있어, 비대면 컨설팅인 집 구조 진단을 받아보시기로 했다.

의뢰인 부부가 사는 빌라의 평면도와 집 내부를 촬영한 영상을 받아서 구조와 삶의 모습을 분석했고, 이를 바탕으로 변화시킬 수 있는 부분을 담은 진단서를 발송해드렸다. 의뢰인 부부는 진단서에 나와 있는 고쳐야 할 점과 지켜야 할 풍수 인테리어를 즉시 공간에 적용하셨다.

얼마 후에 카톡이 왔다. 집 구조 진단을 받고 삶에 적용한 후, 우연히 남편과 카톡을 하다가 예민했던 자신이 요즘 들어서는 전혀 짜증을 내지 않고 집에서 평안하게 지낸다는 것을 깨달았다는 것이다. 이러한 이야기를 하시면서 감사하다고 말씀하셨다.

풍수 인테리어만 신경 쓸 것이 아니라, 집에서 하는 작은 행동들까지도 절대 가벼이 여기지 말자. 운이 좋아하는 것들을 하고, 한순간도 가만히 있지 않는 좋은 운들을 내 집 안으로 끌고 올 수 있게 노력하자. 그렇게 노력한 사람에게는 언젠가 운이 옆에 다가와 있을 것이다.

# 1인 가구에도
# 풍수 인테리어는 필수다

**풍수의 원리, 운의 원리가 적용되지 않는 사람은 없다.
혼자 살 때에도, 원룸처럼 좁은 공간에 산다고 하더라도
공간에 대한 개념을 동일하게 잡고 가야 한다.**

## 혼자 살아도 갖출 건 다 갖추어야 한다

공간과 관련된 풍수 인테리어나 풍수지리에 관한 내용이 자신에게
는 적용되지 않는다고 생각하는 분들이 분명 있을 것이다. 하지만
처음에도 말했듯이 공간 안에서 살아가는 한 풍수의 원리, 운의 원
리가 적용되지 않는 사람은 없다.

요즘에는 1인 가구가 정말 많아졌다. 앞으로 1인 가구는 더욱 늘
어날 것이다. 혼자 살 때에도, 원룸처럼 좁은 공간에 산다고 하더라

도 공간에 대한 개념을 동일하게 잡고 가야 한다. 내가 운영하는 풍수 관련 유튜브를 보면 생각보다 많은 분들이 "혼자 사는 나 같은 사람에게는 적용되지 않는다"는 댓글을 남기신다. 만약 당신이 그런 생각을 했다면 그 마음을 접어두어도 된다. 그리고 아래의 내용을 잘 적용해서 지금 당장 쌓을 수 있는 운을 챙겨보자.

## 혼자 살아도 꼭 적용해야 하는 풍수 인테리어

**공간의 구분을 두어라:** 공간이 좁으면 현관과 안방, 거실, 주방의 영역을 나누기 어렵다. 하지만 그 안에서 나름의 영역을 설정해두면 된다. 내가 마음으로 정해놓는 공간의 구분이 곧 운의 길이 되는 것이다.

앞에서 말한 것처럼, 내가 사는 공간이 나의 말과 행동을 항상 지켜보고 있다는 사실을 기억하자. 공간의 구분을 두고 나름대로 살림을 잘 살아가는 모습을 보여주면, 풍족한 기운이 저절로 전해질 것이다.

현관이 좁다면, 수납용품을 활용해 신발을 보이지 않게 보관해두자. 현관에 재활용 쓰레기를 둘 수밖에 없다면, 깨끗하게 씻어 말려서 잘 정리해두었다가 버리자. 거실과 침실의 구분이 모호하다면, 조명을 통해 시간 구분을 두자. 집에서 일을 하거나 취미생활을 한다면 밝은 조명을 사용해보자. 잠을 잘 때는 작은 조명을 통해 은은한 분위기를 만들 수 있다.

**금고를 반드시 두어라**: 이것은 어떤 집에 가든 꼭 이야기하는 내용이다. 금고를 두라고 하면, 대부분의 사람들은 의아해한다. 컨설팅을 하러 의뢰인의 집을 방문해보면 경제적 여유가 있는 집일수록 금고를 두는 경향이 강했다. 반드시 기억해야 할 것은, 물은 담을 그

**재물을 부르는 금고**

\* 금고가 있으면 채울 일이 생긴다.

릇이 없는 사람에게는 채워지지 않는다는 사실이다. 가진 건 빚밖에 없는데 무슨 금고냐며 이 책을 덮어버린다면, 그 사람의 삶은 더는 채워질 여지가 없다.

비싸고 큰 금고를 살 필요는 없다. 인터넷에 금고를 검색해보면 사이즈가 작은 것도 있고, 저렴한 것도 있다. 중요한 것은 나의 집에 재물운이 쌓일 수 있는 귀한 공간을 마련해야 한다는 것이다. 장담하건대 금고가 없다면 채울 일이 없을 것이며, 금고가 있다면 채울 일이 생길 것이다.


**안과 밖을 철저히 구분하라**: 공간이 좁으면, 내가 생활하는 공간과 외부의 거리가 가까운 것이 당연하다. 그렇기 때문에 더욱더 집을 깨끗하게 잘 관리해야 한다. 예를 들면, 앞에서 이야기한 것처럼, 현관의 신발은 특히나 외부의 기운을 많이 담고 있다. 그래서 보이지 않게 수납함 안에 넣어두는 것이 중요하다.

**환기를 잘 시켜라:** 좁은 공간이기 때문에 더 쉽게 공기가 탁해진다. 집에 사람이 살아가게 되면, 자연스레 나쁜 공기가 쉽게 쌓인다. 환기를 하는 것은 탁한 기운을 빼내고 새로운 기운을 불어넣는 역할을 한다.

가끔 자녀가 방에서 나오지 않아 고민을 털어놓는 부모님들이 있다. 그런 집들을 가보면 대부분 자녀들이 방문을 잘 열지 않고 탁한 공기 속에서 지내고 있다. 공기의 신선함은 그 사람의 상태를 이야기해준다. 신선한 공기를 잘 유지해 나의 운을 끌어올리자.


## 한 사람에게는 하나의 자리가 있어야 한다

1인 가구일 때도 풍수를 적용시켜 살아야 하는 것처럼 의미를 반드시 되새겨야 하는 공간이 또 있다. 바로 '부모'의 공간이다.

넓은 집에 살면서도 1인 가구보다 잘 못 지내는 부모님들이 많다. 잘 공간만 남겨둔 채 다른 공간들을 모두 자녀를 위해 내주며 희생하는 것이다. 특히 갓난아이가 있는 집은 거의 전쟁터에 가깝다. 물론 치워도 치워도 금세 어질러져서 어쩔 수 없긴 하다.

여기서 내가 말하고 싶은 것은 집 안에 사는 모든 사람에게 각자의 공간이 있어야 한다는 점이다. 즉 혼자만 사용하고 쉬고 생각할 수 있는 공간이 필요하다.

역시나 반문이 있을 수 있다. 집도 좁은데 그런 공간을 어떻게 만드냐고 말이다. 부정적인 사람의 눈에는 길이 보이지 않는 법이다. 집 안에 나만의 공간을 꾸릴 공간이 없다면 방 한구석이라도 좋다. 그곳에 앉아서 쉴 의자와 책을 읽을 수 있는 책상을 마련해보자.

이마저도 공간이 허락되지 않는다면, 접이식 책상이라도 마련하자. 내가 쉬고자 할 때, 혹은 뭔가를 생각하고자 할 때 책상을 펼쳐 놓고 시간을 가져보자.

번뜩이는 아이디어는 귀신의 속삭임이라는 말이 있다. 때로는 기가 막힌 생각과 아이디어가 떠오를 때가 있다. 그것은 평소에는 생각하지 못한 나에게 찾아오는 기회, 곧 운이다. 그것을 받아들이기 위해서는 충분한 휴식과 생각, 공부가 필요하다. 그러니 쉬는 동시에 더 나은 무언가를 생산해낼 수 있는 작은 공간을 지금부터 당장 마련해보자.

# 해바라기 액자의
# 진실

액자도 그렇고 소품을 두는 행위의 진정한 본질은 공간을 사랑하는
나의 마음을 표현하는 것이다. 예뻐 보이거나 의미 있는 소품을 구입한다는 것은
내가 사랑하는 집에게 좋은 마음을 전하는 행위인 것이다.

## 풍수액자의 의미, 인중승천

처음에 말한 것처럼 어느 공간이든 해바라기 액자가 없는 곳이 없
다. 우리 회사에서도 풍수액자를 제작하고 있지만, 사실 해바라기에
대한 정확한 연원은 찾아보기가 힘들다. 현대에 들어서 새롭게 생겨
난 개념인 것이다.

그렇다면 해바라기가 아무런 의미가 없다는 것인가? 절대 그렇지
않다. 지금을 살아가는 동시대 사람들이 함께 인정하는 가치가 된

것이 바로 해바라기 액자다.

'인중승천(人衆勝天)'이라는 말이 있다. 사람이 모여서 힘을 이루면, 하늘도 막지 못한다는 의미다. 어찌 보면 지금 우리가 살아가는 세상의 시점이 그러하다.

사람들은 보통 집값이 오르는 것을 보고 부자 동네인지 아닌지 판단한다. 그리고 집값이 오른 곳이 부자 동네가 아니냐고 물어본다. 어느 정도 개연성이 있을 수 있지만 시시때때로 변하는 집값에 따라 땅의 운을 판단하는 것은 적절하지 못하다. 인중승천의 원리가 잠시 적용되었을 뿐이다. 해바라기 액자도 그러한 의미를 갖는다고 볼 수 있다. 사람이라는 존재, 그리고 사람이 모인다는 운의 의미는 무시할 수 없는 것이다.

풍수액자의 연원이 어디서부터 비롯되었는지를 가만히 살펴보자면, 예전 고택에서부터 흔적을 찾아볼 수 있다. 우리 선조들은 마을의 덕망 높으신 분이 쓴 글귀나 그림을 받아와서 집 안에 걸어 두고 항상 좋은 마음을 내셨다. 덕망이 높은 누군가가 나를 위해 마음을 담아 쓴 글이나 그림을 집에 걸어두면 좋은 운이 전해진다고 봤다. 지금 시대에 풍수액자를 걸어두는 것이 그러한 생각의 연속이라고 볼 수 있다. 말이 풍수액자이지, 그냥 좋은 의미의 액자라고 보면 된다.

보통 사람들이 어떤 액자를 집에 걸어두면 좋은지 물어볼 때가 많다. 앞에서 말한 것처럼 주변에 존경하는 분에게서 얻은 글이나 그림도 좋지만, 사실 가장 의미가 있는 것은 가족사진이다. 같은 기운을 가진 자손끼리 기운을 전해 받는 '동기감응(同氣感應)'이라는 말처럼, 나에게 좋은 운을 전해줄 수 있는 액자는 바로 가족사진이다. 나를 낳아주셨거나 혹은 나를 이 세상에서 가장 사랑하는 사람들이 웃고 있는 사진이야말로 가장 우리 집안을 밝힐 수 있는 액자인 것이다.

**풍수액자**

\* 덕망 있는 분이 만든 무언가가 의미 있는 것이다.

다만 주의할 것은 그 액자를 보면서 가족을 원망하거나 화를 낼 것이라면 걸어두지 않는 편이 차라리 더 낫다. 운을 쌓기 좋은 것은 반대로 운을 감소시키기에도 좋기 때문이다.

고객들이 머찌동컴퍼니가 제작한 풍수액자를 주문하시면서 이러저러한 효험이 있느냐는 질문을 참 많이 하시는데, 사실 그런 것은 없다. 물론 어떤 액자와 어떤 물건을 두었느냐에 따라 좋은 일이 일어날 수는 있다. 하지만 그것에 메달리다 보면 자연스럽게 미신과 이상한 주술에 넘어가게 되는 것이다.

액자도 그렇고 소품을 두는 행위의 진정한 본질은 공간을 사랑하는 나의 마음을 표현하는 것이다. 예쁜 신발이나 장신구를 보면 사랑하는 사람에게 선물하고 싶은 마음이 생기는 것처럼, 예뻐 보이거나 의미 있는 소품을 구입한다는 것은 내가 사랑하는 집에게 좋은 마음을 전하는 행위인 것이다.

이러한 마음으로 집 안에 배치한 액자와 소품이 좋은 기운이 되어서 나에게 전해지는 것, 이것이 풍수액자와 풍수소품을 둠으로써 좋은 일이 일어나게 한다는 것의 진정한 의미다. 이런 마음을 가지고 풍수액자를 구매해 집에 걸어둔 분들이 기분도 좋아지고 실제로 좋은 일들도 생겼다고 매일같이 전해주고 있다.

진짜 효험은 내가 어떤 마음을 가지느냐에 따라 달라진다. 그러니 집에게 선물한다는 마음으로 액자나 물건을 두자. 그러한 마음을 받은 집은 분명 2배 내지는 3배의 운으로 나에게 보답할 것이다.

## 집 안의 운을 소멸시키는 물건

아무리 좋은 마음으로 두더라도 좋은 의미의 물건이 있고, 나쁜 의미의 물건이 있다. 물건에 대해서 이야기하다 보면, 정말로 미신이 아닌가라는 생각을 하는 분들이 참 많을 것이다.

앞에서 풍수소품이나 풍수액자를 두는 행위가 집에 선물을 한다는 마음을 깨닫게 하는 것이라는 교훈을 배웠다. 이와 더불어 한 가지가 더 있다. 바로 모든 세상 만물에 기운이 있음을 알고 주변의 모든 것과 교감하고 소통한다는 의미다. 그렇기 때문에 좋은 물건을 좋은 마음으로 집 안에 두면 좋은 운이 전해지는 것이다.

반대로 좋은 마음으로 둔다고 하더라도 좋지 않은 물건이라면 오히려 해가 될 수 있다. 전형적으로 집 안의 운을 소멸시키는 나쁜 물건 중 하나가 바로 죽은 물건이다. 이것은 앞에서 이미 이야기했으니 넘어가도록 하겠다.

그다음으로 주의해야 할 것이 바로 중고 물건이다. 중고 물건도 참으로 많은 사람들이 이견을 갖는 것 중 하나다. 길가의 돌멩이 하나도 어딘가에 세워두고 정성을 들이면 그곳에 기운이 깃든다고 한다. 이처럼 사람의 손길과 마음이 닿는 물건에는 모두 그 나름의 기운이 있다.

내가 정말로 애정하는 연예인이 입었던 옷을 선물 받는다고 생각해보라. 그 옷이 의미 있는 이유는 바로 그 사람이 입었기 때문이다. 연예인뿐만 아니라 모든 물건이 그렇다. 누군가가 나를 정말로 좋아한다면, 내가 입었던 옷을 갖고 싶어 할 것이다. 그 사람에게 나의 옷은 너무나도 의미가 있는 것이다.

하지만 중고시장에서 우리가 찾게 되는 물건은 사실 누가 썼던 것인지 알 수가 없다. 만약 극악한 범죄를 저지른 범죄자가 썼던 물건이라면, 당신은 그것을 쓸 수 있겠는가? 물건은 물건일 뿐이지라고 생각한다면 어쩔 수 없다. 하지만 보통의 경우에는 모두 그 물건을 꺼리게 될 것이다. 길에서 물건 하나 잘못 주워 와서 그날의 일진이 꼬여버리는 경우를 이야기하는 분들이 꽤 많다. 소재가 불분명한 물건들을 집 안에 들이는 일은 꼭 주의하도록 하자.

# 집에서 안 되겠다면
# 소원명당으로 가라

**몸과 마음은 연결이 되어 있기 때문에,
몸이 이동해서 새로운 공간에 노출되면
마음은 저절로 새로운 생각과 기분으로 채워진다.**

## 명당을 가까이 해야 하는 이유

공간과 관련해 운을 쌓을 수 있는 방법에 대해 이야기하고 있다. 스스로 공간을 경영하고 만들어가는 과정 속에서 찾아낼 수 있는 운이 참 많다는 것을 알게 되었을 것이다.

때로는 그 어떤 노력을 한다고 하더라도 힘이 나지 않고 아무것도 하기 싫을 때가 있다. 그 우울감을 가슴 깊이 느끼고 부정적인 마음의 한가운데로 빠져들어보기도 해야 한다. 하지만 너무 오랫동안 빠져 있어서는 안 된다. 좋지 않은 집에 익숙해져버리는 것처럼, 부정적인 기운과 마음이 마치 원래의 나인 것 같은 생각이 들기 때문이다.

그럴 때일수록 몸과 마음을 새로운 공간으로 옮겨주어야 한다. 몸과 마음은 연결이 되어 있기 때문에, 몸이 이동해서 새로운 공간에 노출되면 마음은 저절로 새로운 생각과 기분으로 채워진다.

지금까지 천성조 마스터님과 함께 정말로 많은 현장 컨설팅을 진행했고, 그와 더불어서 풍수지리 공부를 위해 별도로 많은 공간을 다니기도 했다. 많은 명당들을 다니면서, 명당들은 어떠한 모양으로 되어 있고, 그곳에 갔을 때 어떠한 느낌을 받게 되는지 계속해서 연구해나가고 있다.

명당은 잠시 다녀오는 것만으로도 좋은 기운을 받아올 수 있고, 그것이 내 삶의 마중물이 되어 좋은 운이 잘 돌아갈 수 있도록 해주는 역할을 한다. 단, 주의할 점이 있다. 한 번 다녀오는 것만으로 내 삶이 바뀌기를 바라서는 안 된다. 그것은 요행과도 같은 마음이다. 물론 다녀오지 않는 사람보다는 나을 수 있고, 명당이라는 곳에 가자마자 큰 운을 받았다고 말하는 사람들도 있다. 하지만 특별한 케이스에 집중하지 말고, 진정한 원리를 생각하면서 조금씩 운을 쌓아가는 데 집중하자.

삶이 힘들거나 답답할 때 당신의 삶에 새로운 좋은 기운을 불어넣을 수 있는 곳을 찾고자 한다면, 지금 추천하는 곳들을 꼭 가봤으면 한다. 다만 종교적인 의미로 생각하지는 말았으면 한다. 불교적인 의미가 있기는 하지만, 그렇다고 해서 특정한 종교를 홍보하거나 편향적인 이야기를 하려는 것은 아님을 알아주기를 바란다. 종교가 있기 전에 자연이 존재했다. 그 자연에 맞게 잘 조성된 공간을 알려주려고 한다.

## 송하자연미륵불

✴

이곳은 자연이 빚어놓은 천연 석불이다. 이곳이 특별한 이유는 이곳에 정식으로 '송하자연미륵불'이라는 명칭을 붙인 분이 천성조 마스터님이고, 많은 사람들이 찾아갈 수 있게 세상에 알린 사람이 바로 나이기 때문이다.

진정한 소원명당 중 하나로, 많은 사람들이 끊이지 않고 찾아가고 있다. 내가 2년 전 처음으로 그 주소를 네이버 지도에 신청했고, 지금은 모든 지도나 네비게이션에 등록되어 있다.

10여 년 전 영양군 수비면의 마을 주민들이 관광사업 조성을 위해 주변을 탐색하던 중 우연히 이곳을 발견하게 되었다. 보통의 돌덩이가 아님을 직감하고 당시 영남대학교 평생교육원 풍수지리학 교수이던 천성조 마스터님을 초청해 그곳에 대한 의미를 자문했다. 마스터님이 그곳을 돌아보신 뒤 전무후무한 천연 석불로서 송하 자연미륵불이라는 명호를 지어주셨고, 이내 몇몇 방송에 소개되면서

**송하자연미륵불의 모습**

\* 그곳에 다녀오면 운이 깃든다고 사람들은 이야기한다.

세상에 알려졌다.

그 뒤 관계 공무원들의 방만한 행정으로 타 종교의 이름을 빌려 거짓된 역사가 만들어졌고, 다들바위라는 잘못된 이름으로 얼마 전까지 전해져왔다. 잘못된 이름 탓인지는 몰라도 그사이 많은 이들에게 알려지지는 않았다.

현재는 ㈜머찌동컴퍼니와 유튜브 영상들을 통해 사람들에게 송하자연미륵불이라는 정식 명칭이 알려지면서부터는 거의 매일같이 사람이 끊이지 않는 명소가 되었다.

그곳을 다녀오고 나서 각자의 발원과 소원이 이루어졌다고 하는 분들이 끊임없이 소식을 전해주고 있다. 댓글뿐 아니라 오프라인 강연에 가면 꼭 한 분 정도는 강연이 끝나고 나를 찾아와 송하 자연미륵불에 다녀왔고, 그 덕분에 자녀가 취업을 했다거나 출산을 했다는 이야기를 들려주신다. 얼마 전에 갔던 김해도서관 강연에서도 참석

자 중 한 분이 그런 경험담을 직접 전해주셨고, 컨설팅까지 신청해
주셨다.

이곳을 내가 세상에 처음으로 알리긴 했지만 그곳에 다녀와서 운
이 깃들었다는 이야기를 들을 때면 나 역시 신기하고 뿌듯한 기분이
든다. 지금까지 그 어떤 석불도 자연이 만든 석불은 없었다. 천연기념
물로 지정되어도 무방할 만큼 특별한 곳이니 꼭 한 번 다녀와보길 바
란다.

## 단양 구인사

✳

단양은 패러글라이딩과 마늘로 유명한 관광도시다. 그 밖에 단양이
사람들에게 알려진 이유 중 하나가 바로 단양군 영춘면에 위치한 천
태종 구인사 덕분이다. 구인사는 대한불교천태종의 본산으로, 소백
산 전체에 걸쳐서 조성된 국내 최대 규모의 사찰이다. 많은 관광객
들이 단양에 가면 반드시 찾는 명소다.

단양 구인사는 개인적으로는 힘들 때마다 찾던 곳이기도 하다. 내
게 이곳이 특별했던 이유는 산 하나에 걸쳐서 절이 조성되어 있어
절 가운데쯤 올라가면 휴대폰이 터지지 않았기 때문이다.

오랫동안 고시 공부를 하던 20대 때는 마음에 답답함이 많아 주
변과 단절된 공간에서 시간을 보내고 싶은 적이 많았다. 그래서 찾

## 단양 구인사의 모습

\* 단양 구인사 대조사전. 구인사의 중간쯤 가면 볼 수 있는 전각이다.

게 된 곳이 구인사였다.

그곳에 가면 휴대폰 없이 온전히 나만의 시간을 보낼 수가 있어서 1년에 한두 번 4박 5일씩 머물다 오곤 했다. 서울 한복판에서 느끼던 답답함과 탁한 공기가 그곳에 가게 되면 정화되는 기분을 받곤했다. 그때는 풍수에 대한 개념이 명확하지 않을 때였지만, 분명 명당이라는 곳이 있구나 하고 느꼈다.

이곳에 갈 때 주의할 점은 말 그대로 산 하나를 타고 절이 조성되어 있기 때문에 편안한 운동화를 신고 바지를 입고 가는 것이 좋다는 것이다. 등산화까지 신을 필요는 없지만, 구두와 짧은 치마를 입고서는 좋은 기운을 느낄 여유가 없어질지도 모른다. 종교가 다르더라도 관광지로 생각하고 한 번쯤 다녀와보는 것을 추천한다.

# 나만의 소원명당

사람은 누구나 심중에 바라는 무언가가 있다. 나 역시나 20대 때 간절히 바라던 것들이 있었다. 가만히 생각해보면 공부를 하던 그 시절에도 진정으로 바라던 것들은 사법시험 합격이 아니라 다른 것에 있었다. 지금 돌이켜보면, 내 마음의 소리를 하루라도 빨리 알아차렸더라면 더 많은 시간을 확보할 수 있지 않았을까 하는 생각이 들기도 한다. 하지만 모든 과정 자체가 의미가 있기에 그런 후회도 금방 사라지곤 한다.

소원은 이루고 나면 생각보다 쉽게 잊힌다. 그렇게 바라던 것들이 정작 실제로 이루어지고, 내 주변에 있게 되면 사람은 또 금방 그 생활에 적응하게 된다. 마치 원래 존재했었던 것처럼 말이다. 지금의 절실한 그 바람들이 언젠가는 당연한 일처럼 현실이 되어 있을 날이 분명 올 것이다. 단, 그런 날이 오기까지는 부단한 노력이 필요하다.

위에서 소개한 소원명당들을 다녀오고 여러 가지 바라던 것들을 이룬 분들도 있지만, 어떤 분들은 한 번 다녀오고는 아무 일도 일어나지 않는다고 말하기도 한다. 내가 얼마나 바라는 마음을 오래도록 유지하고 그것이 이루어질 때까지 시도하고 염원하느냐에 따라 결과는 달라질 수 있다.

소원을 비는 것에도 질적인 차이가 있다. 당연한 운이 없는 것처럼, 한 번 다녀왔다고 해서 당연히 모든 것이 다 이루어지길 바라는 마음으로 세상을 살면 삶을 수동적으로 살아갈 수밖에 없다. 진정 바라던 것을 이루고자 한다면 더 절실하게 남들과는 다른 노력을 해야 한다. 그런 마음이 생긴다면, 소원명당이 얼마나 먼 곳에 있건, 어떤 불편한 상황이 있건 신경 쓰지 않게 된다. 오로지 목표를 이루기 위한 뚜렷한 마음만 남게 되고, 그러면 나의 소원도 더욱 뚜렷하게 된다. 운을 알아보는 사람에게 운이 다가오는 것과 유사한 원리다. 소원이 더 잘 이루어질 수밖에 없다.

소개한 곳 이외에도 좋은 곳들이 많다. 편안한 마음으로 여러 곳을 다녀보면서 나만의 소원명당을 만드는 것 역시나 소원을 이루는 여정이다. 당신만의 소원명당을 찾아서 소원을 이루는 길의 마침표를 꼭 찍을 수 있기를 바란다.

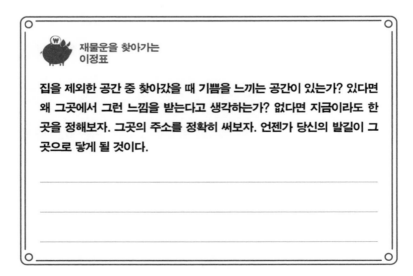

**재물운을 찾아가는 이정표**

집을 제외한 공간 중 찾아갔을 때 기쁨을 느끼는 공간이 있는가? 있다면 왜 그곳에서 그런 느낌을 받는다고 생각하는가? 없다면 지금이라도 한 곳을 정해보자. 그곳의 주소를 정확히 써보자. 언젠가 당신의 발길이 그곳으로 닿게 될 것이다.

# 당신은 명당이
# 어울리는 사람이다

모든 일에는 때가 있고, 모든 터에는 주인이 있기 마련이다.
아무리 돈이 많고 아무리 노력을 하더라도,
좋은 터와 인연이 되기 위해서는 좋은 사람이 되어야 한다.

## 마음만 믿으면 큰일난다

이제 공간에서 쌓을 수 있는 운 이야기를 마무리하려 한다. 여기까지의 내용을 삶에 적용하고 변화하고자 했다면, 분명 당신은 변화한 삶을 체감하고 있을 것이다. 그리고 그다음에 이어질 내용도 기다려질 것이다.

이번 장을 마무리하면서 꼭 강조하고 싶은 이야기가 있다. 그것은 '너무 마음만 믿지 말라'는 것이다. 사실 앞에서 거의 대부분 집 안에서 어떤 마음을 가져야 하는지를 강조했고, 특히 풍수 인테리어에 대해서는 마음가짐이 가장 중요하다는 이야기를 했다.

하지만 마음이 할 수 있는 영역에 대한 분명한 개념을 가지고 있어야 한다. 이해가 빠른 분들은 이전 내용을 통해서도 어느 정도 깨달았을 것이다. 마음이 할 수 있는 일은 말 그대로 마음이 할 수 있는 범위 내에서 가능하다.

앞에서 바꿀 수 있는 운과 바꿀 수 없는 운에 대해 이야기했다. 바꿀 수 없는 운인 자연 그대로의 형태를 마음만으로 해결할 수 있다고 생각한다면 너무 오만하고 무능한 것이다. 내가 공간 운에서 말한 것은 분명한 영역의 경계가 있다. 그 경계를 넘어서까지 모든 것을 마음으로만 해결하겠다는 생각은 부디 지웠으면 한다.

## 명당이 어울리는 사람

공간과 땅은 사람과 너무나도 맞닿아 있다. 확실한 것은 좋은 터에서 좋은 생각이 나고 좋은 사람이 난다는 것이다. 개천에서 용 난다는 경제적인 개념이 아닌, 제대로 된 터전 위에서 받게 된 기운은 언젠가 나의 삶에 큰 영향을 주게 되어 있다.

공간의 운을 통해서 우리가 깨달아야 하는 것이 바로 이것이다. 사실 그 내용들을 가만히 들여다보면, 내 행동을 정갈하게 하고 내 삶을 바로잡는 것에 초점이 맞춰져 있음을 알 수 있다.

풍수지리가 생활철학이라고 하는 것도 이 때문이다. 모든 일에는 때가 있고, 모든 터에는 주인이 있기 마련이다. 아무리 돈이 많고 아무리 노력을 하더라도, 좋은 터와 인연이 되기 위해서는 좋은 사람이 되어야 한다.

조선시대에 천문지리에 달통해 명당을 한눈에 꿰뚫어본 격암 남사고 선생의 이야기로 이 장을 마무리하려고 한다. 격암 남사고 선생은 말 그대로 신비로운 인물이었다. 하지만 풍수에 달통한 그런 인물조차도 자신의 아버지만큼은 좋은 자리에 모시지 못해 '구천십장(九遷十葬)', 즉 9번을 이장해 열 번째 자리에 모셨다. 하지만 그 자리 역시 절대 좋은 자리가 아니었다. 격암 남사고 선생이 안목이 없었던 것이 아니라, 자연이 격암 남사고 선생에게 좋은 자리를 허락하지 않은 것이다.

사실 모든 것을 사람 중심으로 생각하면서 살아온 사람들에게는 내 이야기가 이상하게 들릴 수도 있다. 하지만 익숙하지 않은 관점일 뿐, 가만히 생각해보면 오히려 살아감에 있어서 유리한 내용들이 많다.

앞에서 말한 경기연구원의 결과를 떠올려보라. 풍수의 진리가 현실적인 문제들의 해답이 될 수 있다는 것을 세상이 조금씩 알아가고 있는 것이다. 이렇게 해서 충분히 좋은 터와 인연이 되고 좋은 공간과 어울리는 운을 쌓았을 것이라 확신한다. 좋은 공간을 얻었으니, 이제는 그 공간 안에서 만나는 사람들을 통해서 좋은 운을 쌓아갈 차례다.

**CHAPTER 2 Summary**

# 공간 운

- 내가 사는 집은 사람과 운적인 교감을 하는 곳이다. 집에게 이름을 붙이고, 항상 감사한 마음으로 교류하라.

- 대부분의 현대인들이 아파트에 거주하지만 각각의 거주 형태와 가족 구성원의 운명, 방 배치 등 세부적인 요소가 너무나 많다. 일률적으로 풍수를 생각하지 말고, 나의 공간에 어떻게 잘 적용할 수 있는지를 생각하자.

- 이사는 우리 가족의 모든 운을 바꿔놓는 가장 큰 이벤트다. 그러니 무조건 신중하고, 조심스럽게 진행해야 한다. 계획했던 일이 시작하기도 전에 어그러질 수 있다.

- 좋은 집에서 좋은 운이 모인다. 비탈진 곳에 지어진 집, 산을 심하게 깎아내서 만든 땅 위에 지은 집, 골짜기 사이에 지어진 집은 전형적인 흉한 자리다. 가능한 한 피하는 것이 좋다.

- 현관은 모든 운이 들어오는 시작점이다. 안과 밖을 모두 깨끗하게 하자. 소금 단지와 엄나무는 전통적으로 액운을 막아주는 풍수소품이니, 적절한 곳에 배치하면 좋다.

- 인간이 살면서 가장 오래도록 하는 행위가 잠을 자는 것이다. 잠을 자는 방향만 잘 지켜도 좋은 운이 쌓인다. 항상 남쪽과 동쪽에 머리를 두자. 단, 화장실이 바로 벽 너머에 있다면 그 방향은 피해야 한다.

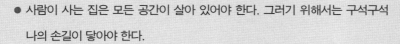

- 사람이 사는 집은 모든 공간이 살아 있어야 한다. 그러기 위해서는 구석구석 나의 손길이 닿아야 한다.

- 집은 나와 교감을 하는 유기체다. 그러니 집 안에서 부정적인 말을 하는 것은 친한 사람을 앞에 두고 그 사람에 대해 욕을 하는 것과 같다.

- 만약 지금 당장 재물운을 높이고 싶다면, 현관과 가스레인지, 창틀, 문틀, 문 고리, 그리고 각종 배수구를 잘 닦아보자. 분명 좋은 일이 일어날 것이다.

- 혼자 살든, 공간이 좁든 모두 소중한 공간이다. 혼자 살고 좁은 곳에서 지내더 라도 지켜야 할 풍수 인테리어 요소는 꼭 지키도록 하자.

- 풍수액자는 그 자체의 의미도 있지만, 소중한 우리 집에게 예쁜 장신구를 선 물하는 것과도 같다. 이러한 의미 없이 액자 자체에만 몰두하다 보면, 미신에 빠질 수 있다.

- 집 밖에 좋은 기운이 흐르는 곳으로 가는 것도 나의 운을 끌어올릴 수 있는 좋 은 방법이다. 송하 자연미륵불과 단양 구인사를 적극적으로 추천한다. 그 밖 에도 나만의 소원명당을 하나쯤은 찾아두도록 하자.

- 좋은 공간의 주인은 바로 좋은 사람이다. 그러니 좋은 공간을 마련하고자 한 다면 나 역시 좋은 사람이 되도록 노력해야 한다.

이번 3장에서는 앞에서 알게 된 운의 진실을 적용해 사람과 사람 사이에서 운을 모을 수 있는 방법을 알아볼 것이다. 어릴 적부터 나의 주변에는 사람이 많이 모이는 편이었다. 학창시절 내내 전교 회장과 반장을 놓치지 않았고, 지금도 대학원 동기 중 절반 이상과 편히 술자리를 갖는 등 사람들과 격의 없이 잘 지내는 편이다. 풍수 컨설팅을 하면서 수천 명의 다양한 사람들을 만났다. 이를 통해 알게 된 내용들이 분명 당신의 삶에 도움이 될 것이다. 내가 알게 된 운의 진실을 통해 사람의 운을 모을 수 있는 방법들을 본격적으로 소개하겠다.

# 사람 운

### 타인으로부터 운을 끌어올리는 법

# 재물운을 가져다주는 것은
# 사람이다

**타인과의 관계를 통해 운을 쌓고, 돈 그릇의 개수를 늘리고,
돈 그릇의 크기까지도 함께 키워나갈 수 있다.
내게 돈을 가져오는 사람이 진짜 재물운임을 명심하자.**

## 나의 돈 그릇

베스트셀러 『부자의 그릇』을 보면, 돈을 가져다주는 것은 사람이기 때문에 사람과의 신용이 중요하다는 구절이 나온다. 나는 이 구절을 처음 접했을 때 돌로 맞은 듯 멍한 기분이 들었다. 너무나 당연한 이야기인데, 지금까지 그런 관점을 갖지 못했기 때문이다.

아마 대부분의 사람들이 그럴 것이다. 눈에 보이는 화폐와 숫자에만 정신이 팔려 있다 보니, 정작 그것을 가져다주는 사람에 대해서

는 소홀하게 생각했다.

예를 들어 식사를 하기 위해 식당에 들어갔다고 해보자. 문을 열고 들어갔는데 서빙하는 종업원과 카운터에 있는 주인이 눈길조차 주지 않고 어떠한 안내도 하지 않는다. 마지막에 계산을 할 때까지 어떠한 응대도 없이 기계적인 모습이라면 아무리 음식이 맛있는 식당이라고 하더라도 다시 가고 싶지 않을 것이다.

종업원은 그렇다 치더라도 식당 주인은 자신의 지갑에 돈을 넣어주는 대상이 사람이라는 사실을 잊은 것이다. 손님이 들어올 때부터 눈을 마주치면서 인사를 하고 편한 자리를 안내하고 식사하는 동안 불편함은 없는지 살핀다면 음식의 맛이 떨어지더라도 다시 그 식당을 방문하고 싶어질 것이다.

나 역시 많은 사람들을 직접 상대하며 상담을 하다 보면 모든 사람에게 친절해지기 어려울 때가 있다. 사람을 응대하는 것에는 생각보다 많은 에너지가 필요하기 때문이다. 하지만 원하는 대로만 행동하면서는 돈을 벌 수 없다.

나 역시 기분에 따라 친절도가 달라짐을 느끼고, 어떤 의뢰인이든 최대한 잘 대해야겠다고 생각하며 매일매일 마음을 다잡는다. 왜냐하면 그 사람들은 모두 나에게 돈을 가져다주었거나 앞으로 돈을 가져다줄 귀한 사람이기 때문이다.

돈이 오고 가는 관계를 바탕으로 사람에 대한 이야기를 하긴 했지만, 일반적인 관계에서도 주변 사람을 잘 대한다면 얻는 것이 많다. 내가 누군가를 귀하게 대하면, 분명 그 사람은 나에게 무엇이라도 더 내어주려 할 것이다. 그것 역시 모두 돈으로 환산이 가능한 귀중한 가치다. 내 주변의 모든 사람은 나의 '돈 그릇'이다. 돈뿐만 아니라, 귀중한 가치를 전해줄 중요한 매개체의 의미로서 사람을 생각해야 한다.

## 타인을 대하는 격을 높여라

출장이 잦다 보니 호텔도 많이 다니는 편이다. 개인적으로 가장 최고로 생각하는 호텔은 신라호텔이다. 최고의 풍수 전문가를 통해서 입지를 정한 명당이라는 것과는 별개로, 신라호텔을 방문했을 때 경험할 수 있는 최고의 서비스 때문이다. 내부 시설은 최근에 지어진 최신식 호텔보다 못하지만, 그 공간에 머무는 시간 동안 느끼는 만족감은 최신식 호텔의 시설을 능가한다.

이름을 밝힐 수는 없지만, 서울에 있는 또 다른 고급 호텔의 경우 시설만큼은 정말 최고를 자랑한다. 모든 것이 최신식 가전과 시스템으로 되어 있어 방 안에서 나오고 싶지 않은 기분이 들 정도다. 하지만 호텔 안에 있는 직원들의 서비스는 상당히 실망스러웠다. 대학생 알바를 쓴다고 느낄 만큼 손님 응대에서 전문성이 떨어졌다. 내부 시설에 많은 비용을 들인 탓에 직원 관리에는 의도적으로 리소스를 줄인 게 아닌가 하는 생각이 들 정도였다.

## 신라호텔 로비

\* 많은 이들이 신라호텔 로비에서 기념 촬영을 한다.

신라호텔이 상대적으로 오래된 시설임에도 여전히 국내 최고급 호텔로 손꼽히는 이유는 손님을 최고로 대우하는 서비스 때문일 것이다. 손님의 격을 높여주니, 저절로 호텔의 격도 같이 상승한다. 어느 것이 먼저고 나중이라고 할 것 없이 같이 올라간다.

'격'이라는 단어의 사전적 정의는 주위 환경에 어울리는 분수나 품위를 말한다. 앞선 2장을 통해 우리는 우리가 머무는 공간의 격을 높였다. 그리고 그에 맞도록 그 공간에서 함께 머무는 타인의 격을 높여야 한다.

우리들 대부분은 돈의 정도에 따라 사람의 격을 나누곤 한다. 물론 경제적인 수준에 따라 나뉘는 어느 정도의 구분이 있는 것은 부인할 수 없다. 경제적인 수준이 높다는 것은 조금 더 원하는 선택지가 많았다는 것이며, 더 좋은 음식을 먹고 더 좋은 교육과 다양한 경험을 얻을 기회가 많았다는 의미다. 하지만 돈이 많다고 해서 사람의 격이 높은 것은 아니라는 것을 우리는 주변을 통해 쉽게 경험한다.

어떠한 경우든, 격을 갖춘 이에게 운과 돈이 따라붙을 확률이 크다는 것만큼은 우리 모두가 동의할 수 있는 일이다. 그러니 내가 오늘 마주하는 이가 누구든 그 사람을 귀하게 대한다면, 생각보다 많은 일들이 빠르게 순조로워짐을 느끼게 될 것이다.

## 돈 그릇의 개수를 늘리거나, 돈 그릇의 크기를 키우거나

내가 풍수 전문가로서 자부심을 강하게 갖는 이유는 수많은 공간과 사람들을 직접 만난 경험 때문이다. 단순하게 그냥 만났다는 의미가 아니라, 많은 비용을 들여서 컨설팅을 받고자 하는 고객들을 직접 만났다는 이야기다. 이 정도의 경험은 일류 대학의 교수라고 해도 쌓을 수 없는 양의 경험이다. 단순히 사람을 만나고 무료로 경험하는 것과는 차원이 다르다.

나에게 돈을 주는 사람을 많이 만났다는 것은 상당히 다른 의미를 갖는다. 가만히 생각해보면 경제적으로 풍족한 사람은 이렇게 정의해볼 수 있다. 경제적인 여유가 있다는 것은 '돈을 주는 타인이 많거나, 타인이 주는 돈의 크기가 크다'로 말이다.

사업이나 장사를 하는 입장이라면 전자의 경우일 때 여유롭다 할 것이고, 월급을 받는 직장인이라면 후자의 경우일 때 여유롭다 할 것이다. 우리는 타인과의 관계를 통해 운을 쌓고, 돈 그릇의 개수를 늘릴 뿐 아니라 돈 그릇의 크기까지도 함께 키워나갈 수 있다. 돈이 들어오는 것이 재물운이 아니라, 돈을 가져오는 사람이 진짜 재물운임을 명심하자.

# 인복 많은 사람이
# 반드시 지키는 것

아무리 좋은 사람이라고 하더라도
좋은 시절에 만나야 의미가 있다.
어떤 시절을 만나느냐에 따라 관계가 좋아지기도 하고 틀어지기도 한다.

## 좋은 인연 만들기

세상에는 정말로 많은 사람들이 존재한다. 당연한 이야기라고 생각
하겠지만 다양한 사람을 많이 만나는 직업을 갖는다면 더욱 깊이 체
감할 것이다. 세상에는 다양한 사람들이 다양한 사고방식으로 살아
간다. 나 역시 누군가에게는 다른 사고방식을 가진 사람 중 하나다.
내 주변에 있는 사람과 앞으로 만나게 될 사람은 그 수많은 사람 중
한 사람이다. 정말로 귀중한 인연인 것이다.

컨설팅을 진행하는 의뢰인들 중 상당수가 이런 말을 한다. 오늘 유튜브를 켰는데 내 영상을 딱 처음 보게 되었다는 것이다. 알고리즘의 은혜이기는 하지만 이것 역시 인연이다. 수많은 영상 중 하필 나의 영상을 마주하고 연락이 닿아 직접 만나 인생의 방향이 변하게 되는 것. 서로의 인연이 닿았다는 것 말고는 달리 설명할 길이 없다.

인연은 사람과 사람을 잇는 '줄'이다. 그 줄은 운으로 땋아 만들어진다. 그 줄을 통해서 좋은 인연을 많이 만나게 될 때 '내가 인복이 많구나' 하고 느끼게 된다. 좋은 운을 많이 쌓는 것이 좋은 인연을 만드는 방법이다. 내 주변에 좋은 사람이 늘어나는 방법인 것이다. 늘 그렇듯 좋은 운이라는 것을 특별하거나 어렵게 생각할 필요가 없다. 타인의 기분을 좋게 만드는 것이라고 단순하게 생각하자.

이제 내가 내 나름대로 깨닫게 된 좋은 인연을 만드는 법에 대해 이야기해보려고 한다. 살아오면서 당신은 인복이 있는 편이었는가, 없는 편이었는가? 지금까지 어떠했든 간에 앞으로 인복이 따르길 바란다면, 다음의 것들을 기억하고 실천해보자.

## 인복을 쌓는 방법

**먼저 연락한다**: 살다 보면 누군가에게 부탁을 할 일이 분명히 있다. 부탁만 하면 일이 쉽게 해결되기도 한다. 그래서 사람들은 관계를

쌓으려고 한다. 그런데 평소 연락도 하지 않던 사람이 오랜만에 연락을 해서 바로 부탁을 한다면 어떨까? 불편한 마음을 느낄 것이다. 맺고 끊음이 확실한 사람이라면 단칼에 부탁을 거절하겠지만 그렇지 못한 사람들은 마음속 불편함을 감추고 부탁을 들어줄 것이다.

만일을 생각해서 주변 지인들에게 한 번쯤 먼저 연락을 하고 안부를 묻자. 용건이 없을 때도 인간적인 감정으로 연락을 한다는 것을 상대가 알게 하자. 요즘은 카카오톡에 생일 알람이 뜨기 때문에 생일 챙기기가 편해졌다. 큰 선물이 아니더라도 작은 선물을 전하면서 안부를 묻는다면 그 관계는 다음 생일까지 이어질 수 있을 것이다.

기계적이고 목적지향적인 생각이라고 여기지 않았으면 한다. 이러한 기계적인 노력을 하다 보면, 자연스럽게 그 사람에 대한 관심을 갖는 것이 습관이 되어 나중에는 의도적인 노력이 없이도 정말로 누군가가 궁금해지고, 누군가의 안부를 묻고 싶어질 것이다.

**편 가르지 않는다:** 풍수적으로 봤을 때 한국의 산세는 너무나 잘생겼다. 사람 이야기를 하다가 갑자기 다시 풍수 이야기로 돌아가나 싶을 것이다. 공간은 사람의 성격을 반영한다. 지역마다 사람들의 성향이나 생김새가 어느 정도 특정되고 구분되는 이유는 지내는 공간과 물의 영향을 받기 때문이다. 그렇게 봤을 때, 한국은 산세가 좋은 지역이 많아 서로 잘났다고 하는 경우가 많다. 역사적으로도 국사를 논함에 있어 의견이 모이지 않는 것은 풍수적인 지형 때문이라고도 해석할 수 있다.

하지만 아무리 우리나라의 풍수가 그렇다 하더라도, 인복을 쌓고 싶다면 편을 가르지 않는 것이 중요하다. 네 편, 내 편을 나누다 보면 다양한 사람과 좋은 관계를 쌓기 어렵다. 물론 내가 좋아하는 사람의 무리가 있는 것은 당연하다. 소수의 사람과 끈끈한 관계를 유지하는 것은 중요하다. 하지만 그 관계가 다른 무리와 의도적으로 편을 가른 배타적인 선택의 결과라면 그렇게 하지 않는 것이 좋다.

누군가의 편이 되어주되, 절대 편을 가르지 않는 것. 이것이 내 주변에 사람들이 따르게 하는 비결 중 하나다.

**경청한다**: 대학교 때 동기들과 대화를 하다 보면 동기들은 생각보다 쉽게 자신의 속내나 고민을 나에게 털어놓았다. 지금도 한 번도 본 적 없던 의뢰인들이 단 2분 만에 가정사와 속마음을 이야기한다.

사람의 마음을 열게 하는 특별한 방법은 없다. 단지 듣고 있으면 된다. 이야기를 듣되 기본적으로 그 사람에 대한 관심을 보여주어야 한다. 그리고 억지로 답을 줄 필요가 없다. 그냥 듣기만 하면 된다. 그러면 사람들은 저절로 나에게 편안함을 느낀다. 억지스러움이 없기 때문이다. 생각보다 사람들은 자신의 이야기를 하고 싶어 한다. 누군가에게 털어놓음으로써 응어리를 풀고 싶어 하는 것이다. 나이가 들수록 더 그렇다.

만나는 사람과 관계를 쌓고 싶다면 그 사람을 진심으로 생각하며 그 사람의 이야기를 가만히 들어보라.

**타인을 인정해준다**: 사람은 기본적으로 스스로 대단하다고 생각하는 경우가 많다. 타인의 비난에 쉽게 분노하는 이유는 타인으로부터 인정받지 못했기 때문이다. 앞에서 말한 호텔 비유도 같은 맥락이다. 어딘가에서 좋은 서비스를 받게 되면 인정받는 기분을 통해 자존감이 높아지는 효과를 얻는다. 그러니 타인을 인정하고 칭찬하자. 가령 누군가가 실수나 잘못을 저질렀을 때 잘잘못은 가리되 기본적으로 의미 있는 시행착오를 겪었다고 인정해주고 격려해준다면, 그렇게 마음을 베풀어준 사람을 싫어할 사람은 아무도 없을 것이다.

**신뢰를 얻는다**: 앞에서 말한 행동들을 통해 신뢰를 얻게 되면 이제 그 관계는 좀처럼 쉽게 깨지지 않을 것이다. 신뢰가 곧 신용이다. 나라는 사람의 가치와 둘 사이의 관계를 상대가 인정한 것이다.

각자가 더 발전할 수 있도록 격려해주고 자주 연락하지 않더라도 그 사람을 생각할 때마다 좋은 이미지를 떠올리게 되고 잘되기를 바라는 마음을 갖게 된다. 그것 또한 운이다. 생각과 마음의 파장이 울려 퍼져 나에게 전해지게 될 것이다.

**음식을 나눈다**: 영화 〈웰컴 투 동막골〉을 보면, 북한군 역할인 배우 정재영이 시골 마을의 이장님에게 사람들을 이끄는 리더십의 비결이 무엇인지 물어본다. 흰머리가 지긋하신 이장님은 무심하게 툭 진리를 뱉어낸다. "뭘 많이 멕이면 되지 뭐." 정말 맞는 말이다.

나 역시 개인적으로 사람을 사귀고 싶을 때 이 방법을 항상 사용한다. 먹을 것을 주는 것이다. 꼭 밥이 아니라도 좋다. 평소 가방에 특별한 사탕이나 건강식품을 챙겨두었다가 마주하게 되는 사람에게 건네는 것이다.

이 덕분인지는 몰라도 나는 새로운 조직에 들어가더라도 사람을 쉽게 사귈 수 있었고, 사람들도 항상 나를 좋아했다. 음식을 가져다주는 사람을 좋아하는 것은 동물적인 본능이다. 그리고 내가 마주하는 모든 사람들에게 음식과 마음을 전하면 나를 대하는 사람들도 모두 나를 귀히 대하게 된다.

**내 마음을 믿는다:** 한 가지 주의할 것은 믿음의 대상을 잘 설정해야 한다는 점이다. 믿음의 대상으로 설정해야 할 것은 타인이 아니라 바로 내 마음이어야 한다. 처음 듣는다면 이 말이 어렵게 들릴 것이니 잘 이해해야 한다.

내가 믿기로 마음먹은 것은 그 사람이 아니라 그 사람을 믿기로 한 내 마음이어야 한다. 이렇게 마음먹게 되면 시시때때로 변하는 사람들과의 만남 속에서 받는 상처를 현저하게 줄일 수 있다.

아무리 돈독한 관계라 하더라도 어떠한 상황과 시간대를 마주하느냐에 따라 달라진다. 이것을 '시절인연(時節因緣)'이라 한다. 아무리 좋은 사람이라고 하더라도 좋은 시절에 만나야 의미가 있다. 그리고 어떤 시절을 만나느냐에 따라 관계가 좋아지기도 하고 틀어지기도 한다.

우리가 사람과의 관계에서 상처를 받는 이유는 그 사람 자체를 믿었기 때문이다. 그러니 그 순간에 믿었던 그 사람의 모습이 달라지게 되면 배신감을 느끼게 되는 것이다.

만약 그 사람을 믿는 내 마음을 믿게 되면, 설령 그 사람의 모습이나 관계가 변하더라도 배신감을 느끼거나 마음이 흔들리지 않는다. 관계가 틀어진다면 그 사람을 믿는 마음을 수정할지 말지를 주체적으로 결정하기만 하면 된다.

아무리 많은 인연과 운과 인복을 쌓는다 하더라도, 가장 바탕에는 쉬이 흔들리지 않는 내 마음의 믿음이 있어야 함을 기억하자.

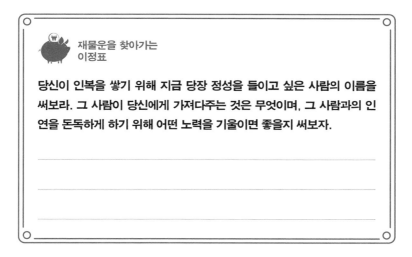

재물운을 찾아가는
이정표

당신이 인복을 쌓기 위해 지금 당장 정성을 들이고 싶은 사람의 이름을 써보라. 그 사람이 당신에게 가져다주는 것은 무엇이며, 그 사람과의 인연을 돈독하게 하기 위해 어떤 노력을 기울이면 좋을지 써보자.

# 무조건 가까이에
# 두어야 할 사람

**좋은 사람들을 가까이하다 보면 나의 격이 올라갈 것이고,
나 또한 어느새 타인이 옆에 두고 싶어 하는
귀한 존재가 되어 있을 것이다.**

## 가까이에 두고 싶은 사람

대학에 입학해서 동기들을 처음 만난 자리가 기억난다. 각자 자기 소개를 하는 시간을 가졌다. 그중 한 동기는 자신이 어디 사는지를 말이 아니라 주민등록증을 보여주는 것으로 대신했다. 주소지에는 강남구 대치동이 적혀 있었다.

우리는 우리가 사는 지역이 어디인가에 따라, 또 주변에 누가 사는가에 따라 만족감을 느낀다. 그래서 더 좋은 지역으로 가기 위해

많은 노력을 기울인다. 주변에 누가 사느냐에 따라 나의 행복도가 달라지는 것을 경제학 용어로 '이웃효과'라고 한다.

주변에 누가 살고 어떤 사람들을 주로 만나는지는 나의 운에도 큰 영향을 미친다. 그래서 앞서 말한 것처럼 내 주변에 있는 사람들과의 인연은 특별하다. 그 특별한 인연을 이왕이면 좋은 사람들로 채우면 더 잘살 수 있지 않겠는가.

나 역시 주변 모든 사람들과 좋은 관계를 유지하는 것은 당연히 아니다. 다만 상대적으로 다른 사람들보다 넓게 관계를 맺는 편이다. 직장에 다닐 적에도 거의 대부분의 직원들과 가까이 잘 지냈다. 담당 업무 자체가 '인사'였기 때문에 더욱더 직장 동료들이 어떤 생각을 가지고 직장에 다니는지 관심을 가졌다. 그들의 생각을 통해 개선할 수 있는 부분이 없을지를 고민했다. 그러한 관점으로 대화를 하니, 감시자 같은 인사 담당자가 아니라 불편 사항을 들어주는 친절한 인사 담당자가 될 수 있었다.

이웃효과를 언급했다고 해서 좋은 사람을 구별하는 척도가 경제적인 수준인 것은 아님을 기억하자. 앞서 말했던 것처럼 경제적 수준을 넘어 말 그대로 격이 높은 사람을 말하는 것이다. 물론 앞에서 언급한 주민등록증을 들이민 동기의 격이 높은지는 다시 생각해봐야 할 것 같다.

먼저 나 자신이 타인에게 만족감을 주는 좋은 '이웃'이 되어야겠지만, 아직 그 정도의 격을 갖추지 못했다는 생각이 든다면 다음에 열거하는 좋은 사람들을 먼저 옆에 두도록 하자. 그 사람들을 가까이하다 보면 나의 격이 올라갈 것이고, 나 또한 어느새 타인이 옆에 두고 싶어 하는 귀한 존재가 되어 있을 것이다.

## 가까이에 두어야 할 사람의 유형

**무조건 칭찬하지 않는 사람**: 무조건 칭찬하는 사람은 결코 좋은 사람이 아니다. 무조건 비판하고 비관적으로 보는 사람은 분명 멀리해야겠지만, 무조건 칭찬하는 것 역시 나의 발전을 저해할 수 있다. 사람이 모든 상황에서 잘할 수는 없다. 그럴 때마다 잘잘못을 따져주는 사람이 좋다는 것은 아니지만, 아닐 때는 아니라고 말해줄 수 있는 사람이 옆에 있어야 한다.

우리는 모두 인간으로서 첫날을 마주하고 있는 삶을 산다. 그러니 죽기 전까지 시행착오를 겪으면서 살아갈 수밖에 없다. 지금 내가 잘못된 길을 걷고 있다면 무조건 잘 가고 있다고 말해주는 것이 아니라 올바른 길로 갈 수 있게 잡아줄 수 있는 사람, 그런 사람이 나에게 진정으로 필요한 사람이다.

**난관을 겪어본 사람**: 태어나서 죽을 때까지 언제나 내가 예상한 대로 흘러가거나 행복한 상황을 마주하는 경우는 없다. 항상 넘어지고 깨지면서 성장하게 된다.

그런 의미에서 나에게 필요한 사람은 행복한 꽃길만 걸어본 사람이 아니라, 돌부리에 걸려 넘어지기도 하고 이런저런 길을 걸어본 사람이다. 그러한 사람이 옆에 있어야 내가 겪은 시행착오를 이해하고 보듬어줄 수 있다. 어떻게 지금의 난관을 극복하며 살아갈 수 있을지 조언해줄 수 있다.

좋은 대학에 가는 방법을 물었을 때, 전교 1등만 해본 사람은 공부를 못하는 사람의 입장을 이해할 수가 없다. 성적이 떨어져보기도 하고, 떨어진 성적을 올려보기도 한 사람이 더 의미 있는 조언을 해줄 수 있는 귀중한 사람이다.

**지금도 성장하고 있는 사람**: 여러 사람이 모여 함께 일을 하는 것을 '운력(雲力)'이라고 한다. '구름 운'이라는 한자를 써서, 구름처럼 모여서 함께 흘러가는 힘을 뜻한다.

운력은 강하다. 운력이라는 말은 구름 운을 쓰기도 하지만 우리가 이야기하고 있는 운과 같은 한자를 쓰기도 한다(運力). '운의 힘'이기도 하기 때문이다.

주변에 성장하고 있는 사람이 있다면, 나도 함께 성장할 수 있는 동력을 얻게 된다. 계속해서 발전적인 생각과 생산적인 마인드를 갖고 있는 사람을 옆에 둔다면, 밥을 먹고 대화를 하면서도 그런 생각과 대화가 오고 간다. 매일같이 그날그날의 새로운 불만을 찾아내 창의성을 발휘하는 사람이 옆에 있다면, 나 역시 매일같이 새로운 불만을 찾아내는 창의성을 꽃피우게 될 뿐이다.

100m 달리기를 한다면 결승선까지만 간다고 생각할 것이 아니라, 120m를 달린다는 생각으로 전력 질주해야 좋은 결과가 나타난다. 우리가 살아가는 시간도 마찬가지다. 내일 죽는다 하더라도, 계속해서 삶을 이어갈 사람처럼 살고 열정을 내야 더 의미 있는 삶을 살 수 있다.

**한 분야에서 최고가 된 사람**: 사실 이러한 부류의 사람과 개인적인 친분을 두기란 쉽지 않다. 하지만 늘 그랬듯 어렵다고만 하지 말고 방법을 찾으면 된다.

우리가 그 사람을 옆에 두고자 하는 것은 그 사람이라는 존재, 그 사람이 가지고 있는 노하우와 삶의 관점이 내게 필요하기 때문이다. 그렇다면 최고가 된 사람이 쓴 책, 그 사람의 인터뷰나 강의 등을 가까이 하면 된다.

그런 의미에서 좋은 책과 영상, 강의를 접하는 노력을 한다면 굳이 직접 만나지 않더라도 언제나 그 사람들과 함께라고 생각할 수 있다. 나 역시 유튜브를 처음 시작할 때 조언을 구할 사람은 단 하나도 없었다. 그래서 서점에 있는 유튜브 관련 서적과 유튜브에 있는 강의를 듣고 실력을 쌓아갔다. 사람을 만나는 것이 꺼려지는 사람이라면 이런 식으로 조금씩 좋은 사람을 곁에 두면 된다.

**쉽게 감사함을 느끼는 사람**: 초등학교 때 그런 생각을 한 적이 있다. '어른들은 왜 늘 굳은 얼굴을 하고 있을까?'라고 말이다. 그 생각이 왜 지금도 기억에 남는지는 모르겠지만, 초등학생의 생각치고는 제법 철학적이었던 것 같다.

의문을 갖던 그 아이는 모순적이게도 나이가 들면서 똑같이 그러한 '의문의 대상'이 되어버렸다. 주변을 돌아보면 쉽게 감사를 느끼는 사람이 많지 않음을 알 수 있다. 생각보다 쉽게 충족되는 욕구가 많기 때문이다.

우리는 일상에서 운을 발굴해내는 작업을 하고 있다. 모든 것에 운이 깃들어 있기 때문이다. 그런 의미에서 매일 먹는 삼시 세끼, 항상 주어지는 아침과 저녁에 감사할 줄 아는 사람이 옆에 있다면 그 사람의 생각을 통해 나의 행복을 지금으로 가져올 수 있다.

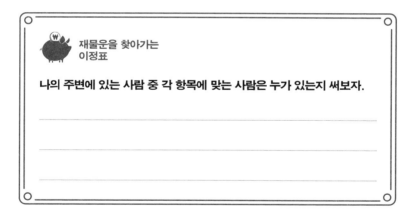

**재물운을 찾아가는 이정표**

**나의 주변에 있는 사람 중 각 항목에 맞는 사람은 누가 있는지 써보자.**

# 무조건 가까이하면
# 안 될 사람

인연은 운으로 뚱아진 것이라고 했다.
나를 괴롭게 하는 인연 역시 어쩌면 내가 알게 모르게 뚱아온
나쁜 운이 모여서 만들어낸 결과라 생각하는 것이 정신 건강에 좋다.

## 노력해도 안 되는 관계는 피하는 게 좋다

이전 직장에 다니면서 많은 사람들과 가까이 지냈지만 모든 사람들과 가까이 지낸 것은 절대 아니다. 누가 봐도 일을 하지 않는 사람들, 주변과 잘 협조하지 않고 불평만 늘어놓는 사람들은 철저하게 업무적으로 대했다. 타인의 본질을 바꿀 수 없다는 것을 잘 알고 있었기 때문이다. 아무리 노력해도 안 되는 관계가 있다. 이런 관계는 그냥 피하는 것이 가장 빠른 방법이다. 모든 것이 내 마음으로 해결될 수

있는 것이 아니라는 사실은 공간 운에만 적용되는 것이 아니다. 운의 열두 번째 진실을 통해 우리는 타인이 바꿀 수 없는 존재임을 배웠다. 이것을 반드시 기억해야 한다.

피해야 할 사람에 대해 이야기하기 전에 당부하고 싶은 것이 2가지 있다. 첫째, 피해야 할 사람에 대해 생각해보면서 내가 다른 사람에게 그러한 부류로 인식되는 것은 아닌지 꼭 생각해보길 바란다. 그러면 반면교사로 삼아서 내가 한층 더 성장할 수 있게 된다.

둘째, 설령 다음과 같은 사람들을 마주해야 하는 상황이 오더라도 그 사람들을 원망하거나 탓하지 말자. 탓한다 한들 나에게 득이 되는 것은 없다. 단지 내 운이 나빴다고 생각하는 편이 현명하다. 인연은 운으로 땋아진 것이라고 했다. 그렇게 나를 괴롭게 하는 인연 역시 어쩌면 내가 알게 모르게 땋아온 나쁜 운이 모여서 만들어낸 결과라 생각하는 것이 훨씬 나의 정신 건강에 좋다.

이 2가지를 염두에 두고 피해야 할 사람들을 가리게 되면 균형 잡힌 시각으로 관계를 형성하는 힘이 생기게 될 것이다.

## 피해야 할 사람의 유형

**자기 말만 하는 사람**: 모든 대화를 주도하려는 사람들이 있다. 자기가 가장 많은 말을 해야 하고 하고 싶은 이야기를 다 해야 직성이 풀리는 사람이 있다.

말을 많이 하는 것이 나쁜 것은 아니다. 문제는 타인의 이야기를 경청하지 않는 데 있다. 상담을 하다 보면 내가 건네는 조언을 듣지 않고 오로지 자기 이야기를 하는 데만 몰두하는 의뢰인들이 있다. 속내를 털어놓고자 이야기를 하는 것과는 다른 맥락이다. 내가 말을 하고 판단해야 하는 것을 막아서 스스로 판단한다는 뜻이다. 이런 경우에는 깊은 조언을 해주기 어렵다. 상담을 통해 올바른 대답으로 나아가는 과정 자체가 차단되기 때문이다. 대화를 주도하면서도 타인의 말에 귀 기울이지 않는 이는 당신에게 도움이 안 되는 사람이다.

**'감히'라는 말을 자주 쓰는 사람**: 돈이 얼마나 있든 어떤 삶을 살았든 간에, 저 멀리 우주에서 본다면 우리 모두는 티끌 같은 존재에 불과하다. '누가 더 잘났니, 못났니' 하면서 아웅다웅 살아가지만, 결국에는 모두 큰 차이가 없다. 차라리 모든 이가 다 소중한 존재라고 생각하는 것이 속 편하다.

그런 의미에서 타인을 상대로 '어딜 감히' '네가 감히'라는 말을 자주 하는 사람이 있다면 기본적으로 타인에 대한 존중이 부족한 사람이라고 여기면 된다. 존중이 부족하면 이해심이 부족하고, 상대의 아픔에 쉽게 공감하지 못한다.

'감히'라는 말을 자주 쓰는 권위적인 사람을 대하는 법은 간단하다. 자기 권위에 맞게 살 수 있도록 거리를 두고 혼자 살아가게 해주는 것이 가장 현명한 대처법이다.

**오버하는 사람**: '오버'하는 것이 나쁜 것만은 아니다. 단순한 오버를 넘어, 타인과의 자리에서 지나치게 나를 띄워주거나 과장해서 칭찬하는 사람, 만난 적도 별로 없는데 과하게 친한 척하는 사람은 나에게 도움이 되지 않을 사람일 확률이 크다.

앞에서 언급한 사람들도 마찬가지지만, 이 부류의 사람들도 개인적으로 여러 번 겪어봤다. 과장이 심한 사람들은 기본적으로 비교를 통한 경쟁 심리가 강하다. 처음에는 경쟁자라고 느끼는 사람을 가까이 두는 쪽으로 관계를 설정하지만, 궁극적으로는 그 마음이 질투심으로 변해 나에게 좋지 않은 쪽으로 관계가 흘러간다.

**원칙주의자**: 보통 원칙주의적인 사람들은 대화가 잘 통하지 않는다. 자기 신념이 가장 우선이기 때문에 자신의 생각과 맞지 않는다는 생각이 들면, 과감하게 비상식적인 행동을 한다. 특히나 이런 사람들은 정신적인 심지가 너무나 강해서 주변의 비난에도 쉽게 흔들리지 않는다.

강인한 마음에 대한 확신과 언제나 대의를 택한다는 정의감에 사로잡혀 주변을 돌아보지 못하는 것이다. 그 어떤 경우에도 정신승리에서 우위를 차지하기 때문에 역시 그냥 멀리하는 것이 속 편하다. 개인적으로 가장 무서운 유형의 사람이라고 생각한다.

# 부부의 운

누구를 만나든 오랜 세월을 살다 보면 결국 모두 비슷한 모습이 된다.
내가 좋은 사람이면, 누구와 부부로 살아도
현명하게 관계를 잘 이어가게 될 것이다.

## 아내를 잘 만난 덕분에

출장 컨설팅을 신청하시는 분들을 보면, 여성의 비율이 3 대 1 정도로 높다. 여성들이 현실적이지 못한 습성이 있다고 지적하는 남편들도 있을 것이다. 하지만 풍수 전문가의 입장에서 봤을 때 정말로 현명한 배우자를 만났음에도 감사할 줄 모르는 남편이라는 생각밖에 들지 않는다.

현장에 가보면 정말 다양한 부부들이 있다. 대전에 있는 한 아파트에 감정을 갔을 때의 일이다. 아내분께서 연락을 주셨는데 코로나19팬데믹 때문에 남편의 사업이 어려워지고 본인도 우울증을 앓고 있어서 지금 집에서 계속 살아도 될지 상담을 받고 싶다고 하셨다. 절박한 마음이 느껴져 급히 일정을 잡아서 천성조 마스터님과 함께 출장을 갔다.

살고 계신 집은 대전 지역에서 좋은 아파트에 속했다. 아파트 입지는 좋았으나 안타깝게도 풍수적으로 봤을 때 구조는 좋지 않았다. 그리고 집에 들어가자마자 답답한 기운이 느껴졌다. 이사한 지 제법 시간이 흘렀음에도 집이 정리가 잘 되어 있지 않아 어수선했다.

전화로 들려주셨던 이야기처럼, 아내분의 얼굴에는 답답한 기색이 역력했다. 거실에는 남편분께서 앉아계셨는데 아내와 합의가 잘 이루어지지 않은 탓인지 우리가 온 것을 상당히 못마땅해했고, 급기야 거실에 있는 물건을 뺑 차고는 밖으로 나가버렸다. 설상가상으로 3개의 작은 방 중 한 방에서는 작은 아들이 담배를 피우고 있었다. 결국 아내분께서는 한구석에서 눈물을 보이고 말았다. 여러 가지로 안타까운 집이었다.

이와는 반대로, 아내의 말을 잘 들어서 지금은 편안한 곳에 지내고 계시는 부부도 있다. 앞에서 언급한 경주에서 집을 찾아드린 케이스다. 아내가 풍수를 바탕으로 공간을 선택하는 것을 묵묵히 잘 따라준 경우다.

공간의 운과 더불어 그 공간 안에서 살아가는 사람들의 운에 대한 이야기를 이어나가고 있다. 한 집안에서 이루어지는 가족의 관계가 집안의 분위기를 결정짓는다. 관계가 나쁜 집치고 깨끗하거나 정상적인 분위기의 집은 잘 없었다. 대부분 지저분하거나 휑하거나 안정되지 못한 분위기, 소위 말해 포근한 느낌을 받기 어려운 공간들이 많았다. 그래서 한 공간 안에서 사람들이 어떻게 지내느냐가 매우 중요한 것이다. 특히 가족의 인연을 잘 풀어내는 것이 인생의 큰 운을 결정짓는다.

이런저런 부부들을 보며, 내 아내에게 나는 어떤 남편일까 하는 생각이 들 때가 있다. 완전한 타인이 완전한 내 사람이 되는 것은 부부의 인연뿐이다. 두 사람의 인연을 통해 새로운 생명이 탄생하고 사람이 돌아가는 세상이 이어진다. 어떤 사람과 인연을 맺었든 간에 중요한 것은 두 사람이 삶의 과정을 현명하게 대처해나가는 것이라고 생각한다.

풍수지리를 이루는 근본 이치 중에 음양의 이론과 오행의 이론이 있다. 음과 양이 서로 어우러지는 것을 통해 세상의 기운을 읽어내고 목, 화, 토, 금, 수, 이 5가지 기운이 서로 돕거나 혹은 서로 해하면서 이루어지는 관계를 통해 풍수의 이론이 현장에 적용된다.

복잡하게 생각할 것 없이, 각각의 특성을 지닌 가족이 한 공간에서 살아간다는 것은 쉬운 일이 아니다. 특히 부부는 이혼하지 않는 이상 평생 함께 살아야 한다. 대부분 사랑의 정으로 시작하지만, 살아가면서 많은 시행착오와 갈등을 견디고 울고 웃으며 세월을 견뎌낸다.

결혼과 부부 생활에 대해서는 분명 오래 살아본 사람들이 더 잘 알 것이다. 내 입장에서 말할 수 있는 것은 결국 시간이 지나면 남는

**풍수의 근본 원리인 오행의 작용**

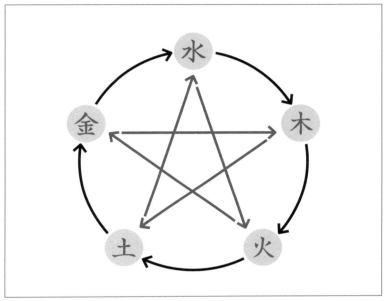

\* 목, 화, 토, 금, 수의 5가지 기운이 서로 돕거나 혹은 서로 해한다.

것은 두 사람뿐이라는 것이다. 음택, 즉 묘와 관련된 컨설팅을 진행하다 보면, 죽음을 접한 부부의 사연도 쉽사리 만나게 된다. 사이가 좋은 부부는 한 사람이 먼저 세상을 떠나게 되면, 얼마 지나지 않아 남은 한 사람도 따라서 세상을 떠나는 경우가 많다. 두 사람의 마음과 기운이 어우러진 세월이 많다 보니 하나가 없는 세상에서 하나가 오래 버티지 못하는 것이다.

부부의 인연은 곧 내 인생 전체를 관통하는 관계에 대한 운이다. 부부의 운을 잘 키워나가는 것, 그것이 내 인생을 바꾸어준다. 많은 사람들은 누구를 만나느냐에 따라 인생이 달라진다고 한다. 하지만 누구를 만나든 오랜 세월을 살다 보면 결국 모두 비슷한 모습이 된다. 내가 좋은 사람이면, 누구와 살아도 현명하게 관계를 잘 이어가게 될 것이다.

앞에서 말한 운의 열두 번째 진실을 반드시 제대로 적용해야 한다. 절대 부부의 인연은 바꿀 수 있는 운이라고 생각하지 않았으면 한다. 중대한 사유가 있는 예외적인 상황이 아니라면, 결국 바꿀 수 있는 것은 상대가 아니라 상대를 대하는 나의 태도밖에 없다.

## 부부의 운을 높이는 단 한 가지 덕목

그런 의미에서 부부 사이의 관계를 증진시키고 좋은 운을 키워나갈 수 있는 단 한 가지 덕목이 있다. 내가 상대를 이기려고 하지 않는 것이다.

상대를 이기려는 마음이 갈등을 낳는다. 가령 갈등 상황을 통해 내 의견을 관철하고 결국 이긴다고 한들 승리를 통해 얻는 것이 무엇이겠는가? 이 세상에서 나와 가장 많이 닮아 있는 사람을 이겨봐야 결국 나 자신을 억누르는 것밖에는 되지 않는다. 이기려 하지 말고 거꾸로 무조건 져야겠다고 마음먹는다면 더 많은 인생의 선택지를 만날 수 있고, 행복한 관계를 이어나갈 수 있다.

태어나는 것에는 순서가 있을지 모르나, 가는 것에는 순서가 없다. 생과 사가 엇갈리는 컨설팅 현장을 오가다 보니 이런 생각이 들지 않을 수가 없다. 내일 죽는다고 가정했을 때 그래도 배우자를 이기고야 말겠다는 생각이 든다면 이기려 해도 좋다. 하지만 생각보다 사람에게 주어진 시간은 짧다. 세월이 한참 지나 소중한 것이 무엇인지 깨닫게 되었을 때는 항상 후회라는 아픈 자식이 성큼 다가와 있을 것임을 알아두었으면 한다.

# 가족이라는
# 오묘한 인연

온전한 나 자신을 지키기 위해서는 스스로 힘을 길러야 한다.
물리적인 체력과 정신적인 힘, 현실적인 능력을 키우는 것이
관계를 좋게 만드는 가장 좋은 방법이다. 그것이 가족이라 하더라도 말이다.

## 한 집에 산다는 비극

예전에 집 구조 진단을 해드린 집 중 기억에 남는 사례가 있다. 어머님께서 집 구조 진단을 신청해주셨는데, 현재의 집에 제법 오랜 세월을 지냈는데 삶이 너무나 답답해서 내부적으로라도 수정할 수 있는 부분이 있을까 해서 연락을 주셨다.

이분이 유독 기억에 남는 이유는 자식에 대한 특별한 마음 때문이었다. 부모님들이 자식 때문에 속을 썩이고 걱정을 하면서 애타하는

것은 쉽게 볼 수 있는 모습이다. 그런데 이 어머님은 자식 때문에 '정말 정말' 고생을 하셨다고 했다.

**집 구조 진단을 위해 의뢰인이 보낸 자녀의 방**

\* 방이 답답하면 삶이 답답해진다.

수화기 너머로 들려오는 말 속에서, 그간의 세월 동안 정말로 많은 고생을 하셨다는 것을 바로 짐작할 수 있었다. 지금은 자식들이 다 크고 직장을 구하면서 한 집에서 함께 지내는 시간이 줄어들어 많이 나아지셨다고 했다.

한 집에 산다는 것이 누군가에게는 꿈처럼 아름다울 수 있지만, 누군가에게는 비극일 수도 있다. 최근 많은 인기를 끌었던 드라마 〈더 글로리〉를 보면, 극 중 배우 송혜교가 연기한 문동은을 끝까지 괴롭히는 인연은 다름 아닌 '엄마'였다.

요즘 뉴스를 통해 가족 사이에서 벌어지는 너무나 자극적인 사건들이 많이 노출되고 있다. 말 그대로 비극이다. 사실 부모 자식 간에 좋지 않은 인연은 어떻게 할 방법이 없는 것이 사실이다. 어떻게든 좋은 말로 포장하며 방법을 제시하고 싶지만, 그 해법을 아직 찾지 못했다. 다만 서로에게 돌이키지 못할 만큼의 생채기는 내지 말아야 한다고만 덧붙인다. 세월이 흐르면 서로 할퀸 상처는 아물게 되어 있다. 하지만 상처를 넘어 돌이킬 수 없는 상해를 남긴다면, 그것은 비극이 되어 가해자에게 돌아오게 된다.

나 역시 방황하던 20대 후반의 시기에는 부모님과 함께 살아야 하는 것이 너무나도 싫었고, 부모님을 원망하던 때도 있었다. 다만 그 원망이 아무런 의미가 없다는 것을 깨달았다.

나의 온전한 선택이 아닌 부모님의 개입으로 인한 선택으로 인생이 흘러갈 때, 더구나 그것이 뜻대로 되지 않을 때 보통 부모님께 원망의 화살을 돌린다. 하지만 그러한 선택 역시 나의 선택이다. 내가 진정으로 반대하고자 했다면 어떠한 상황이었든 나의 뜻대로 길을 걸어갔어야 했다. 그러니 한 집에 산다는 비극이 일어나지 않도록 최대한 나의 몫으로 돌릴 것들은 나의 몫으로 돌리는 것이 현명하다.

온전한 나 자신을 지키기 위해서는 스스로 힘을 길러야 한다. 물리적인 체력과 정신적인 힘, 현실적인 능력을 키우는 것이 타인과의 관계를 좋게 만드는 가장 좋은 방법이다. 그것이 가족이라 하더라도 말이다.

## 자식을 부자로 키워내는 법

✳

코로나19 시국을 겪고 나서 체감 경기가 너무나도 나빠졌다. 그럼에도 사교육에 들이는 비용은 더욱 증가했다는 뉴스 보도를 얼마 전

접했다. 통계를 조금 더 들여다보면, 가계소득이 높을수록 사교육비의 비율도 높게 나타났다. 시절이 어려울수록 가진 것이 많아질수록 교육이 진정 중요한 가치임을 알 수 있는 지표라 생각했다. 그러면서도 가치를 올바르게 인식한 한편, 사교육에 들이는 비용만큼 효과를 보는 교육 방식을 택했는가에 대해서는 의문이 들었다.

우리는 지금 운에 대해 알아가고 있다. 운을 여러 방면으로 잘 쌓아가는 것이 현실적으로도 풍족한 삶을 살아가게 하는 데 큰 힘이 되며, 어떤 사교육보다 중요한 교육이라고 봐야 한다.

어차피 학령인구는 줄고 있고, 좋은 대학에 입학했다는 것의 의미가 점점 퇴색될 것이다. 그리고 수많은 직업들이 사라질 것이며, 지난 10년과 앞으로의 10년은 변화의 정도를 비교할 수 없을 만큼 완전히 다를 것이다. 이럴 때일수록 세부적인 삶의 방법을 알려주는 것이 아니라, 시시때때로 합리적인 판단을 할 수 있는 능력과 바라는 바가 무엇인지 스스로 알 수 있는 능력을 키워주는 것이 부모가 가장 중요하게 생각해야 하는 역할이다.

자식을 가난하게 만드는 부모는 자식에게 돈을 주고 자식이 원하는 것을 직접 안겨주는 부모다. 부모의 노력으로 일군 재산을 물려받은들, 운용하는 방법을 모르기 때문에 어차피 돈의 무게에 짓눌려 제대로 된 삶을 살기 어렵다.

나 역시 이 글을 쓰면서 너무 뻔한 이야기를 하게 될 줄은 몰랐지만, 요즘 접하게 되는 아이들의 모습을 보면 심각한 경우가 많다. 대학교에 근무할 때 공지사항을 제대로 파악할 줄 몰라서 부모가 알아보고 연락을 주는 경우가 상당수 있었다.

자식을 향한 노력의 방향이 과연 맞는지를 잘 확인해, 아이가 진정으로 잘살 수 있는 방법에 대해 고민하고 에너지를 투입하자. 자식을 부자로 만들기 위해 부모가 반드시 해야 할 것들을 추가적으로 나열해보겠다.

## 자녀를 부자로 키우는 법

**사람을 사귀는 법을 알려주어라**: 우리가 그토록 바라는 전문직은 분명 많은 돈을 버는 것이 사실이다. 하지만 예전만큼의 위상이 사라진 지 오래다.

진정으로 큰 부자들은 한 분야의 전문가가 아니라, 여러 전문가들을 모아서 하나의 사업으로 만들어내는 사람들이다. 그러기 위해서는 어떤 사람이든 잘 만나서 쉽게 친해질 수 있는 사교성이 있어야 한다. 그리고 거의 대부분의 직업에서 항상 필요한 자질이 바로 사람과의 소통 능력이다. 여기에 리더십까지 갖춘다면, 어떤 상황에서든 사람들의 인정을 받으면서 풍족한 삶을 살아가게 될 것이다.

**누구와도 비교할 수 없는 하나의 재능을 키워주어라**: 세계적인 재능을 키우라는 것이 아니다. 베스트셀러『역행자』를 보면, 개인이 가진 적당한 정도의 재능 여러 가지를 하나로 모으면, 그것이 곧 다른 사람들과 다른 특별한 재능이 된다고 했다. 나 역시 이 대목에 지극히 공감한다.

나의 경우를 보자면 나는 어릴 적부터 적당히 글을 잘 썼고, 적당히 감수성이 풍부했으며, 적당히 새로운 일을 만들어내는 것을 좋아했다. 하나하나의 능력치만 놓고 보면, 나보다 잘하는 사람들이 참 많다. 하지만 그것들을 모아놓으면 나만이 가질 수 있는 무기가 된다. 실제로 그러한 능력들을 하나로 모아서 남들이 가지 않는 풍수지리의 분야에서 새로운 사업들을 펼쳐나가고 있다. 적당한 정도의 재능 하나하나가 큰 도움이 되고 있으며, 이로써 성공의 순간들을 계속해서 쌓아가고 있다.

**무엇을 좋아하고 어떤 가치를 중요시하는지 스스로 알게 해주어라:**
어릴 적 나는 막연히 대학 입시만을 바라봤고 원하던 대학에 들어갔다. 그리고 그다음엔 당연한 수순으로 사법시험을 준비했다. 하지만 시험을 준비하면서 이 길이 나와 맞지 않는다는 것을 느꼈다.

그때까지 단 한 번도 다른 길을 생각해본 적이 없었다. 내가 무엇을 좋아하는지도 몰랐다. 그렇게 새로운 길로 들어서기까지 15년이 걸렸다. 만약 조금 더 어릴 때 진정으로 좋아하는 것이 무엇인지를 알고 새로운 길로 들어섰더라면 방황하는 시간을 훨씬 줄일 수 있었을 것이다. 주변의 가치에 이끌려 맹목적으로 앞만 보다가 막다른 길에 가로막혀 길을 헤매는 청춘들이 지금도 너무나 많다.

**좋은 학원이 아니라 좋은 집을 마련해주어라**: 앞에서 말한 것처럼 좋은 학원과 좋은 학군에 간다고 하더라도 집이 안정되지 못하면 아이는 제대로 된 결과를 이루어낼 수 없다. 운이 없는 아이에게는 실력을 쌓을 기회조차 생기지 않는 것이 좋은 집을 선택하지 못한 부모의 대가라고 할 수 있다.

편히 잠자고 안정감을 느낄 수 있는 공간, 가족들이 모두 잘되어서 마음의 여유를 찾을 수 있는 공간을 마련하는 것이 아이에게 줄 수 있는 가장 큰 선물이다.

**돈 버는 법을 공부시켜라**: 돈에 대한 금기가 예전보다 많이 옅어졌다. 명예로움의 의미도 많이 사라지고 있다. 결국 자녀가 경제적으로 궁핍하지 않고 부족함 없이 살아가도록 하는 것이 대부분의 부모들이 원하는 것이다. 그리고 그 본질은 '돈'이다.

돈을 공부하는 것은 돈을 만들어내는 방법을 스스로 알아가는 것이다. 그리고 앞에서도 이야기한 것처럼 돈을 가져다주는 사람에 대한 연구도 동반되기 때문에 자본주의 사회에서 돈을 버는 것은 복합적인 능력이라고 할 수 있다.

**글을 읽고 쓰는 능력을 길러주어라**: 챗GPT뿐 아니라 딥러닝을 하는 수많은 인공지능(AI)들은 모두 텍스트를 읽고 공부해서 새로운 텍스트를 생산해내는 과정을 거친다. 놀랍게도 이 세상을 바꾼 수많은 기술과 아이디어들은 읽고 쓰는 이 과정을 거쳤을 뿐이다.

그렇다면 조금이라도 긴 문장을 읽지 않으려는 아이들은 더 많은 돈을 벌지 않겠다는 의지를 표출하는 것과도 같다고 생각해볼 수 있다. 그러니 어떤 상황이든 돈을 많이 벌고 잘살 수 있는 아이로 키우고 싶다면, 많은 책을 읽히고 자기 생각을 글자로 표현할 수 있는 능력을 길러주도록 하자.

# 죽어서도 이어지는
# 인연

잘되면 내 탓, 안되면 조상 탓만 하지 말고,
잘될 때는 내가 잘나서뿐만 아니라
내가 잘날 수 있게 해주신 분들의 존재를 잊지 않았으면 한다.

## 죽으면 끝인가?

돌아가신 부모, 그리고 그 부모의 부모에 대한 이야기를 해보려 한다. 풍수지리를 통해 한 사람의 전체 운을 봤을 때 음택풍수, 즉 묘와 관련된 풍수가 가장 큰 영향을 미친다. 수많은 정치인과 재벌이 조상님을 모실 좋은 자리를 찾기 위해 노력하는 것은 바로 이 사실 때문이다.

　단지 그 사람들이 돈이 많아서 그렇게 하는 거라고 생각할 수도 있다. 하지만 풍수의 일선에서 느낀 바로는 전혀 그렇지 않다. 보통 사람들이 그렇게 하지 않는 이유는 그들만큼 돈이 없어서가 아니라, 그들만큼 그 중요성을 체감하지 못했기 때문이다.

음택에 대해서는 더 깊은 이야기를 생략하겠다. 다만 풍수라는 것이 단지 집 안에서 물건을 어떤 방향으로 옮기고 벽지 색을 어떻게 하는지가 전부라 생각한다면, 잘못된 생각임을 알려주고 싶다.

묘를 떠나서라도, 돌아가신 부모님과 조상님을 통해 우리는 많은 운을 받게 된다. 음택과 관련된 컨설팅을 하게 되면 신비로운 일이 정말로 많이 일어난다. 한번은 영주에 사시는 50대 남성분이 연락을 주셨다. 친척들과의 다툼 때문에 10여 년 전에 모신 아버지의 산소를 옮겨야 할지 고민이 되어 음택 감정을 신청하셨다.

현장에서 감정을 한 뒤 의뢰인은 전날 밤 어머님께서 꾼 꿈 이야기를 들려주셨다. 꿈에서 소 떼가 나타나서 어머니를 막 괴롭히는데, 아버지가 갑자기 나타나셔서 무심한 얼굴로 소 떼를 몰고 떠났다는 것이다. 보통 꿈에서 소가 나타나면, 조상님으로 해몽하는 경우가 많다.

어머님의 꿈은 아버지가 좋은 자리로 가게 될 것을 예지한 것이었을까? 의뢰인은 출장 감정을 통해 아버지가 계셨던 자리가 좋지 않은 자리임을 확인했고, 얼마 지나지 않아 우리를 통해 좋은 자리를 마련해 아버지를 편안히 모시게 되었다.

이러한 꿈 이야기도 그렇고, 글자로는 다 옮길 수 없는 오묘한 일들이 참 많다. 내가 말하고 싶은 것은, 돌아가신 부모님이라고 해서 존재 자체가 없어졌거나 인연이 끊어졌다고 생각해서는 안 된다는 것이다.

우리는 체감하지 못하겠지만, 우리가 이 세상에서 이렇게 살아갈 수 있는 것은 알게 모르게 나를 도와주는 운이 모인 덕분이다. 명백히 나쁜 일이 일어나야 할 상황에서 그것을 모면했을 때, 흔히 '조상님이 도왔다'라는 표현을 쓰곤 한다. 잘되면 내 탓, 안되면 조상 탓만 하지 말고, 잘될 때는 내가 잘나서뿐만 아니라 내가 잘날 수 있게 해주신 분들의 존재를 잊지 않았으면 한다.

## 인간의 당연한 도리

운에도 보험이 있다. 운 보험을 드는 방법은 바로 '효도'를 하는 것이다. 『논어』에 보면 이런 구절이 나온다. '부모 자식 간에 봉양을 하는 것은 동물도 똑같다. 동물과 달리 공경하는 마음을 다하여 봉양할 때, 그것이 진정으로 효가 된다.'

풍수지리에서는 특히 효를 강조한다. 뿌리가 튼튼한 나무가 줄기도 굵고 잎도 무성하듯, 인간의 삶도 같은 원리이기 때문이다. 조상님이 없이는 나도 없기 때문에, 나를 이 세상에 있게 해준 조상님에 대한 예의를 다하는 것은 인간으로서의 당연한 도리이며, 내가 잘 살아갈 수 있는 방법이기도 하다.

### 땅의 기운을 받는 조상의 묏자리

* 묘를 모으기 위한 작업이 한창 진행중이다.

요즘 정말 많은 50대 이상의 분들이 흩어진 조상님을 한곳으로 모으거나 납골당에 모시려고 혈안이 되어 있다. 문의 전화도 정말 많이 오는데, 그 이유를 들어보면 모두 똑같다. 앞으로 자손들이 관리하기가 힘들고, 자식들이 이런 고생을 안 했으면 한다는 것이다.

자연의 이치로 보자면 너무나 안타까운 일이다. 내가 살아갈 수 있는 운의 뿌리는 땅의 기운을 받는 조상님으로부터 시작된다. 그 운의 뿌리를 드러내면 당연히 말라 죽게 된다. 자손들이 어떻게 할지는 나중에 자손들이 알아서 할 일이다.

자손들이 고생한다고 하지만, 이것을 한번 생각해봤으면 한다. 요즘 나이를 막론하고 등산이 유행이다. 전국 각지에 좋다는 산은 다 다니면서, 바쁘다는 핑계로 1년에 한 번 조상님을 찾아 뵙는 일이 어렵다고 하는 것이 말이 되는지 말이다.

꼰대 같은 말이지만 현실이 그렇지 않은가. 보이지 않는 우주의 기운을 모아서 잘되려고 하는 '시크릿'을 연구할 시간에, 내 조상님을 한 번이라도 더 생각하고 부모님께 효도를 하는 것이 더 효율적이고 논리적인 선택이다. 그것이 진짜 운을 차곡차곡 잘 쌓아나가는 방법이며, 진정한 한국판 시크릿이다. 운의 네 번째 진실을 기억하며, 운 보험을 잘 실천해나갔으면 한다.

# 친한 사이라도
# 절대 말해서는 안 될 것

**당신 주변에 만나기만 하면 불평불만을 늘어놓고,
자리에 없는 사람을 흉보는 사람이 있는가?
혹은 당신 자신이 그런 사람은 아닐지 한 번쯤 생각해보라.**

## 참을 것인가, 뱉어낼 것인가?

사람들은 가슴이 답답할 때, 억울한 일을 당했을 때, 마음이 지칠 때 주변 사람들을 만나서 이런저런 이야기를 털어놓는다. 털어놓는 행위를 통해 위로를 받고 다시 힘을 얻기 위해서다. 하지만 뱉어내는 것이 일시적으로는 좋을지 모르나 장기적으로는 좋지 않을 수도 있다. 이런 말들은 장기적으로 봤을 때 관계에도 악영향을 미친다.

당신 주변에 만나기만 하면 불평불만을 늘어놓고 자리에 없는 사람을 홍보는 사람이 있는가? 혹은 당신 자신이 그런 사람은 아닐지 한 번쯤 생각해보라. 만약 그런 사람이 내 옆에 있거나 내가 그런 사람이라면 조치를 취해야 한다.

가까운 사이에 한 번쯤 말실수를 할 수도 있고 비밀을 털어놓을 수도 있는 거지, 너무 예민한 것 아닌가 하는 생각이 드는가? 그렇다면 당신의 장기적인 관계는 당신도 모르게 금이 가고 있을 것이다. 나의 답답한 마음도 중요하지만 장기적인 관계를 통해 얻게 되는 신뢰감과 안정감이 더 중요할 때가 많다. 오래도록 곁을 지켜주는 이를 존중하는 마음을 갖고 궁극적으로 나 자신의 격과 운을 높이고자 한다면 다음에 언급하는 것들을 가급적이면 말하지 않도록 하자.

정말로 이야기를 하고 싶고 털어놓고 싶다면, '재물운을 찾아가는 이정표' 공간에 써보라. 글자로 표현해내는 것은 큰 힘이 있다. 마음속에 담아두기만 하면 보이지 않는 그림자는 더욱 커지기만 한다. 그것을 밖으로 꺼내어 실체를 들여다보면 실상 아무것도 아닐 확률이 크다.

## 친한 사이라도 절대 말해서는 안 될 것

**가족의 흠**: 가장 좋지 않은 말은 가족을 홍보는 말이다. 앞에서 액자 중에서도 가장 좋은 액자는 가족사진이라고 했다. 나와 같은 기

운을 가진 가족의 모습이 담겨 있기 때문이다. 이와 같은 맥락이다. 말은 눈에 보이지 않지만 그 에너지와 파장, 기운은 울림으로 전달된다.

물론 부모나 형제, 부부 사이에 문제가 있어 친한 사람에게 고민을 털어놓을 수는 있다. 조언을 구하고자 하는 마음에서 답답한 마음을 털어내고 해답을 찾고자 하는 것은 현명한 판단이다. 하지만 감정을 담아 지나칠 정도로 가족에 대한 욕을 하고, 듣는 상대가 느끼기에도 지나치다 싶을 만한 것이라면 자제해야 한다. 그런 말은 가족의 문제를 해결해주지 못할뿐더러, 그 말을 듣는 사람과의 사이도 멀어지게 할 것이다.

누군가가 당신의 옆에 다가와 아주 신랄하게 가족에 대한 욕을 했다고 생각해보자. 그 사람이 어떻게 보이는가? 그 사람이 혹시 당신은 아닌가?

**돈**: 질투는 인간의 본능이다. 누군가가 나보다 더 좋은 것을 가졌거나 더 많이 가진 것을 보면 당연히 질투가 난다. 그런데 그 본능적인 감정을 내가 말을 함으로써 굳이 상대방에게 질투를 유발시킬 필요는 없다.

돈을 자랑할 만큼 얻게 되었다는 것은 그간의 일이 잘되었음을 뜻한다. 모든 좋은 일에는 나쁜 일이 뒤따른다는 것을 운의 진실을 통해 충분히 이해하고 있을 것이다. 그렇다면 가능한 한 돈 자랑은 지나치게 하지 않는 것이 현명하다.

물론 자랑하고 싶을 것이다. 어떻게든 드러내고 싶다면, 차라리 익명의 SNS를 만들어 신분을 노출하지 않은 채 게시물을 올려라. 돈이 있는 것을 자랑하게 되면, 언젠가 그 말을 들은 사람이 나에게 돈을 빌리러 올 수도 있다. 그럴 때 돈을 자랑했던 것처럼 당당하게 내줄 수 있을지 잘 판단해보라.

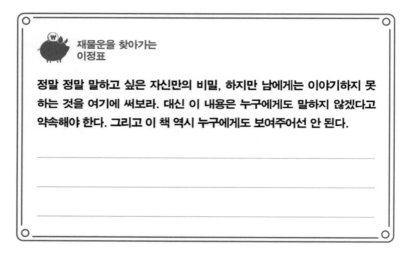

재물운을 찾아가는
이정표

정말 정말 말하고 싶은 자신만의 비밀, 하지만 남에게는 이야기하지 못하는 것을 여기에 써보라. 대신 이 내용은 누구에게도 말하지 않겠다고 약속해야 한다. 그리고 이 책 역시 누구에게도 보여주어선 안 된다.

3장

# A에게 주고,
# B에게 받는 기쁨

내가 누군가를 위해 들인 노력은 모두 나의 좋은 운으로 쌓인다.
우리가 알아야 할 것은 이때 쌓인 좋은 운은
꼭 같은 사람을 통해 돌려받는 것이 아니라는 사실이다.

## 꼭 같은 사람에게 돌려받는 것은 아니다

사람과 관계를 맺다 보면 고마운 일도 있고 서운한 일도 있다. 당신이 평소 친구 A의 부탁을 잘 들어주고 A를 위해 많은 시간과 돈을 썼다고 생각해보자. 그런데 정작 나에게 도움이 필요할 때 A가 외면했다면? 그러면 자연스럽게 친구 A와 거리가 멀어질 것이다.

대부분의 사람들이 이런 과정을 거치면서 관계의 폭이 점점 좁아진다. A에게 잘해준 것을 A에게 다 받으려 하면 저절로 섭섭한 일이 생기게 된다. 좋은 관계를 계속해서 쌓아가는 비결은 그 사람에게 준 것을 그대로 되돌려 받고자 하는 마음을 내려놓는 것이다.

내가 누군가를 위해 들인 노력은 모두 나의 좋은 운으로 쌓인다. 우리가 알아야 할 것은 이때 쌓인 좋은 운은 꼭 같은 사람을 통해 돌려받는 것이 아니라는 사실이다. 생각지도 못했던 친구 B가 나의 어려움을 해결해줄지도 모른다는 것이다.


## 사람에 대한 순수한 마음으로 쌓는 운

보통 축의금이나 생일선물을 주는 상황에서 이런 일이 자주 벌어진다. 나는 친구에게 축의금으로 10만 원을 줬는데 그 친구는 내 결혼식 때 5만 원을 냈다면? 그 관계는 5만 원 한 장 때문에 깨지게 된다. 아마 당신도 다르지 않을 확률이 크다.

5만 원 한 장 때문에 관계가 깨진다는 것이 너무 허무하지 않은가? 단돈 5만 원이 문제가 아니라 그렇게 낸 친구가 잘못이라고 말하고 싶은가? 그렇다면 당신은 다른 사람들에게 모두 똑같이 축의금을 냈는지 생각해보라. 분명 아닐 것이다. 심지어 축의금을 내는 것을 잊어버린 사람도 있을 것이다.

나는 이렇게 단돈 몇만 원으로 사이가 틀어진다는 사실을 알고, 그렇게 하지 않겠다고 마음먹었다. 하루는 고등학교 동창을 우연히

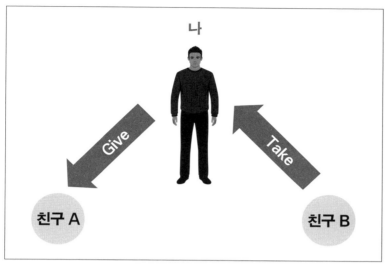

사심 없는 호의

나

Give

Take

친구 A

친구 B

\* A에게 준 나의 순수한 마음은 생각하지도 못했던 B에게 돌려받게 된다.

만나 같이 술 한잔을 했다. 이런저런 이야기를 하다가 다른 동창 하나가 수개월 전에 결혼했다는 이야기를 들었다. 친구에게 연락처가 있어서 그 자리에서 바로 통화를 하게 되었고, 그날 나는 동창에게 바로 축의금 10만 원을 송금했다. 그 10만 원 덕분에 10여 년 이상 연락이 끊겼던 친구와 다시 좋은 인연을 맺게 되었고, 지금도 종종 안부를 묻는 사이가 되었다.

오랜만에 근황을 알게 된 친구가 너무 반가웠고, 순수한 마음으로 축하를 해주고 싶었다. 그래서 아무런 사심 없이 축의금을 보냈다. 이처럼 타인과의 관계 속에서 사심 없는 호의는 두 사람 사이를 끈끈하게 만들어준다. 그리고 두 사람 사이가 아니더라도 또 다른 사람을 통해서 그 호의는 반드시 되돌아온다. 그렇게 나에게 돌아온 호의는 절대 당연한 것이 아님을 기억하자. 운의 열한 번째 진실을 통해 알게 된 것처럼, 당연한 운이 아니라 당신의 노력으로 얻게 된 운이기 때문이다.

이런 마음으로 주변과 관계를 쌓고 사람들을 대하다 보면, 어느새 내 주변에는 많은 사람들이 모여 있게 될 것이다. 어떻게 하면 몇만 원이라도 아껴볼까 고민하는 시간에, 어떻게 하면 그 사람을 진정으로 기뻐하게 할 수 있을까를 고민하라. 그것이 운을 벌고, 돈을 버는 방법이다.

# 사람을
# 돈으로 사는 법

**월급의 몇 퍼센트를 순수하게 타인을 위해 나누는가?
나누는 정도에 따라 당신이 앞으로 벌게 될 운의 크기가 달라지고,
실제로 벌게 될 돈의 크기가 달라질 것이다.**

## 재물운으로 인복을 얻는 법

당신의 주머니로 들어온 돈을 통해 사람과의 귀중한 인연을 살 수 있는 방법이 있다. 그 방법은 바로 기부다. 너무 상투적이라서 별 감흥이 오지 않는다면, 당신의 마음이 메마르고 운의 흐름이 막혀 있는 것이다.

인복이라고 표현했을 뿐 궁극적으로는 인연, 나에게 복을 가져다주는 운을 사는 것이다. 당신이 월급을 받는 사람이라면, 월급의 몇

퍼센트를 순수하게 타인을 위해 나누는가? 나누는 정도에 따라 당신이 앞으로 벌게 될 운의 크기가 달라지고, 실제로 벌게 될 돈의 크기가 달라질 것이다.

나 역시 기부를 시작한 지 오래되지는 않았지만, 월급을 받는 직장인이 되면서부터는 빠뜨리지 않고 꾸준하게 기부를 해오고 있다. 그런 덕분인지는 모르겠으나, 확실히 이전보다 나아지는 경험을 계속해서 하고 있다.

우리가 기부할 수 있는 방법은 여러 가지가 있다. 그리고 기부할 수 있는 대상도 찾아보면 정말 많다. 개인적으로는 자라나는 아이들에게 기부하기를 추천한다. 어린 묘목이 자라나는 데 수액은 큰 도움을 준다. 어린 묘목이 제법 성장해버리고 나면 수액은 의미가 크게 없어진다.

기부를 하는 운의 의미도 비슷하다고 볼 수 있다. 내가 어디에 기부를 하고 누구를 돕든 상관이 없고 모두 다 좋다. 다만 내가 나누는 재물운이 자라나는 아이들에게 보다 더 큰 의미로 다가갈 수 있다는 것이다.

나에게 들어온 돈을 순환시키고, 더 큰 운을 만들어내도록 하는 방법이 바로 기부다. 지금부터 기부를 하면서 더 크게 운을 받을 수 있는 방법들에 관해 구체적으로 이야기해보겠다.

# 인복을 쌓는 세부적인 기부 방법

**매일 하고, 자주 하라**: 자연재해나 큰 사고가 있을 때 연예인들이 작게는 몇백만 원에서 크게는 몇억 원까지 기부했다는 기사를 종종 볼 수 있다. 큰돈을 낼 수 있는 능력을 갖는 것도, 큰돈을 기부하겠다는 마음을 먹는 것도 정말 쉽지 않은 일이다.

대부분의 보통 사람은 그렇게 큰 금액을 한 번에 기부하기 어렵다. 그리고 꼭 금액이 커야만 정성이 큰 것도 아니다. 우리는 우리가 할 수 있는 범위 내에서 하면 된다. 기부를 하는 것은 나의 것을 타인을 위해 나눈다는 의미이며, 그러한 마음을 매일매일 만들어나갈 때 진정으로 큰 의미가 있다.

매일 기부를 할 수 있는 금액을 한번 설정해보자. 만약 한 달에 3만 원 정도 기부할 의향이 있다면, 매일 1,000원씩 기부하면 된다. 자동이체를 해도 좋고, 나만의 기부통장을 만들어서 매일 입금을 해도 된다. 나도 처음에는 하루에 1,000원씩으로 시작했다. 계좌이체보다는 내 눈으로 직접 보는 것이 의미가 있겠다 싶어 나만의 모금함을 만들었다. 한 달에 한 번씩 3만 원을 1,000원짜리 30장으로 만들어서 매일 아침 일어나자마자 예쁜 봉투에 1,000원을 담아 기부상자에 넣었다.

그렇게 기부를 꾸준히 하다 보니 조금씩 늘리고 싶은 선한 욕심이 생겨났다. 그리고 언제나 나의 소득의 10% 이상은 기부를 하되, 나의 소득 구간을 늘려서 기부액수의 절대적인 크기를 늘려가자고 마음먹게 되었다. 그러다 보니 매일 1,000원을 기부한 지 4년이 지난 지금은 수십 배 혹은 그 이상의 금액을 기부하면서 하루를 시작하고 있다.

지금 당장 당신도 시작할 수 있다. 1,000원이 싫다면 하루 100원이라도 상관없다. 꾸준히 하는 데 의미가 있다.

**잘 쓸 수 있는 이에게 주어라:** 기부도 현명하게 해야 한다. 마음만 좋게 먹는다고 다가 아니다. 이왕이면 더 의미 있게 돈이 쓰일 수 있는 곳을 찾는 것이 중요하다. 남들에게 인색해서 한 푼이라도 아끼려는 노력을 이런 쪽으로 돌려야 한다.

따뜻한 도움이 필요한 곳들이 세상에는 생각보다 참 많다. 나도 처음에는 어디에 기부를 해야 할지 잘 몰랐기에 광고에서 많이 보던 큰 단체들 위주로 기부를 시작했다. 그러면서 차츰차츰 주변에 알려지지 않은 작은 단체, 광고도 하기 어려운 곳들을 하나씩 알아가게 되었다.

마치 금광을 캐러 다니는 기분으로 지금도 조금이라도 나의 마음을 나눌 수 있는 곳이 없는지 알아보고 있다. 어차피 주식이든 코인이든 그것을 통해 돈을 벌기는 어렵다. 괜히 투자해서 돈 날리지 말고, 내 운을 투자할 수 있는 곳을 찾아보자.

**나누었으면 생각하지 마라**: 그렇게 현명하게 잘 판단해 기부를 했다면, 그 이후에는 기부했다는 마음에 얽매여 생색을 내서는 안 된다. 그렇게 되는 순간, 그것은 더 많은 운을 위해 투자한 것이 아니게 된다. 나의 자존감을 높이기 위해서 돈을 소비한 것에 지나지 않는 것이다.

만약 내가 잘못 판단해 올바르게 돈이 사용되지 못할 곳에 기부했다고 해도 안타까워할 필요는 없다. 돈을 잘못 사용한 운의 죄는 그 사람들이 받게 될 뿐, 당신이 좋은 마음을 내었다는 사실에는 변함이 없기 때문이다.

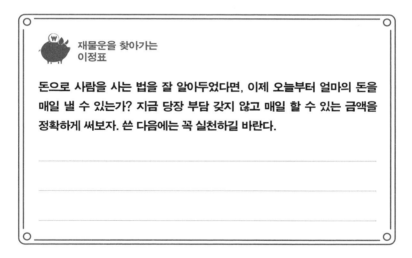

재물운을 찾아가는 이정표

돈으로 사람을 사는 법을 잘 알아두었다면, 이제 오늘부터 얼마의 돈을 매일 낼 수 있는가? 지금 당장 부담 갖지 않고 매일 할 수 있는 금액을 정확하게 써보자. 쓴 다음에는 꼭 실천하길 바란다.

# 주변 사람을 귀인으로 만들고, 스스로 귀인이 돼라

**주변을 한번 돌아보라. 분명 당신의 귀인이 숨어 있을 것이다.**
**그렇게 보자면, 귀인이라는 존재의 발견은**
**불현듯 나타나는 것이라기보다는 불현듯 깨닫게 되는 것일지도 모른다.**

## 인생의 귀인을 찾아서

고등학교 문학 시간에 영웅신화의 스토리 단계에 대해 배운 적이 있다. 한 영웅이 탄생하기 위해서는 항상 어려움에 처한 다음 갑자기 귀인을 만나는 단계를 거친다. 영웅신화에만 그런 스토리가 있는 것이 아니다. 사람이 살아갈 때 인생에 꼭 한 번은 그런 귀인이 나타난다. 그러한 귀인은 나의 배우자나 가족일 수 있고, 전혀 생각지 못한 우연히 만난 사람일 수 있다. 그리고 꼭 사람이 아니더라도 책 한 권,

문장 한 줄, 영상 하나가 내 삶을 바꿔놓는 귀인이 될 수 있다.

나는 3년 전부터 첫 번째 유튜브 채널인 〈천성조 명품풍수〉를 개설해서 운영하고 있고, 1년 전부터는 〈머찌동의 머찐공간〉이라는 유튜브 채널을 개설해 거의 매일 영상을 업로드하고 있다. 풍수에 대한 내용과 더불어, 인간관계, 생활습관, 마음가짐 등 자기계발과 관련된 내용을 함께 이야기한다. 사실 처음 〈머찌동의 머찐공간〉을 만든 의도는 회사를 홍보하기 위해서였다. 지금도 홍보를 곁들여서 영상을 제작하고 있지만, 지금은 처음의 개설 의도와는 완전히 다른 마음으로 채널을 운영하게 되었다.

매일매일 사람들이 진정으로 공감할 수 있고 삶에 현실적인 도움이 될 수 있는 방법들을 연구해 영상을 올리다 보니 감사의 댓글이 조금씩 달리기 시작했고 이제는 나의 영상과 책, 강의를 통해 인생이 달라졌다고 말씀하시는 분들도 제법 많아졌다. 영상에서 가끔 이런 이야기를 한다. "이 영상이 여러분들의 삶에 귀인이 되어줄 것입니다." 말처럼 진짜 그렇게 되고 있는 것이다. 좋은 마음이 바탕이 되어서인지는 몰라도 〈머찌동의 머찐공간〉 채널을 운영한 지 1년 만에 10만 명의 구독자가 모이게 되었다.

좋은 마음으로 영상을 제작하고, 단 한 사람이라도 나의 영상을 의미 있게 봐준다면 서로 귀인이 되는 것이다. 나는 그렇게 한 번의 마음을 내어 영상을 만들지만, 그 마음은 10만 명의 감사 인사로 돌아온다. 운에 있어서만큼은 나만큼 수익률이 좋은 사람도 없을 것이다.

# 당신의 귀인은 어디에 있나?

귀인에 대해 이야기하자니 한 가지 떠오르는 말이 있다. 바로 '역행보살(逆行菩薩)'이라는 말이다. 나에게 깨달음을 주기 위해 일부러 잘못된 행동을 보이는 사람을 뜻한다.

사실 살다 보면, 주변에 역행보살들이 참 많다. 나에게 아픔을 주고 지울 수 없는 상처를 남긴 사람들이 모두 역행보살이다. 나에게 가르침을 준 역행보살들을 많이 떠올리면서 치욕스럽기도 했고 분노하기도 했지만, 지금에 와서는 참으로 감사한 존재들이다.

지금 당신을 지독하게 괴롭히는 누군가가 있는가? 거기에서 도저히 벗어나지 못하겠다면, 그를 역행보살이라 생각하자. 수많은 경험을 통해 지혜를 얻어 더 나은 사람이 되는 것처럼, 당신이 겪은 역행보살의 숫자가 많아질수록 당신이 앞으로 살아가게 될 삶의 깊이는 더욱 깊어지게 된다. 그리고 때가 되면 역행보살들이 당신의 삶에 진정한 귀인이었음을 깨닫고 미소 짓게 될 것이다.

내 인생의 귀인은 다름 아닌 아버지다. 내가 이렇게 책을 쓸 수 있게 된 것은 모두 아버지의 가르침 덕분이다. 그분을 통해 풍수지리를 배우고, 풍수로 세상을 바라보는 법을 배워나가고 있다. 이런 귀인을 알아보기까지 꽤 오랜 시간이 걸렸다. 나 자신에 대해 조금 더 빨리 깨닫고 삶의 계획을 세웠다면 지금보다 더 빠르게, 더 많이 성장했을 것이다.

당신도 주변을 한번 돌아봤으면 좋겠다. 분명 당신의 귀인이 숨어 있을 것이다. 그렇게 보자면, 귀인이라는 존재의 발견은 불현듯 나타나는 것이라기보다는 불현듯 깨닫게 되는 것일지도 모른다.

모든 사람들이 누군가에게 귀인이 될 수 있는 노력을 했으면 하는 바람을 가져본다. 다른 사람에게 힘을 주는 사람이 될 수 있게 나 자신의 내적인 실력과 외적인 실력을 기르면서 스스로 격을 높이고, 이것을 지켜본 다른 사람이 또 힘을 얻어서 더 나은 사람이 되고자 하는 선순환을 이루는 것. 이것이 모두의 운을 높이는 길이다.

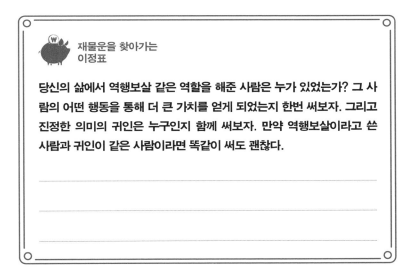

**재물운을 찾아가는 이정표**

당신의 삶에서 역행보살 같은 역할을 해준 사람은 누가 있었는가? 그 사람의 어떤 행동을 통해 더 큰 가치를 얻게 되었는지 한번 써보자. 그리고 진정한 의미의 귀인은 누구인지 함께 써보자. 만약 역행보살이라고 쓴 사람과 귀인이 같은 사람이라면 똑같이 써도 괜찮다.

**CHAPTER 3 Summary**

# 사람 운

- 재물운과 돈을 가져다주는 것은 사람이다. 그러니 돈을 가져다주는 사람의 수를 늘리거나, 나에게 돈을 가져다주는 양을 늘리기 위해 노력해야 한다.
- 인복을 쌓는다는 것은 새로운 인연을 만드는 것과 같다. 수입이 들어오는 파이프라인을 늘려가는 것으로 생각해도 좋다. 인복을 쌓기 위한 방법을 적극적으로 실천하자.
- 내가 좋은 사람이 되기 위해 주변에도 좋은 사람을 두는 것이 좋다. 그중에서도 무조건 칭찬하지 않는 사람, 난관을 겪어본 사람, 지금도 성장하고 있는 사람, 한 분야의 최고가 된 사람 등은 반드시 나에게 큰 복이 될 사람들이다.
- 타인을 고치려는 마음은 버리자. 좋지 않은 사람은 피하는 것이 현명하다.
- 부부의 연을 맺는 것은 내 인생을 바꾸는 관계 운 중 하나다. 부부가 되어서 좋은 관계를 유지한다면 더없이 풍족한 삶을 살 수 있다. 나의 운과 가장 닮은 부부 사이에서 서로 이기려 하는 것만큼 어리석은 일도 없다.
- 아무리 가족이라 하더라도, 스스로 힘을 길러야 좋은 관계를 유지할 수 있다.
- 돌아가신 부모님과 우리 조상님만큼 나에게 강한 에너지를 전달하는 존재도 없다. 우주의 기운을 끌어당길 시간에, 부모님과 조상님의 운을 조금이라도 더 받도록 노력하자.

- 아무리 가까운 사이라 하더라도, 나의 모든 이야기를 들어주고 이해해줄 것이라는 생각은 버리자.
- 만약 A에게 좋은 운을 전해주고 돌려받지 못한다고 하더라도 속상해할 필요는 없다. 곧 다른 사람이 나에게 좋은 운을 가져다줄 것이다. 그러니 받지 못한 것에 속상해하지 말고, 얼마나 더 베풀어갈지 생각하는 것이 현명하다.
- 일상 속에서의 작은 기부를 실천하는 것이 돈으로 인복을 쌓는 법이다. 큰돈을 한 번에 내는 것이 중요한 것이 아니라, 적은 돈이라도 매일매일 실천하고 마음을 내는 것이 중요하다.
- 귀인을 찾기 전에 내가 다른 사람에게 귀인이 될 수 있는 방법을 연구하라. 그것이 좋은 운을 가져다주는 사람을 얻는 가장 빠른 방법일 수 있다.

지금까지 우리가 만들어놓은 운의 공간 속에서 사람들과의 관계를 통해 쌓을 수 있는 운에 대해 알아보았다. 이번 장과 다음 장에서는 나에 대해 알아보기로 한다. 나와 관련된 운 이야기는 외적인 것과 내적인 것으로 나뉜다. 내적인 것과 외적인 것으로 나누는 것이 조금 작위적이기는 하지만 내용상 적절한 구분이 필요하기 때문에 두 장으로 분류했다.

사실 가장 중요한 것은 나의 내적인 부분이지만 나라는 존재가 있기까지 주변에서부터 탐색해 들어오는 과정이 필요하기 때문에 운의 진실을 탐색하고 공간 운과 관계 운을 살펴본 것이다.

이번 장에서는 나의 외적인 부분에 대한 이야기이기 때문에 좀 더 실질적이고 쉽게 와닿는 내용들이 많이 있다. 여러 행동과 말, 돈에 관한 이야기이니 놓치지 말고 잘 이해하길 바란다.

# 나의 운(외양)

## 행동과 습관만 바꿔어도 재물운이 상승한다

# 내가 만들 수 있는
# 가장 쉽고 중요한 운

나 자신과의 약속을 지키는 것은 운을 쌓아나가는 중요한 방법 중 하나다.
만약 타인을 향한 분노의 총구가 있다면 방향을 바꾸어
나 자신에게 겨누는 것이 현명한 결정이다.

## 내 인생의 가장 큰 걸림돌

예전에 어떤 분이 나에게 이런 질문을 한 적이 있다. 대학 다니면서
주변에 힘들게 하는 사람은 없냐고. 나는 주저하지 않고 없다고 말
했다. 나 때문에 힘들지, 다른 사람 때문에 힘들지는 않다고 바로 대
답했다. 20대 초반에 나눈 대화였는데 왜 지금까지 기억이 나는지는
잘 모르겠지만, 제법 성숙한 답변이었던 것 같다.

　나는 매일 아침 그날의 계획을 세운다. 그리고 그 계획이 매일 무

너지는 과정을 반복한다. 그러면서 나 자신을 관리하는 일은 너무 어렵다는 사실을 깨닫는다.

나의 부끄러운 습관 중 하나를 밝혀볼까 한다. 초등학교 6학년 때 문제집을 풀어오는 숙제가 있었다. 3권을 풀어오는 것이었는데 숙제를 다 해오는 친구는 거의 없었다. 나는 3권을 당당히 풀어서 제출했다. 하지만 선생님께서 3권을 풀어오라고 한 것은 단순히 문제를 풀기만 하는 게 아니라 틀린 것을 확인해 학습해오라는 것이었다. 나는 그저 문제를 풀고 채점을 하는 단순 작업만 빠르게 했을 뿐이었다.

13세 때의 이러한 나의 습관 혹은 습성은 23세 때도 반복되었고, 33세 때도 반복되었다. 23세 때 사법시험을 공부하면서는 머릿속에 집어넣는 것이 싫어 문제집만 풀었다. 33세 때 직장에 다니면서는 가끔 그런 습관이 나타나는 것을 보고 스스로 놀라서 정신을 차린 적도 있었다. 이처럼 자기 습관을 이겨내고 계획한 대로 자신을 통제해나가는 일은 참으로 어렵다.

예전에 우연히 들른 사찰 화장실에 이런 문구가 붙어 있었다. "나 자신을 이기는 사람에게는 그 누구도 대적할 자가 없다." 깊이 공감하는 말이다. 나의 인생을 허비하고 나를 불행하게 하는 것은 그 누구도 아닌 나 자신이다.

그런 의미에서 나라는 사람의 활용법을 깨닫고 잘 통제한다면 누구보다 빨리 성공할 수 있다. 나 자신과의 약속을 지키는 것은 운을 쌓아나가는 중요한 방법 중 하나다. 만약 타인을 향한 분노의 총구가 있다면 방향을 바꾸어 나 자신에게 겨누는 것이 현명한 결정인 것이다.

나를 가난하게 만들고 나약하게 만드는 기존의 나 자신을 향해 총을 겨누고 이기기 위해 노력하라. 나 자신의 성장을 방해하는 기존의 나를 이기기 위해서는 다음의 3가지 영역을 관리해야 한다. 지금부터 하나씩 살펴보자.

## 나를 이기는 관리법

✳

**몸 관리**: 몸은 곧 마음과 연결되어 있다. 몸의 병이 곧 마음의 병이란 말이 있다. 오랫동안 몸이 아팠던 사람이 좋은 마음을 내기란 참으로 어려운 일이다. 당장 손톱 밑에 가시가 박혔다고 생각해보라. 바로 미간이 찌푸려질 것이다. 지속되는 통증이 사람을 신경질적으로 만들고 예민하게 한다. 부드럽게 넘어갈 수 있는 일이 잘 없고 모든 것이 짜증스러워 불필요한 신경 소모로 시간을 허비하게 된다. 몸이 아프기 때문에 더 많은 일을 해낼 수 없고, 건전한 생각과 아이디어가 솟아날 여지도 없다. 단순히 타인에게 잘 보이는 것부터 해서 피부 안의 육체까지도 잘 관리해야 하는 이유가 여기에 있다. 하버드대학교 출신의 학생들은 다른 보통의 대학생들보다 훨씬 체력이 좋다는 연구 결과를 본 적이 있다. 가끔 살다 보면 어쩜 저렇게

다 가졌을까 싶은 사람들이 있다. 그런 사람들을 자세히 들여다보면 단순히 공부 머리를 넘어 삶 자체를 잘 관리하고 경영할 줄 아는 지혜가 있기 때문에 체력 또한 다른 사람들보다 뛰어나다.

그렇다면 타고난 외모는 어떨까? 사람의 생김새는 천차만별이다. 하지만 열심히 운동을 하고 스스로를 잘 관리해 자신과의 싸움에서 승률이 높은 사람은 언제나 자신감에 차 있다. 그렇기 때문에 잘생기거나 예쁜 외모는 아니라 할지라도 사람을 끌어당기는 매력이 뿜어져 나오는 것이다.

누군가가 나에게 관심을 갖게 하는 것은 모두 '운'이다. 한순간도 가만히 있지 않는 운의 진실처럼, 사람들의 마음은 한순간도 가만히 있지 않는다. 그런 와중에 나라는 사람에게 눈길을 한 번이라도 더 주게 되는 것. 그렇게 나 자신이 타인의 운을 받아 더 특별해지는 것이다. 단, 이상한 방식으로 주목받는 것은 좋은 운이 아니라 '불운'이 쌓이는 것임을 이해하라.

**시간 관리**: 풍수 컨설팅을 통해 의뢰인들이 얻는 것은 미래의 불운의 요소와 시행착오를 줄이고 새로운 기회를 펼칠 수 있는 시간이다. 늘 주어지니까 당연한 것이라 생각할 수 있지만, 생사가 갈리는 순간을 늘 가까이에서 접하다 보니 살아 있는 것만으로도 특별한 기회를 부여받은 것임을 체감하게 된다. 이 역시 풍수를 통해, 그리고 공간과 시간 속에서 살아가는 사람들의 삶을 보면서 깨달은 것이다. 살면서 겪어나갈 큰 시행착오를 줄이기 위해서는 내가 살 공간이 어

떠한지를 잘 알아야 한다. 그와 더불어 나에게 주어지는 매일의 시간을 잘 경영해나가는 것이 너무나 중요하다.

시간 관리를 잘 한다는 것은 나 자신을 나의 의지와 가치대로 운용할 수 있다는 것을 의미한다. 혼자 있을 때는 몰랐지만, 회사를 차리고 직원들이 들어오면서부터 시간 관리의 중요성을 절실하게 느끼고 있다. 나의 시간이 온전히 나만의 시간이 아니라는 사실을 알아야 한다. 물론 모든 시간을 압박감 속에서 살아야 하는 것은 아니지만, 가진 것이 많아질수록 주변과 얽혀서 관리해야 할 것들이 당연히 늘어나게 되어 있다.

시간 관리에 대한 과목을 초등학교 정규 교육 과정으로 개설을 했다면, 아마 우리나라의 미래는 더욱 밝아졌을 것이다. 시간 관리는 직접적인 돈이며 운이라는 사실을 명심하라. 이에 대해서는 뒤에서 더 자세히 다루도록 하겠다.

**돈 관리**: 돈 이야기를 꺼내면, 아마 이런 생각이 가장 먼저 들 것이다. '돈을 얼마나 벌길래 그렇게 이야기할 수 있을까?' 그렇다. 분명 나보다 더 많이 가진 사람, 아무렇게나 살아도 부자로 살고 있는 사람들도 참 많다. 하지만 적절한 비교는 아니라고 생각한다.

극단적으로 생각해서 누군가가 타인의 돈을 훔쳐서 잘살고 있다면, 우리가 그것을 부러워하는 게 맞을까? 타인이 가지고 있는 큰 부의 일면을 보고 부러움을 느낀다면, 훔친 돈으로 잘살고 있는 사람을 부러워하는 것과 비슷한 맥락이라고 이야기할 수 있다.

그렇기 때문에 내가 돈 이야기를 할 수 있는 것이다. 우리가 보고 듣고 접하고 있는 것은 돈을 많이 가졌거나 가진 것처럼 보이는 사람들의 단면일 뿐이다.

한 사람의 일생이 오르내리는 경우를 반복해서 접하다 보니, 삶의 하향곡선으로 들어선 사람들에게서 보이는 공통점을 몇 가지 찾게 되었다. 자세한 내용은 뒤에서 하겠지만, 지금 우리가 살고 있는 시점에서 돈을 잘 관리할 수 있다는 것은 인생의 전반적인 관리 능력을 제대로 갖추었음을 의미한다.

돈을 잘 관리하는 것이 단순히 돈을 잘 번다는 의미가 아님을 기억하자. 얼마를 벌든, 나에게 들어온 돈을 잘 쓰고 잘 모으고 잘 활용해 지금보다 풍족한 삶으로 진입할 줄 아는 능력을 바탕으로 돈 관리 능력을 평가할 수 있는 것이다.

대부분의 사람들은 돈을 너무나 좋아하면서도, 누군가가 돈 이야기를 많이 하면 돈을 밝힌다고 비난한다. 그런 태도는 단지 그만큼 가지지 못한 데서 나오는 질투심일 뿐 공정한 평가가 아니다.

아무리 돈을 많이 벌더라도 돈을 관리하는 능력이 없다면, 돈은 그 사람을 떠나게 되어 있다. 그러니 돈에 대해 솔직하게 받아들이고 돈을 잘 관리해, 돈에 얽매이지 않고 살아갈 수 있는 자유를 얻는 것이 우리가 나아가야 할 지향점이다.

운에 대한 이야기를 하나 덧붙이자면, 운은 보통 여러 종류로 나뉘어서 생각된다. 사업운, 재물운, 애정운, 취업운, 학업운 등. 하지만 한 사람의 삶을 놓고 볼 때, 그 사람의 모든 운은 유기적으로 연결되어 있다. 돈을 잘 벌면, 사업이 잘되고, 사업이 잘되면서 가족운이 좋아진다. 반대로 돈을 벌다 보니 건강을 잃는 경우도 많고, 가족 사이가 와해되는 경우도 있다. 이 관계들을 잘 이해하고 운용할 수 있을 때, 모든 운들이 함께 좋아질 수 있다. 돈을 잘 관리하는 것이 곧 운을 잘 관리하고 질 높은 사람이 되는 길임을 기억하자.

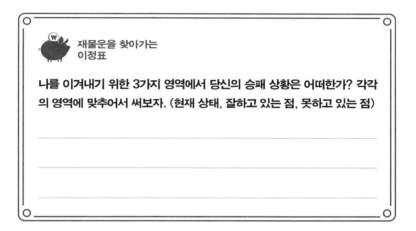

재물운을 찾아가는
이정표

**나를 이겨내기 위한 3가지 영역에서 당신의 승패 상황은 어떠한가? 각각의 영역에 맞추어서 써보자. (현재 상태, 잘하고 있는 점, 못하고 있는 점)**

# 관상, 체상, 심상

언제나 밝게 빛날 수 있는 마음과 생각으로 나의 시간을 채우자.
그것이 곧 운을 부르는 얼굴,
누가 봐도 매력적인 얼굴을 갖는 길이다.

## 운을 부르는 얼굴

유튜브 댓글을 보면, 가끔 나의 관상이 좋다고 이야기하시는 분들이
있다. 참으로 감사한 말씀이다. 어릴 때부터 인상이 좋다는 말을 많
이 들었다. 이런 나조차 웃지 않고 가만히 있으면 무섭다는 말을 자
주 듣는다. 예전에 나를 괴롭히던 직장 상사가 집중하는 내 얼굴을
보고 트집을 잡기도 했고, 지금 직원들도 가끔 내가 무표정으로 일
하고 있는 것을 보면 말을 걸기가 무섭다고 한다.

각자 타고난 '꼴'이 있다. 그 꼴이 다른 이에게 어떻게 보여질지는 나에게 달렸다. 40세가 넘으면 자신의 얼굴에 책임을 져야 한다는 말이 있다. 이처럼 한 사람의 얼굴은 그 사람의 지나온 마음의 세월을 드러내준다.

현장에서 마주하는 사람들의 얼굴과 그 사람이 지나온 세월의 이야기를 들어보면, 제법 맞아떨어지는 경우가 많다. 얼굴을 가지고 평가하는 것이냐고? 아니다. 평가가 아니라 보이는 것일 뿐이다.

내가 지내온 세월의 흔적과 지금 나의 마음 상태를 반영한 것이 지금의 내 얼굴이다. 관상학을 연구해 그에 맞게 뜯어고칠 것이 아니라, 타인에게 좋은 모습으로 보여지도록 나의 마음과 생활을 잘

**뒷자리를 찾는 이론을 얼굴에 비유한 혈장오악**

\* 조화로운 얼굴은 명당의 원리와 닮았다.

관리해나가는 것이 진정으로 관상을 좋게 하는 방법이다.

관상 이야기가 나왔으니 한 가지만 이야기를 해보자면, 관상학에서는 보통 입술 끝이 올라간 것을 좋다고 칭한다. 입술 끝을 올리기 위해 시술을 받을 필요는 없다. 자주 웃고 있으면, 입술 끝은 저절로 올라간다. 음택(묘) 풍수에서는 묘자리 명당의 요건을 얼굴에 비유하는데, 이를 '혈장오악(穴場伍嶽)'이라고 한다. 얼굴로 봤을 때, 시신을 눕히는 자리가 코라고 한다면, 코를 중심으로 해 기(氣)가 이마를 통해 내려와 코에서 뭉쳐주고, 코에서 뭉친 기운이 양 옆으로 흩어지지 않도록 양볼이 잘 받쳐주며, 뭉친 기운이 아래로 쑥 빠져 내려가지 않도록 입술이 잘 받쳐주어야 한다.

이 내용을 모두 이해할 필요는 없다. 단지 조화로운 얼굴이 자연의 이치, 명당의 원리와도 닮았다는 것을 말하고 싶었다. 얼굴에서 비바람이 부는 등 항상 흐린 날들로만 채우지 말고, 언제나 밝게 빛날 수 있는 마음과 생각으로 나의 시간을 채우자. 그것이 곧 운을 부르는 얼굴, 누가 봐도 매력적인 얼굴을 갖는 길이다.


## 운을 부르는 몸

웰니스(wellness)가 당연한 일상이 되면서, 남녀 구분할 것 없이 모두 몸 관리에 최선을 다하고 있다. 우리의 생활 수준이 높아지면서, 더

높은 차원의 행복에 대해 알아가고 있는 거시적인 운의 시류라는 생각이 든다.

지금까지 이야기한 것처럼 열심히 운동을 하고 멋진 몸을 위해 식단을 관리하는 것은 나의 삶에 큰 도움이 된다. 육체가 건강하니 마음도 건강해지고, 스스로에게 자신감이 생기니 대인 관계에서도 적극적으로 변하게 된다.

영화 〈관상〉을 보면, 주인공이 이런 말을 한다. 한 사람의 얼굴만을 보고 그 사람의 전부를 알 수는 없지만 그 사람의 몸 생김새, 행동과 걸음걸이 등을 보면, 대개 어떤 사람인지를 맞출 수 있다고. 맞는 말이다.

보이는 얼굴은 그날의 컨디션과 감정 상태에 따라서 달라질 수 있지만 기본적인 걸음걸이와 말투, 목소리의 톤, 행동하는 태도를 보면 그 사람이 어떤 사람인지 짐작할 수 있다. 매력적인 사람, 운을 부르는 사람이 되고자 한다면, 다음의 것들을 한번 실천해보자.

**걸음걸이**: 가슴을 펴고 당당하게, 너무 빠르지 않은 속도로 걸어보자. 공장이나 사옥에 출장 컨설팅을 가면, 많은 대표님들을 직접 마주하게 된다. 기본적으로 대표님들은 당당하다. 당당해 보이는 이유는 바로 걸음걸이 때문이다. 절대 어깨를 움츠리는 경우가 없고, 행동에 여유가 있다.

그 정도 위치와 경제적 여유가 있으니, 당연히 걸음걸이도 느려지는 것이 아니냐고? 절대 아니다. 여러 번 이야기하지만, 가진 것이 많을

수록 지킬 것이 많다. 항상 신경 쓸 일이 많고, 걱정도 많다. 경제 규모는 클지 모르나, 일반인들보다 개인 경제에서 대출이 차지하는 비율이 더 큰 경우가 많다.

그래서 대표님들이 운에 대해 더욱 신경을 쓰고 터를 중시하는 것이다. 돈을 많이 버는 순간은 잠시뿐임을 잘 알기 때문이다. 스스로의 마음가짐과 행동을 흔들리지 않고 잘 유지해온 것이 행동으로 발현되는 것이다. 물론 행동만 그렇게 한다고 해서 우리가 갑자기 대표가 되는 것은 아니다. 하지만 그렇게 행동을 했을 때 우리의 뇌도 그렇게 받아들이게 되고, 보는 사람들도 저 사람은 뭔가 있어 보인다는 생각을 하게 된다.

모든 사람이 회사를 운영하는 대표는 아니지만, 누구나 자신의 몸과 마음과 시간을 관리하는 대표인 것은 똑같다. 그러니 당당하게 걷고, 여유 있게 행동해야 한다. 세계적인 베스트셀러인 『데일 카네기 자기관리론』에서도 나를 관리하는 영역 중 하나로 걸음걸이를 말하고 있다.

**말**: 말과 관련된 영역은 2가지로 나눌 수 있다. 말의 내용과 말이 나오는 형태다. 이 2가지를 잘 관리하면 좋은 운을 부르고, 당신을 한 차원 높은 사람으로 끌어올려줄 것이다.

당신의 말은 내용과 어휘로 채워져 있다. 그것은 하루아침에 바뀌지 않는다. 그동안 내가 어떤 생각을 하며 살아왔고, 어떤 책을 읽었으며, 어떤 것에 중점을 두고 살았느냐에 따라 드러나게 된다.

지금 당장 유식해 보이기 위해 어려운 책을 펼쳐들거나 공부를 하라는 뜻은 아니다. 그것보다 좀 더 쉬운 방법이 있다. 욕이나 불평을 하지 않는 것이다. 그리고 긍정적인 대화를 많이 하는 것이다. 내 입에서 나오는 말이 부드러워지면, 당연히 나에게 들어오는 말도 순해지기 마련이다.

나는 부드럽게 대했는데 상대방이 나에게 부드럽게 대하지 않는다고 해서 다시 거칠어질 필요는 없다. 앞에서 배웠듯, A에게 보낸 운은 언젠가 B가 가져오게 되어 있다.

다음으로 말의 형태에 대해 생각해보자. 말이 나오는 형태라 함은 목소리의 높낮이, 말의 속도 등을 의미한다. 나는 목소리가 좋다는 말을 자주 듣는다. 노래 부르기도 좋아하고 제법 잘한다. 하지만 이

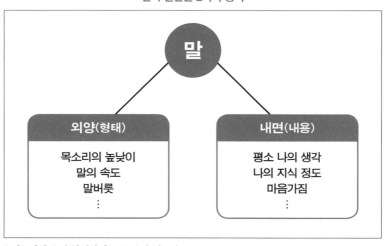

말과 관련된 2가지 영역

말

외양(형태)
목소리의 높낮이
말의 속도
말버릇
⋮

내면(내용)
평소 나의 생각
나의 지식 정도
마음가짐
⋮

\* 이 2가지를 잘 관리하면 좋은 운이 깃든다.

런 나의 목소리도 한순간에 좋아진 것은 절대 아니다.

나는 10대 때부터 목소리에 관심이 많았다. 목소리 톤이 얇은 편이었다. 조금 더 남자다워 보이고 싶어서 일상생활에서도 목소리를 굵게 내려고 노력했고, 노래를 부를 때도 목소리의 굵기에 신경을 많이 썼다. 그렇게 십수 년이 지나 지금은 목소리가 좋다는 말을 자주 듣게 되었다.

톤이 높은 목소리가 나쁜 것은 아니지만, 가벼워 보이는 것은 사실이다. 만약 실험을 해보고 싶다면, 평소와 다르게 천천히 말하고 낮고 굵은 톤으로 이야기를 해보라. 친한 지인들에게 그렇게 이야기하면 어디가 아프냐는 소리를 듣겠지만, 식당에 가거나 편의점에 들러서 처음 만나는 사람에게 그렇게 말을 해본다면 분명 이전과는 다르게 사람들이 당신을 대하는 것을 느낄 것이다.

## 운을 부르는 마음생김

관상과 체상을 넘어 가장 중요한 생김새는 마음의 모양인 '심상'이다. 앞에서도 쭉 이야기해오고 있지만, 몸과 얼굴은 마음을 드러내주는 매개체에 불과하다. 관상과 체상을 통해 세부적인 방법들을 알아보기는 했지만, 사실 바른 마음으로 살아가는 사람이라면 굳이 그런 것들에 신경 쓸 필요가 없다.

운은 운이 있는 사람을 좋아하기 마련이다. 바르게 살아가는 사람에게 운은 저절로 따라오게 되어 있다. 그리고 그것이 곧 현실적인 부유함으로도 연결된다. 내가 만난 대표님들 중 가장 인상에 남는 분들은 대부분 겸손하고 매너가 좋은 분들이었다. 차림새는 소박해도 훌륭한 인품이 겉으로 드러나는 분들이었다.

세계 최고의 경영자들이 매일 명상을 하고 마음에 대해 공부하는 이유도 그 때문이다. 그들은 걱정을 내려놓고, 온전한 나 자신에게 집중하는 시간을 갖으며 자신의 삶을 관리해나간다. 그 덕분에 엄청난 규모의 돈과 수많은 사람들을 관리하는 위치에서 계속 활동할 수 있는 것이다.

수화기 너머로 들려오는 의뢰인들의 목소리, 현장에서 마주하는 의뢰인들의 모습을 보며 최대한 그분들의 마음을 보려 노력한다. 궁예의 '관심법'이 아니라, 말과 행동을 바탕으로 그분들의 삶과 현재의 마음 상태를 파악하는 것이다.

몸과 마음이 하나로 연결되어 있다고 처음에 말한 것처럼, 외부적으로 보이는 것들을 바꾸려는 노력은 내 마음의 변화로도 이어지며, 반대의 경우에도 마찬가지다. 그러니 지금 내가 어떠한 모습으로 보여지고 어떤 습관들을 가졌는지 생각하면서, 바꿔갈 것들을 하나씩 알아보고 실천해보자.

# 운을 끌어모으는
# 아침 루틴

**아침에 눈을 뜨면, '욕망'해야 한다.**
**내가 이루고자 하는 것을 강하게 염원하고 기억하고 실행하도록**
**마음의 에너지를 내야 한다.**

## 아침에는 욕망하라

예전 선조들께서는 공부하는 자녀가 대성하라는 의미로 동쪽에 방
을 내주셨다. 동쪽은 4계절 중 봄을 의미하며, 시작을 의미한다. 해
가 떠오르고 하루가 시작되는 순간에 가장 충만한 기운이 있다고 여
기셨다. 워런 버핏, 무라카미 하루키, 스티브 잡스 등 세계적으로 이
름이 알려진 이들 중 대부분은 정확한 루틴을 가지고 살아가는데,
그 루틴들은 거의 아침에 이루어진다.

베스트셀러 『원씽』을 보면, 사람이 하루 동안 쓸 수 있는 의지력은 한계가 있다고 한다. 육체적으로 할 수 있는 운동량이 정해져 있는 것처럼, 정신적으로 무언가를 판단하고 생각할 수 있는 에너지의 양도 한정되어 있다.

좋은 곳에서 잠을 자고 충분히 숙면을 취하면, 개운한 상태로 하루를 맞이하게 된다. 가장 컨디션이 좋은 그 순간에 많은 것을 하는 것이 중요하다. 나 역시 아침에 보내는 몇 시간이 남은 하루를 결정한다는 것을 항상 느끼고 있다.

지금부터는 하루를 시작하는 아침에 하면 좋은 것들을 소개하려 한다. 아침에 눈을 뜨면, '욕망'해야 한다. 내가 이루고자 하는 것을 강하게 염원하고 기억하고 실행하도록 마음의 에너지를 내야 한다. 나를 좋게 만들고 남들에게 좋게 할 수 있는 좋은 욕망은 얼마든지 가져도 좋다. 가장 기운이 충만한 아침에 나의 욕망을 실현할 수 있는 생활루틴을 소개해볼 테니, 삶에 꼭 적용하길 바란다.


## 운을 모으는 아침 습관

**자신만의 주문, 감사기도**: 아침에 눈을 뜨고 일어나면, 꼭 감사기도를 하라. 종교가 없어도 마찬가지다. 눈을 감고, 나의 하루가 시작된 것에 감사하라. 조금 과장을 보태자면, 자는 동안 천장이 무너져 내리지 않은 게 얼마나 다행인가? 세상에는 말도 안 되는 불의한 사고가 많이 일어난다. 아침에 눈을 떴다면 그런 무수한 고비를 넘기고 기적 같은 하루를 또 얻게 된 것이다.

그렇게 감사한 마음을 가지고 하루를 시작하는 삶과, 울리는 알람을 마지못해 끄고 일어나 허둥지둥 양치를 하고 옷을 입는 삶은 차이가 있을 수밖에 없다. 운이 항상 우리 주변에 있는 것처럼, 감사할 일도 항상 우리 옆에 존재한다.

감사의 기도를 넘어 더 실천해볼 것이 있다면, 바로 자신만의 주문을 외우는 것이다. 내가 바라던 일들, 내가 계획한 일들을 이루고 내가 원하는 대로 삶을 살겠다는 주체적인 의지를 심어주는 것이다. 막연히 '잘되게 해주세요'라고 소원을 비는 것보다 한 단계 높은 마음의 주문법이다. 이것을 직접 실천하기 위해 확언명상을 하는 사람들도 있고, 매일 아침 자신의 소원을 100번씩 쓰는 사람들도 있다. 모두 의미 있는 일이다.

**침구 정리**: 사람에게 성취감은 더 많은 일을 할 수 있도록 원동력을 제공해준다. 그런 의미에서 아침에 침구를 정리한다는 것은, 아침에 일어나자마자 최소한의 노력으로 하나의 성취감을 맛볼 수 있는 가장 쉬우면서도 중요한 일이다.

아침에 일어나면, 하기 싫더라도 이부자리를 깨끗하게 정돈하자. 그리고 그러한 일을 한 자신을 칭찬하며, 하루의 시작부터 성공의 시간을 쌓아보자. 풍수 인테리어 측면에서도, 침구 정리는 집을 비워놓는 낮 시간 동안 집 안에 좋은 기운이 모여들 수 있게 해주는 좋은 행동이다.

**환기**: 기운이 순환하는 것은 풍수에서 가장 중요한 일이다. '기막힌다'라는 표현이 있다. 말이 안 되거나, 황당한 경우를 겪을 때 쓰는 말이다. '감기'라는 단어도 기운이 감기고 꼬였음을 의미한다. 이처럼 기운이 순환되지 못하고 꼬이면 기막힌 일이 벌어지기도 하고, 몸에 병이 나기도 한다.

자는 동안 밀폐되어 있던 공기를 순환시키는 것은 실질적으로도 중요하다. 자는 동안 고여 있던 공기를 빼내고, 집 안에 다시 새로운 기운을 불어넣는 것이다. 자녀 문제로 걱정하는 집에 가보면, 앞에서 언급했던 것처럼 대부분 환기를 자주 하지 않는 집인 경우가 많다. 환기를 통해 자는 동안 고여 있던 기운을 빼내고 새로운 운을 받아들이면서 하루를 시작해보자.

**일일지계 재어신**(一日之計 在於晨): 하루의 계획은 새벽에 세워야 한다는 뜻이다. 물론 전날 밤 자기 전에 미리 세워두는 것도 좋지만, 아침을 맞이하면서 하루 동안 어떠한 삶을 살지 계획하는 것이다. 계획에 대해서는 뒤에서 더 의미 있는 방법들을 소개하겠다.

휴대폰 메모장에 적어도 좋고, 다이어리나 플래너에 직접 손으로 쓰는 것도 좋다. 하루를 계획하지 않게 되면, 대부분의 시간 동안 정해진 틀에 맞추어 살아가게 된다.

직장에 다니든 학교에 가든 집안일을 하든, 그날그날 정해진 일과가 있을 것이다. 하지만 그 안에서도 내가 더 노력해야 할 일, 빠르게 진행해 시간을 확보할 수 있는 일 등이 있다. 계획을 세우지 않으면, 항상 외부에 휘둘리는 삶을 살게 된다는 것을 기억하자.

**스트레칭**: 몸과 마음이 연결되어 있다는 것을 여러 번 이야기하고 있다. 자는 동안 굳어 있던 근육을 이완시키고 나면, 아침을 맞이하는 마음도 한결 가벼워진다. 마음이 이완되면, 자연스럽게 여유를 갖고 하루를 시작하게 된다. 조바심은 육체적·정신적 에너지를 한순간에 소진시킨다. 조바심 나지 않는 하루를 시작할 수 있게 가볍게 몸을 풀어보자.

## 머찌동의 아침 습관

아침에 하면 좋은 습관들에 대해서 이야기를 해보았다. 나 또한 나만의 아침 루틴이 있다. 나의 루틴은 소중한 나에게 물을 한 잔 대접하는 것으로 시작된다. 단순히 목이 말라서 물을 마시는 것도 있지만 소중한 나 자신을 위해 물을 한 잔 바치는 의미가 크다.

그다음엔 눈을 감고 감사의 기도를 올린다. 기부하기 위해 바꾸어 둔 현금을 봉투에 담아 나만의 기부박스에 넣는다. 이어 스트레칭을 한 뒤 하루 계획을 체크하고 수정한다.

　나 역시 이것을 매일 지키는 것이 어렵다. 10년 동안 지속해온 습관이라고 하더라도 매일 고비의 순간이 찾아온다. 때로는 고비를 넘지 못해 루틴이 깨질 때도 있다. 하지만 그래도 다음 날에는 다시 루틴을 이어가려는 노력을 한다.

　아침 루틴을 더욱 쉽게 실행할 수 있는 유용한 방법을 하나 소개하겠다. 각 루틴마다 하는 시간 자체에 구애받지 않는 것이다. 다시 말해 스트레칭을 해야 하는데 정말 하기 싫은 날이라면 딱 10초만 하는 것이다. 정말 하기 싫을 때 딱 10초만 해보면 놀라운 일을 경험할 것이다. 10초만 하고 멈추는 날이 별로 없었음을 깨닫는 것이다.

　이제 당신의 아침 루틴을 설정해보자. 못 지킬까 두려워하지 않아도 된다. 6개의 루틴이라고 해도 1분씩만 하면 6분이면 된다. 아침에 이 6분을 이겨내고 나면 하루를 힘차게 살아낼 힘이 생긴다.


## 밤에는 만족하라

아침 루틴으로 힘차게 시작한 하루는 분명 다른 날과 다르게 다가올 것이다. 아침의 욕심들을 얼마나 이루어냈는가? 하루의 성과를 결산하는 시간을 반드시 가져야 한다. 그리고 어떠한 성과를 냈든, 고생한 자신을 위로해주고 자신에게 감사해야 한다.

잘못한 것들은 잘 기억해두었다가 같은 실수를 하지 않도록 고쳐야 하지만, 그렇다 하더라도 밤 시간에는 궁극적으로 훈훈한 마무리를 지어야 한다. 밤에 편안한 마음으로 잠들지 못한다면 그것은 다음 날에도 영향을 준다.

아침에 최고의 욕심을 부렸다면 밤에는 무조건 만족하라. 내일 주어지게 될 하루가 당연한 하루가 아니기 때문에, 오늘 밤에는 마치 마지막인 것처럼 무조건 나 자신을 칭찬하고 보듬어주어야 한다.

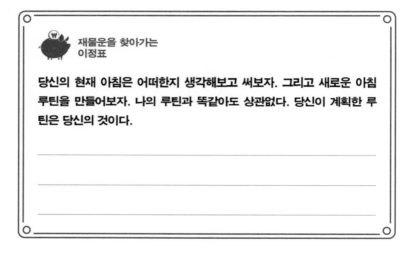

재물운을 찾아가는
이정표

당신의 현재 아침은 어떠한지 생각해보고 써보자. 그리고 새로운 아침 루틴을 만들어보자. 나의 루틴과 똑같아도 상관없다. 당신이 계획한 루틴은 당신의 것이다.

# 재물운을
# 끌어모으는 식사법

**먹을 복이 있다는 것은 어떻게든 음식을 먹을 일이 있다는 것이고,
음식을 먹을 일이 있다는 것은 누가 음식을 주든
아니면 돈이 들어와 음식을 사 먹든 할 수 있다는 이야기다.**

## 밥 먹는 순간에도 운이 쌓인다

일상생활에서 운을 쌓기 가장 좋은 순간은 밥을 먹는 순간이다. 밥을 먹는다는 것은 정말로 신성한 행위다. 풍수지리에서 주방은 재물운과 건강운을 함께 의미하는 공간이다. 건강한 몸을 가지는 것이 곧 돈이 빠져나가지 않는 일이기 때문에, 건강운과 재물운은 함께 따라오게 된다.

보통 식복(食福)이 있는 사람이라고 하면, 기본적으로 삶에서 큰

문제가 없는 사람이라고 볼 수 있다. 먹을 복이 있다는 것은 어떻게든 음식을 먹을 일이 있다는 것이고, 음식을 먹을 일이 있다는 것은 누가 음식을 주든 아니면 돈이 들어와 음식을 사 먹든 할 수 있다는 이야기다.

매일 먹는 밥으로도 복을 쌓을 수 있다면, 당연히 따라 하는 것이 좋지 않겠는가.

## 운이 들어오는 식사법

**쟁반을 사용하라**: 손님이 왔을 때, 물 한 잔을 드리더라도 쟁반에 받쳐서 드리는 것이 기본적인 예의다. 이런 행위는 상대방을 존중한다는 의미다. 그런 의미에서 혼자 밥을 먹더라도 꼭 쟁반에 받쳐서 먹는 것이 좋다. 고생한 나에 대한 기본적인 예의라고 볼 수 있다. 혼자 살다 보면, 그리고 집안일을 주로 하시는 대부분의 어머님들은 혼자 먹을 때 대강 그릇에 반찬을 비벼서 끼니를 때워버린다. 설거지거리가 나오는 게 귀찮기 때문이다.

남에게 밥을 해주다 보면 혼자 먹을 때만이라도 편하고 싶은 마음이 드는 것도 맞긴 맞다. 하지만 궁극적으로 그렇게 고생한 나를 내가 대접해주지 않는다면 누가 나를 위로해줄 수 있겠는가?

그러니 자기 자신을 존중하라. 그리고 쟁반에 받쳐서 귀한 밥을 대접하라. 그것만으로도 당신을 둘러싼 기운이 기뻐할 것이고, 내가 하는 일이 더 잘될 수 있게 도와줄 것이다.

**다른 짓을 하지 말라**: 혼자서 밥을 먹다 보면 보통 티비를 보거나 휴대폰을 본다. 나 역시 예전에는 무언가를 보면서 밥을 먹었다. 재밌는 드라마를 틀어놓고 밥을 먹다 보면, 밥을 제대로 먹고 있는지 아닌지도 모르게 시간이 훌쩍 지나버리고 어느새 밥그릇은 비워지게 된다. 그렇게 먹는 밥은 기계에 연료를 집어넣는 것밖에 되지 않는다.

혼자 있더라도 가만히 내가 먹는 밥의 맛에 집중을 하고 천천히 밥을 먹어보라. 〈고독한 미식가〉라는 일본 드라마를 보면, 주인공이 혼자서 여러 음식점을 돌아다니며 정말 맛있게 밥을 먹는다. 이 드라마에서 재밌는 점은 어떤 음식을 먹더라도 마치 음식과 대화를 하는 것처럼 음식의 하나하나를 따져보면서 먹는다는 것이다. 밖에서 혼자 밥을 먹을 때, 귀에 꽂은 이어폰을 빼고 천천히 음식을 보면서 먹으면 먹는 행위 자체가 즐거워진다.

여러 가지 명상법 중에서 음식 명상이 있다. 음식을 씹고 넘기는 행위를 가만히 뜯어보면서 나의 마음을 돌아보는 방법이다. 음식을 먹는 행위를 통해 운도 쌓고, 마음도 차분하게 만들 수 있다면 일석이조가 아닌가.

**밥그릇과 수저를 뒤집지 말자**: 구혼을 할 때 상투적으로 하는 말이 "숟가락만 들고 나에게 오라"는 것이다. 밥그릇과 수저는 그 나름의

## 수저와 밥그릇

\* 내가 쓰는 수저와 밥그릇은 나의 식복과 재물운과 같다.

특별한 의미를 지닌다. 누구는 금수저, 누구는 은수저처럼, 숟가락을 가지고 사람을 구별하기도 한다. 이는 단순한 사회적 용어의 의미를 넘는 것이다.

내가 쓰는 수저와 밥그릇은 나의 식복과 재물운과 같다. 좋은 차, 좋은 집, 명품도 나를 드러낼 수 있는 것이지만 가장 먼저 갖추어야 할 것은 좋은 밥그릇과 수저다.

그러니 더 잘살 수 있는 운을 만들고 싶다면 반드시 나에게 좋은 식기류를 선물하라. 그리고 가족이 함께 식사를 하더라도 각자 정해진 수저를 쓰는 것이 각자의 운에 맞는다.

그와 더불어 복을 담는 그릇과 수저를 뒤집는다는 것은 내 복을 엎어버린다는 것을 뜻하기도 한다. 미신처럼 들리기도 하겠지만, 이왕이면 지킬 것을 지키는 것이 좋지 않겠는가.

**몇 사람의 손을 거쳐 음식이 만들어졌을지 생각해보라**: 내 앞에 라면 한 그릇이 있다고 생각해보자. 이 라면이 만들어지기까지 몇 사람의 손을 거쳤을까? 당신은 몇 명 정도를 예상하는가? 10명? 1,000명? 혹은 1만 명? 정답은 '알 수 없음' 혹은 지구상의 시공간을 통틀어 '전 인류'라고 할 수 있다.

라면의 재료 중 하나인 밀가루만 생각해봐도 바로 알 수 있다. 라면을 구성하는 밀이 경작되기까지 얼마나 많은 사람을 거쳤는가? 또 그 사람들이 살고 태어나기까지 얼마나 많은 사람이 있었는가? 이렇게 거슬러 올라가다 보면, 결국 시공간 속에 존재하는 모든 인간과 물질이 모두 연결되어서 눈앞의 라면 한 그릇을 완성시켰음을 체감할 수 있다.

지나치게 비약적이라고 생각하는가? 절대 그렇지 않다. 운이라는 것도 이러한 속성을 지닌다. 돌아가신 조상님의 운을 이야기할 때와 유사하다. 지금 나를 둘러싼 좋은 운들은 내가 어릴 적 혹은 태어나기 전부터 조상들이 바라온 좋은 마음들이 모여서 만들어진 것이다. 그 덕분에 지금의 내가 건강하게 잘 살 수 있는 것이다. 그러니 밥을 먹을 때 이 밥이 나에게 차려지기까지 얼마나 많은 사람의 손을 거쳤는지 생각한다면, 그 음식 자체에 진심으로 크게 감사할 수밖에 없을 것이다.

# 배달음식 8번
# vs. 신라호텔 1번

**식사 한 번으로도 부자의 순간을 맞이할 수 있다.**
**당신의 판단과 결정에 따라**
**부자가 될 수 있는 여부가 갈린다.**

## 식사 한 끼로 부자 되는 법

좋은 운을 쌓고 돈도 많이 벌고 부자가 되고 싶다면, 부자들이 있는 곳으로 가야 한다. 지금 사는 집의 대출금도 다 못 갚았는데 부자들이 사는 비싼 동네에서 어떻게 살 수 있을까 하고 고민하지 않아도 된다. 언제나 그렇듯, 지금 당장 할 수 있는 방법을 생각해보면 되니까 말이다.

부자들이 사는 동네로 이사 갈 수는 없어도, 부자들이 밥을 먹는 곳에 가서 밥을 먹는 것은 가능하다. 예를 들어 신라호텔에서 한 끼에 20만 원 하는 식사를 해본다는 생각을 전혀 못 하는 사람들이 많다. 물론 사치라는 생각이 들 수도 있다. 하지만 조금만 달리 생각해 보면 나쁘지 않은 선택이라고 여기게 될 것이다.

얼마 전 삼성 이재용 회장도 세계적인 그룹의 회장들과 한 끼에 25만 원 하는 오마카세 식당에서 식사를 했다. 25만 원이면 세계 최고의 부자들과 같은 곳에서 식사할 수 있는 것이다.

신라호텔에서 한 끼에 20만 원을 주고 식사할 바에 집에서 치킨을 시켜 먹는 게 낫겠다고 생각하는 사람이 많을 것이다. 치킨값이 배달비까지 포함해서 2만 5,000원이라고 한다면, 치킨을 8번 시킬 돈으로 신라호텔에서 한 번 식사를 할 수 있다. 내가 말하고 싶은 것은 바로 이것이다.

물론 치킨을 먹으며 고된 하루를 보낸 자신을 위로할 수도 있겠지만 대부분은 습관에 젖어 배달음식을 시킨다. 일주일에 2회씩 시켜 먹던 것을 4주만 참으면 고급 호텔에서 식사할 수 있는 비용이 마련된다. 그렇게 해서 최고의 서비스를 받으며 고급스러운 한 번의 식사를 하고 나면 새로운 기분이 들 것이다.

신라호텔에서 식사를 하는 모든 사람들이 부자는 아닐 것이다. 하지만 그곳에서 밥을 먹을 때 아마 자신의 주변에서 쉽게 보지 못한 부자들을 보게 될 확률은 아주 크다. 그것만으로도 나의 운이 상승할 수 있는 것이다.

보이지 않는 운을 넘어서 그들의 모습, 차림새, 행동을 보게 되면 다양한 생각이 올라오게 된다. 그들처럼 가지지 못한 것에 속상한 마음이 들면 안 된다. 그리고 사치하라는 의미도 절대 아니다.

그 한 끼의 의미는 이렇게 여유로운 식사를 하면서 오늘 하루 부자들과 함께 부자의 순간을 만들어냈다는 데 있다. 부자라고 무슨 별것이 있겠는가? 이러한 순간들이 점점 더 늘어나고 일상이 되면 그때 바로 부자가 되는 것이다. 식사 한 번으로도 부자의 순간을 맞이할 수 있다. 당신의 판단과 결정에 따라 부자가 될 수 있는 여부가 갈린다.

## 운이 깃드는 생일 밥

돌아오는 당신의 생일에 어떻게 식사를 할 계획인가? 생일이 지났다면 어떻게 식사를 했는가? 따뜻한 밥을 차려주는 누군가가 있다면 아마 평소보다 더욱 정성 어린 밥을 먹었을 것이다. 그리고 점심에 국수를 먹으면서 오래 살기를 바랐을 것이고, 저녁에는 소중한 사람들과 근사한 곳에서 식사를 했을 것이다. 반대로 밥을 차려줄 사람이 없어서 미역국은커녕 쌀 한 톨도 구경하지 못하고 하루를 마무리한 사람도 있을 것이다.

챙김을 받았든 못 받았든 이 땅에 태어난 것은 모두 같은 사실이다. 앞에서도 이야기한 것처럼 나 자신을 소중히 대해줄 사람은 나 자신뿐이다. 주변에 챙겨주는 사람이 많다 하더라도 나 자신만큼 나를 잘 알고 잘 챙겨줄 사람은 없다. 그러니 누가 차려주지 않더라도 생일에는 꼭 미역국을 먹자.

미역국에 대해서는 오래전부터 역사적인 기록이 남아 있다. 미역을 먹었다는 기록은 고려시대까지 거슬러 올라간다. 무려 1,000년 전 우리 선조들도 생일에 미역국을 먹었다. 조선시대에는 방 안의 서남쪽에 미역국을 떠놓고 삼신할머니에게 인사를 올린 뒤에 먹었다고 전해진다. 서남쪽 방향은, 주역의 8방위 해석에 의하면 '어머니'의 방향이다.

미역국을 먹는 것은 한국 특유의 풍습이다. 그리고 실제로 산모에게 좋다는 것은 모두 아는 사실이다. 예전에는 미역국 하나를 놓고도 내 주변 모든 기운들에게 감사한 마음을 가졌음을 알 수 있다. 그러니 내가 먹는 미역국 한 그릇은 나를 그동안 잘 지켜준 나 자신과 더불어 나의 운에 감사를 전하는 의미가 있다.

그와 더불어 생일은 부모님에게 감사하는 날이다. 모든 삶의 순간들이 기적적이지만 내가 태어났다는 사실만큼 기적적인 일도 없다. 모든 것을 경우의 수로 환산해보면 나라는 사람이 태어난다는 것은 애초에 말도 안 되는 일이다. 생일은 그런 일이 있을 수 있게 해준 부모님에게 감사를 전할 수 있는 좋은 기회다.

앞에서 효만큼 좋은 운 보험도 없다고 했다. 나의 생일은 무조건 운 보험을 들어야 하는 날이다. 너무 세상을 아름답게 본다고 생각할 수 있지만 사실이 그렇다. 가만히 나의 삶을 따져볼 때 우리가 맞이하는 일 중에는 감사한 일이 참 많다.

생일은 매년 돌아오지만 생일을 맞이하는 나의 순간들은 항상 새로운 순간들이다. 그렇게 봤을 때 내가 맞이하는 모든 순간이 축하받아야 할 소중한 순간들인 것이다.

# 재물운을 걷어차는
# 가난한 사람들의 행동

**가만히 있는 나의 주머니에**
**돈을 꽂아주어 부자로 만들어주는 나라는 없다.**
**궁극적으로 나의 삶은 내가 꾸려나가야 한다.**

## 가난한 사람은 그럴 만한 이유가 있다

콕 집어서 가난한 사람들의 행동이라고 할 수는 없지만, 보통 풍족한 삶을 살지 못하거나 더 나은 삶으로 나아가지 못하는 사람들에게는 공통점이 있다.

유선상으로도 많은 분들과 대화를 하면서 그분들의 삶의 이야기를 듣곤 한다. 그들의 말을 모두 믿을 수는 없지만, 보통 오래전부터 생활고를 겪어온 사람들은 안타깝게도 자기 마음이 이미 가난한 상태임을 알지 못한다.

'가난하니까 가난하다고 생각하지'라고 말할 수도 있을 것이다. 늘 이야기하지만, 가난하다고 생각하는 사람에게 부자가 될 수 있는 운은 절대 따라오지 않는다. 설령 내 마음이 가난한 것을 알고 더 잘 살아야겠다는 의욕을 품는 것까지 나아갔더라도, 구체적인 행동을 통해 나를 개선시키는 사람은 극히 드물다.

항상 나를 돌아보는 것이 중요하다. 나의 행동 중 어떤 것이 나의 삶을 더 가난하게 만들고 좋은 운을 쫓아버리는지 생각해봐야 한다.

다음은 지금까지 사람들을 만나면서 공통적으로 깨닫게 된, 가난한 마음에서 벗어나지 못하는 사람들의 행동을 정리한 것이다. 당신은 몇 가지에나 해당하는지 체크해보면서 내용을 읽어보자.

## 나를 가난하게 만드는 몹쓸 행동들

**무엇이든 거절한다**: 거절하는 마음에는 운이 들어올 여지가 없다. 거절해야 할 땐 거절하는 것이 맞다. 그러나 내가 말하고자 하는 것은, 무엇이든 일단 거절부터 한다는 것이다. 그러다 보면 상대방이 순수하게 보내는 호의마저 거절하게 된다. 나에게 들어온 좋은 마음, 좋은 운들을 하나씩 거절하다 보면 어느새 모든 운들이 떠나가게 되어 있다.

거절하더라도 딱 잘라서 거절하지 말고, 일단은 생각해보겠다고 말하거나 좋다고 말하라. 그런 다음에 다시 지금의 상황상 받아들이기 어렵지만, 다음에 또 좋은 제안이 있으면 부탁한다고 하면 무조건 거절이 아닌 상황상 보류가 되는 것이다.

**빠른 고민, 빠른 결정**: 하루에도 선택의 순간은 수없이 많다. 모든 선택의 순간들이 모여 나의 삶을 만들어낸다. 그러니 선택의 순간마다 현명하게 잘해내는 것이 나의 삶을 좌우하게 된다. 가난한 사람들은 고민의 시간도 짧고, 결정도 빠르게 내린다. 물론 결정이 빠른 것은 나쁘지 않은 행동이다. 다만 충분한 고민을 하지 않고 내린 빠른 결정은 결국 좋지 않은 선택일 확률이 크다.

고민의 시간은 충분히 가지는 것이 맞다. 하나의 사건이 있을 때 그 사건의 전후 사정을 여러 가지로 판단해보고, 나름의 판단 기준으로 답이 나오면 빠르게 결정하고 실행에 옮기는 것, 그것이 가장 정성적인 판단법이다. 그러니 최대한 많은 시간을 확보해 고민하되, 결정은 빠르게 해 신속하게 행동하는 것이 나를 풍족하게 만드는 방법이다.

**불만만 가질 뿐 벗어나려는 노력을 하지 않는다**: 삶을 더 나은 방향으로 이끌지 못하는 사람들은 대부분 남의 밑에 있는 사람들이다. 남의 밑에서 일한다는 것은 나쁜 것이 아니다. 대부분의 직장인들이 그렇지 않은가. 하지만 그러한 상황에서 잘할 수 있는 것, 성장할 수 있는 것을 찾아내지는 못하고 항상 불만만 발견해내려 노력한다.

예를 들어 매일같이 회사 욕만 하는 사람이 있다고 하자. 항상 밖에서 담배를 피우며 상사 욕, 회사 욕을 늘어놓는다. 물론 상사 욕, 회사 욕을 하며 순간의 스트레스를 해소할 수는 있다. 그러나 늘 그렇듯 정도가 지나친 것이 문제다.

하루 중 그런 시간만이라도 아껴서 좋은 생각을 해나간다면, 충분히 얻어낼 것들을 만들어낼 수 있다. 그럼에도 불만스러운 상황이 계속된다면 과감히 결정해야 하는 것이다. 어떠한 결정도 하지 못하면서 말로만 토로하는 불평은 나 자신을 결코 발전시키지 못한다.

**부자를 부정한다:** 연예인들이 수십억 혹은 수백억의 건물을 사고파는 기사들이 거의 매일같이 올라온다. 그런 기사들의 댓글을 보면 대부분 이런 내용들이다. '이런 기사 쓰지 마라.' '살 맛 떨어진다.' '없는 사람들 약 올리는 거냐.'

물론 지금 나보다 더 가지고 있는 사람들, 그리고 지금 나의 상황으로는 도저히 가질 수 없는 것들을 보면 부러운 마음이 든다. 하지만 그 부러움이 시기가 될 필요는 없다. 막연히 나보다 더 가진 사람을 부정하는 것만큼 어리석은 일도 없다. 설령 내가 1,000억을 가졌다 하더라도 나보다 더 돈이 많은 사람을 부러워하는 것이 인간의 본능이다.

그럴 시간에 그 건물을 살려면 얼마나 필요한지, 그러한 돈을 어떻게 마련할 수 있을지를 고민하는 편이 나에게 더 도움이 된다. 생각의 길이 곧 현실이 되는 것이 운의 원칙 중 하나다. 부자를 부정하지 말고, 스스로 부자가 될 생각을 하자.

**과거에 연연한다**: 누구나 한 번쯤 빛나는 순간을 맞이한 경험이 있다. 그 빛나는 순간은 평생의 기억으로 사는 내내 함께하게 된다. 하지만 이미 지나간 그 순간만을 바라보며 살기에는 매 순간 새로운 기회가 우리를 찾아온다. 매일같이 '라떼'를 외치며 살아봤자, '나 때'로 돌아가지 못한다. '라떼'를 외칠 시간에, 언제든 지금을 최고의 순간으로 만들 생각을 하는 것이 현명하다.

지금의 현실이 어려울 때, 나의 화려했던 과거는 분명 삶의 희망이 될 수 있다. 하지만 그것에만 젖어 산다면 이미 오래전에 사라진 별을 보면서 별이 떨어지기만을 바라는 것과 같다. 먼 훗날 돌아봤을 때 빛날 수 있는 미래를 만들 생각을 하자.

**눈앞의 이익과 욕망에 사로잡힌다**: 가난한 사람의 가장 큰 특징 중 하나가 바로 멀리 바라보지 못하는 것이다. 수많은 부자들의 책을 보면, 그들은 하나같이 절제를 가장 큰 미덕으로 삼는다. 나의 운 중에서 행동에 대한 부분을 이야기하고 있는데, 지금까지 이야기하고 있는 것들을 보면 모두 절제를 기본 바탕으로 깔고 있다는 것을 알 수 있을 것이다.

우리는 동물이 아니기 때문에 미래를 생각할 수 있다. 당장의 이익과 욕망에 휩싸이는 행동들은 보통 다 절제를 못하기 때문에 비롯되는 것이다. 그러다 보면 단순히 쉽게만 얻으려 하게 되고, 앞에서 말한 것처럼 어떤 유명인이 나는 가질 수 없는 수백억 자산을 가졌다는 사실에 분노하게 되는 것이다. 눈앞에 놓인 명백한 이익도 있겠지만, 지금을 참아내고 얻어낼 수 있는 더 큰 미래의 이익도 있다는 것을 기억하자.

## 가난이 죄는 아니지만

얼마 전 나의 유튜브 영상에서 가난과 관련해 '가난은 나라님도 구제하지 못한다'는 이야기를 한 적이 있다. 영상 댓글에 어떤 분이, 사람들이 가난한 이유는 나라 때문이라는 글을 남기셨다.

거시적으로 봤을 때 틀린 말은 아니다. 나라를 관리하는 사람들이 더 의미 있는 정책을 펼쳐나갈 때, 사람들이 체감하는 삶은 분명 달라질 수 있다. 하지만 그렇다고 해서 정책적인 혜택이 나를 부자로 만들어주지는 않는다. 무엇보다 가만히 있는 나의 주머니에 돈을 꽂아주어 부자로 만들어주는 나라는 없다.

궁극적으로 나의 삶은 내가 꾸려나가야 한다. 내가 열심히 살아가고 주체적으로 노력한다면, 나라의 정책에 따라 크고 작음은 있어도 성공의 길에 이르는 것에는 변함이 없다. 가난한 것은 절대 죄가 아니며, 죄라고 해서도 안 된다. 하지만 돈을 중심으로 흘러가는 현대

사회에서 마냥 당당할 수만은 없는 것이 현실이다.

각자 주어진 삶의 시작은 다르지만 모든 사람에게 동일한 시간이 주어진다. 분명 더 나은 삶을 만들어나갈 수 있는 기회들이 많다. 내 인생에 주어진 그 기회들을 더 쉽게 보고 포착할 수 있도록 앞의 행동들을 나열한 것이다. 저런 행동들을 하지 말라고 말이다. 저런 행동들이 당신의 몸과 마음에 쌓이면 당신은 계속해서 가난해지게 될 것이다.

# 운이 싫어하는
# 옷차림

**타인의 편안함을 생각하며 옷을 입는다는 것은**
**엄청난 운을 쌓는 일이다. 나의 옷차림 속에 담긴 그 마음을 통해**
**누군가의 마음을 흐뭇하게 할 수 있다는 것이 참 매력적이지 않은가.**

## 눈에 편안한 옷차림이 운을 만든다

타인을 볼 때, 얼굴보다 가장 먼저 눈에 들어오는 것이 그 사람의 차림새다. 어떤 색깔의 옷을 어떻게 입었고 어떤 가방을 들고 있는지가 빠르게 인식된다. 그것을 통해 그 사람이 어떤 사람인지 추측하게 된다.

『삼국사기』에 보면 '검이불루 화이불치(儉而不陋 華而不侈)'라는 고사가 나온다. 뜻을 풀이해보면 '검소하되 남루하지 않게, 화려하되 사치스럽지 않게'이다. 이렇게 옷을 입을 수 있다면 우리는 상당히 높은 경우의 수로 사람들이 나를 바라보게 만들 수 있고, 그렇게 많은 운을 쌓아나갈 수 있다. 운을 떠나서, 옷을 잘 입는다는 건 멋있는 일이기 때문에 옷을 잘 입는 사람은 인기가 좋다.

검이불루 화이불치. 말이 조금 어렵긴 해도, 그 뜻을 가만히 곱씹어보면 참 좋은 말이긴 한데 삶에 적용하기에는 어딘지 애매모호하다고 느낄 수 있다. 이 말이 내포하는 진짜 의미는 타인을 불편하게 하지 않는다는 것이다.

허름한 옷차림으로 자신을 없이 여기게 하지도 않고, 눈에 띄는 한편 사치스럽지 않아 편안함을 주는 것이다. 타인의 편안함을 생각하며 옷을 입는다는 것은 엄청난 운을 쌓는 일이다. 사람마다 보기만 해도 흐뭇한 누군가가 있을 것이다. 나의 옷차림 속에 담긴 그 마음을 통해 누군가의 마음을 흐뭇하게 할 수 있다는 것이 참 매력적이지 않은가.

물론 나의 편안함이 우선되어야 하는 것이 맞다. 하지만 그 마음과 더불어 타인도 함께 고려한다는 것, 이것이 운을 부르는 옷차림의 근본 개념이다.

'금의야행(錦衣夜行)'이라는 말이 있다. 비단옷을 입고 밤거리를 거닌다는 뜻으로, 아무런 의미가 없다는 것이다. 아무리 명품을 두르고 화려하게 입는다 해도, 그것이 보는 이의 눈살을 찌푸리게 만든다면 지혜롭게 옷을 입지 못한 것이다.

나 역시 옷을 잘 입는 편은 아니다. 하지만 이러한 마음을 담아서,

옷을 고를 때 조금이라도 보는 사람에게 편안하게 보일 수 있게 노력한다. 이런 마음가짐을 가지고 옷을 입는다면 좋은 운이 당신을 향하게 될 것이다. 그리고 운을 감소시키는 것들을 하지 않으면 더없이 좋아진다. 지금부터는 운을 감소시키는 옷차림에 대해서 이야기해보겠다.

## 운을 감소시키는 옷차림

**어울리지 않는 옷**: 어울리지 않는 옷을 입는 것은 나의 모습을 초라하게 만드는 것이다. 전형적인 금의야행의 옷차림이라고 할 수 있다. 나에게 어울리는 옷이라는 개념이 참 어렵기는 하다. 확실한 건, 내가 좋아하는 옷차림이 무조건 나에게 어울린다고 할 수는 없는 것이다.

예전에 대학 동기 중에서 매일 검은 옷만 입는 친구가 있었다. 동기들은 모두 한 번씩 다른 색 옷을 입어보는 것은 어떠냐고 이야기했다. 옷을 어둡게 입어서 그렇지, 조금 더 밝은 느낌으로 꾸민다면 정말 훤해 보일 친구였다. 결국 대학 졸업할 때까지 한 번도 밝은 옷을 입은 것을 보지 못했다.

연락을 이어가는 사이가 되지는 못했지만, 오래도록 카카오톡 친구에는 남아 있었다. 어느 날 우연히 그 친구의 프로필을 보게 되었는데, 밝은 옷을 입고 환하게 웃고 있는 모습이었다. 정말 놀라웠다. 여자 친구를 만나 행복하게 지내고 있는 것 같았다.

나 자신을 더욱 빛내주는 옷이 있다. 개인적으로는 흰색을 좋아하지만 검은색을 입을 때 사람들이 더 좋아하는 경우도 있다. 그럴 때는 한 번쯤 새로운 시도를 해보는 것도 좋다. 새로운 시도를 통해 새로운 스타일을 찾는 것은 삶에 신선함을 불어넣어준다. 나도 좋고, 남들도 좋아하는 그런 옷차림을 한번 찾아보자.

**쭈글쭈글한 옷**: 누군들 쭈글쭈글한 옷을 입고 싶을까. 부득이하게 옷은 입어야 하고 입을 수 있는 옷은 없어서, 어쩔 수 없이 옷장 구석에 접혀 있던 스웨터를 꺼내 입고 나간 적이 있을 것이다.

누군가가 그런 옷을 입고 온다면 너그럽게 이해해주는 것이 좋다. 하지만 나는 그런 옷차림을 하지 않는 것이 좋다. 특히 업무적이거나 공식적인 자리에서 타인을 만나야 할 경우에는 그 사람의 됨됨이를 평가하는 척도가 될 수 있다. 다음 날 입을 옷을 미리 챙겨놓고, 새롭게 하루를 시작하는 것도 좋은 방법이다.

**기워 입은 옷**: 요즘 시대에 누가 기워서 옷을 입겠느냐마는, 옷 모양 자체가 천을 모아서 기워놓은 듯한 스타일의 옷이 있다.

온전한 모양새를 갖춘 것에서 완전한 운이 모여든다. 집 안에 못 자국이 있는 것은 풍수 인테리어상 좋지 않다. 당신의 얼굴에 상처가 나고 구멍이 났는데 약을 바르지 않고 방치하는 것과 같은 이치다.

옷 역시 마찬가지다. 기워 입는 형태의 옷을 입을 때는 좋은 운이 다 가오기 쉽지 않다. 그러니 이왕이면 보통의 옷을 입는 것이 좋다. 아마 기워 입은 옷을 이야기하면 옛날 고승을 떠올리는 사람도 있을 것이다. 하지만 종교인과 일반인의 삶은 비교 대상이 되지 않는다. 특별한 자리일 경우 이왕이면 천을 모아놓은 듯한 스타일의 옷은 피하도록 하자.

## 옷으로 가려지지 않는 것

앞에서 체상에 대해 이야기했다. 옷차림이 잘 갖추어졌는지 여부를 떠나, 절대로 가릴 수 없는 것이 있다. 바로 체상이라고 하는 몸의 형태다. 잘생긴 연예인들은 청바지에 흰 티만 입어도 화보에 나오는 것처럼 멋있어 보인다. 물론 연예인과 나를 비교해서는 안 된다. 비교는 올바르지 않은 판단법이다. 하지만 건강하게 잘 관리한 몸은 옷을 고를 때 선택지를 넓힌다.

옷이 가득한 옷장을 보면서 입을 옷이 없다고 한탄하고 있지 않은가. 내가 살이 쪄서 만족스럽게 입을 만한 옷이 없다는 사실을 내포한 행위다. 날씬해지라는 뜻이 아님을 알아주었으면 한다. 그와 더불어 당당하게 걸음을 걷고, 명확하게 행동하는 것 역시 옷차림에 포함된다는 것을 알아야 한다.

보이는 옷차림을 넘어, 몸에서 냄새가 나지 않고 좋은 향이 나도록 꾸미는 것도 내 주변에 운이 모여들게 하는 행동이다. 집만 향기로워야 하는 것이 아니다. 나의 몸에서도 그렇다. 물론 향수를 통해서가 아닌 그 사람의 됨됨이를 통해 향기를 뿜어내야 하지만, 그렇게 하기가 어렵기 때문에 이런 노력이라도 해보는 것이다.

속옷도 중요하다. 항상 깨끗한 속옷, 겉옷보다 조금 더 좋은 속옷을 입는 것도 나의 운을 상승시키는 옷차림임을 기억하자.

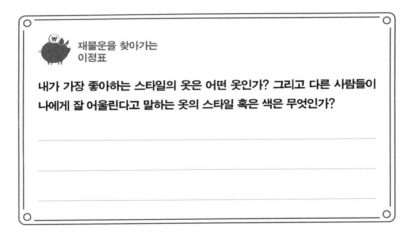

재물운을 찾아가는
이정표

**내가 가장 좋아하는 스타일의 옷은 어떤 옷인가? 그리고 다른 사람들이 나에게 잘 어울린다고 말하는 옷의 스타일 혹은 색은 무엇인가?**

# 재물운이 싫어하는
# 말버릇

**만약 지금의 삶이 힘겹다면, 반드시 이렇게 생각하라.**
**'나는 서민이 아니라 부자다.**
**지금은 단지 잠시 부자의 삶을 쉬어갈 뿐이다' 라고.**

## 나쁜 말버릇

의뢰인들과 대화를 하다 보면 각각의 말버릇이 참 다양하다는 것을 느낀다. 나를 가난하게 하는 행동들처럼 나를 가난하게 하는 말버릇도 있다는 것을 알게 되었다. 이러한 말들은 내가 직접 하지 않더라도 듣는 나조차도 부정적인 마음이 일어나서 불편한 감정이 느껴지곤 한다.

건강한 마음을 가진 사람이라면 대개 지금보다 풍족한 삶, 더 좋은 삶을 살고자 의욕하는 마음이 있다. 그러나 그렇게 의욕하는 마음과는 반대로 나의 습관이 나의 뜻대로 살고자 하는 것을 방해한다. 그중에서도 말버릇은 보이지 않기 때문에 더 인지하기가 어렵고, 고치기가 쉽지 않다. 그렇다고 하더라도 아래에서 이야기하는 특정한 말들만 하지 않는 것으로도 나의 운을 쌓는 것에 큰 도움이 될 수 있다.

## 나의 운을 소멸시키는 말

**"우리 같은 서민들"**: 많은 분들이 유선상으로 이렇게 이야기를 하신다. '우리 같은 서민들'이라고 하면서 묘한 공감대를 형성하려 한다. 얼마 전 한 젊은 의뢰인이 이런 이야기를 한 적이 있다. 20대 후반의 의뢰인이었는데, 자신이 정부의 지원을 받고 있는 사람인데, 자기 같은 어려운 사람들을 위해 컨설팅 비용을 할인해줄 수는 없는지 물었다.

보통은 50대 이상이신 분들이 이런 말씀을 하시는데, 20대 청년의 입에서 이런 말이 나온 것이 신선하게 다가왔다. 좋게 말해 신선하다는 것이지, 사실은 너무나 안타까웠다. 단지 돈을 아끼기 위해 한번 해본 말인지 모르겠지만, 이런 말은 그 사람의 삶에 더 큰 손실을 가져온다. 작은 돈을 아끼려다 나의 삶 전체를 하찮게 만들 필요는 없지 않은가.

한번은 또 이런 일이 있었다. 강남에서 100평대의 아파트를 소유하고 있는 분이었는데, 컨설팅 비용이 비싸다며 서민들은 그 비용을 어떻게 감당하겠냐고 말했다. 강남 한복판에서 100평 집을 자가로 가진 사람의 입에서 나온 말이라, 말 그대로 기가 막혔다. 설령 잘살고 있는 사람이라고 하더라도 함부로 말하면서 살 필요는 없다.

앞에서도 이야기했지만, 현재의 부가 영원할 것이라는 생각으로 지내다 보면 어느새 운의 독은 텅텅 비어버리고 만다. 서민이라는 단어는 그렇게 좋은 의미가 아니다. 우리는 모두 똑같은 24시간을 살고 있다. 부모의 재산 정도가 자식의 삶에 큰 영향을 미치는 세상이지만 그렇다고 마냥 불평만 하면서 살 수는 없지 않은가.

2021년 세계적인 부자이자 전문 투자자인 워런 버핏과의 한 시간이 경매에 나왔다. 그 시간은 무려 250억 원에 낙찰되었다. 누군가는 한 시간에 1만 원도 벌기 힘든데 참으로 사람마다 가진 가치가 다르다는 것을 알 수 있다. 이것은 부자와 가난한 사람의 차이라고만 볼 것이 아니라 평생에 걸쳐 자신의 몸값을 키운 사람과 그렇지 않은 사람의 차이라고 봐야 한다.

대부분의 사람들에게는 나름의 기회가 주어진다. 단지 그 기회를 알아차리지 못하고 살리지 못할 뿐이다. 이 책을 통틀어 이야기하고 있는 것이 바로 그것이다. 각자에게 주어지는 그 기회와 더불어서 더 큰 기회가 찾아올 수 있게 노력하는 것!

누구는 서민으로 살고 싶어서 그러겠냐고 생각할 수 있다. 그렇다. 뜻하지 않게 인생이 나를 힘들게 할 수도 있다. 그렇다고 하더라도 군이 지금의 삶 전체를 비하하지는 말자. 단지 잠시 어려운 과정을 겪고 있을 뿐이다. 산을 오르다 보면 마주할 수밖에 없는 험난한 구간 정도로 생각하자. 분명 끝나는 시점이 있다. 그 시점을 마주하기 위해서는 포기하지 않고 힘을 내 앞으로 나아가야 함을 기억하자.

멈추는 사람에게는 더 나은 미래가 절대 다가오지 않는다. 만약 지금의 삶이 힘겹다면 반드시 이렇게 생각하라. '나는 서민이 아니라 부자다. 지금은 단지 잠시 부자의 삶을 쉬어갈 뿐이다'라고.

**"망할"**: 사람의 심사를 뒤틀리게 하는 수많은 욕이 있지만, 그중에서도 앞으로의 삶을 저주할 만큼 강력한 것이 있다. 바로 '망할'이라는 단어다. 즉 앞으로도 하는 일이 잘되지 않을 것이라는 저주가 포함된 단어다.

익살스럽게 이야기하기는 했지만, 의미를 곱씹어보면 실상이 그러하다. 미래를 위해 어떤 일을 계획할 때뿐 아니라 군이 계획하지 않더라도 미래의 모든 순간이 빛나지 못할 것이라는 의미의 말, 무섭지 않은가?

특히 이 단어를 자기 자신에게 쓰는 일은 절대 없도록 하자. 나를 일으켜 세우고 존중하기에도 모자란 시간에 군이 앞날을 저주할 필요가 있겠는가. 형법에서는 아동과 관련된 범죄를 더 중하게 처벌한다. 여러 가지 의미가 있겠지만, 아이가 자라나서 이 사회에 기여할 가능성이 크다는 것을 전제한다.

이처럼 다가올 미래의 가치는 너무나 소중하다. 나 역시 가장 소중하게 여기는 것이 시간이다. 시간을 통해 미래의 선택지들을 원하는 대로 고를 수 있기 때문이다. 당신은 망할 일이 없다. 잘될 사람이기 때문이다. 이런 단어는 머릿속에서 지워버리자.

## 운을 부르는 통화법

머찌동컴퍼니의 상담은 가능한 한 내가 직접 통화를 한 뒤 컨설팅 여부를 확정짓는 식으로 진행된다. 풍수 컨설팅이란 운명을 결정짓는 중요한 선택지를 결정하는 일이기에 의뢰인이 우리 회사와 결이 맞는지 판단해야 하는 측면이 있다. 그래서 직원들에게 맡길 수도 있지만 가능한 한 내가 직접 통화한다.

SNS와 메신저가 발달되면서 직접 통화하는 것을 기피하는 경향이 강해지고 있다. 어찌 보면 내가 좀 옛 방식이라는 생각이 들기도 한다. 사적인 관계에서도 메시지보다는 전화를 더 선호한다. 목소리를 통해서 그 사람의 현재 기분과 상태를 간접적으로나마 느낄 수 있고 기분도 알 수 있기 때문이다.

전화 통화를 하는 일이 점점 낯설어지고, 고객센터를 통해 항의할 때만 통화하는 일이 많아지다 보니 점점 전화 예절이 사라지고 있다. 설령 문의전화를 한다고 하더라도 운을 높일 수 있는 통화법을 통해 대화를 하면 더 기분 좋게 대화할 수 있고, 더 많은 정보를 얻을 수 있다.

운을 부르는 통화법 중 첫 번째는 인사를 먼저 건네는 것이다. 바로 용건부터 훅 내던지면 상대방은 적지 않게 당황스러울 것이다. 매끄러운 대화를 위해서는 "수고하십니다" 같은 말을 먼저 건네보자. 첫 시작이 좋은 통화는 끝날 때까지 부드럽게 흘러갈 확률이 크다.

두 번째로 내가 누구인지 밝히는 것이 좋다. 내가 누구인지 명확하게 밝힐 때 상대방은 더욱 편안함을 느끼고 좋은 대화를 이끌어가게 된다. 세 번째는 통화가 가능한 상태인지 물어봄으로써 상대방의 시간을 존중해주는 것이다.

이렇게 3가지 방법을 활용해 통화를 하면 불편한 상황이 벌어질 일은 극히 드물어진다.

# 하루를 부자의 시간으로
# 채우는 법

**하루의 새로운 기운이 가장 많은 시간에
나의 빛나는 하루를 위한 계획을 세우자.
계획을 세우지 않은 부자는 없다는 것을 기억하라.**

## 시간 안에 담긴 나의 삶

큰 동그라미를 그리고 칸을 나누어 24시간 동안의 계획을 세우던
초등학교 때가 기억난다. 나는 항상 말도 안 되는 계획을 세웠다. 무
슨 공부 욕심이 그렇게 많은지 잠을 자는 시간 외에는 대부분 공부
시간이었다. 물론 제대로 실천한 적은 한 번도 없었다.

어떻게 24시간을 보내는가에 따라 한 사람의 인생이 결정된다. 그
리고 하루를 살아가는 습관을 요리조리 뜯어보면 그 습관이 아주 오

랜 세월 동안 이어져오고 있었음을 파악할 수 있다. 그래서 어제 보낸 나의 하루가 미래의 하루가 되고, 그것들이 모여 나의 삶이 끝날 때까지 채워지는 것이다.

이런 마음이 들었다면 그래도 어느 정도 더 나은 삶을 살고자 하는 의욕이 있다는 뜻이다. 하지만 의욕만으로는 나의 시간을 현명하게 채워갈 수 없다. 끊임없이 고민하고 해결 방안을 찾아야 한다.

나는 누구보다도 계획이라는 것을 많이 세웠다. 대학 때부터 지금까지 줄곧 플래너를 쓰고 있고, 그것을 통해 큰 힘을 얻었다. 그 기록들은 나와의 싸움을 다룬 전쟁 서사시이기도 하다. 종종 예전 플래너를 꺼내 들여다보면, 놀랍게도 지금 내가 갖고 있는 나쁜 습관들을 그때도 갖고 있었음을 발견하게 된다.

시간 관리를 잘한다고 할 수는 없지만, 나는 시간에 대해 누구보다 많은 고민을 했으며, 시간에 대한 계획들을 어떻게 잘 실현할 수 있을지 끊임없이 연구했다. 언젠가는 시간에 대한 책도 쓸 생각이다. 지금부터는 하루를 살아갈 때 이전과는 확연히 다른 삶을 살 수 있는 법에 대해 이야기하고자 한다.

영화 〈아저씨〉에서 원빈은 이렇게 말한다. "나는 오늘만 산다"고. 오늘만 사는 그 아저씨 덕분에 악당들은 모두 저세상으로 가고 아이는 건강한 삶을 살게 되었다. 우리도 그런 마음가짐이 필요하다. 잘 살고 싶다면 말이다. 원빈이 악당을 물리친 것처럼 나 역시 내 시간 속에 존재하는 나쁜 습관이라는 악당을 없애보자.

# 부자의 시간을 만드는 7가지

**계획을 세워라**: 가장 기본이다. 지금까지 계획을 세우지 않고 살았다면 아침에 일어나서 계획을 세우는 일부터 시작하자. 운을 모으는 아침 루틴에서 언급한, "일일지계 재어신(一日之計 在於晨)"이라는 말을 기억하는가? 하루 중 운이 가장 충만한 시간이 아침이다. 엄밀히 말하면, 새벽 시간대가 가장 좋은 운이 가득하다.

하루의 새로운 기운이 가장 많은 시간에 나의 빛나는 하루를 위한 계획을 세우자. 계획을 세운다고 해서 모두 부자가 되지는 않았지만, 계획을 세우지 않은 부자는 없다는 것을 기억하라. 그 계획이 곧 나의 운이 되고 돈이 될 것이다.

**쉬는 시간을 먼저 확보하라**: 정말 어렵게 몸으로 깨닫게 된 법칙이다. 나는 쉬는 것을 정말로 못 하는 편이다. 부모님 역시 항상 자식들을 위해 바쁘게 사시느라 휴식의 개념을 모른 채로 지내셨다. 여름에 바다에 가고, 겨울에 눈을 보러 가는 것이 일상이 된 지는 오래되지 않았다. 나의 작은 성공들이 모여서 이루어낸 시간 덕분에 이제는 조금씩 쉼이라는 것을 일상에 덧대고 있지만, 처음에는 의도적으로 쉼을 선택하고 노는 시간을 갖는 것이 정말로 어려웠다.

사람의 몸은 기계와 비슷한 면이 있어 나를 위한 당근과 쉼을 먼저 확보해야 더 많은 일을 해낼 수 있다. 아무리 아침에 업무가 바쁘더라도 일을 시작하기 전에 가볍게 산책을 해보자. 오후에도 피로가 느껴지기 전에 휴식시간을 가져보자. 뿐만 아니라 주간 계획이든, 월간 계획이든, 고생한 나를 위한 보상의 시간을 먼저 설정해보자. 그러면 의미 없이 노는 시간을 절약할 수 있게 된다. 그러니 모든 계획을 세울 때는 항상 휴식할 계획부터 먼저 세워라.

**하기 싫은 일이 있다면, 딱 10분만 하라**: 누구나 하기 싫은 일이 있겠지만 나는 하기 싫은 일을 정말로 참지 못하는 편이다. 내가 마음을 강조하면서 사는 이유가 달리 있는 것이 아니다. 마음을 편하게 가져야 하기 싫은 일이 줄어들기 때문이다. 그렇다고 하더라도 하기 싫은 일이 남아 있을 때, 그리고 그것을 하지 않으면 안 될 때는 딱 10분만 해보고 그래도 싫으면 그만두겠다는 마음을 가져보라. 아침 루틴에서 10초만 해보는 노력과 똑같은 것이다.

회사 업무든, 집안일이든 똑같이 적용할 수 있다. 하기 싫어서 미뤄 온 일들은 10분이면 해결되는 일들이 정말로 많다. 하기 싫은 일을 빨리 해내야 마음속에 비워지는 공간이 생긴다. 그것을 계속해서 마음속에 묵혀두면 더 귀찮은 상황이 발생할 수 있다. 그러니 하기 싫은 일은 딱 10분만 하고 그만하겠다고 생각하고 실행해보자.

**실현 가능한 계획을 세워라**: 당연한 말이겠지만, 정말 어렵다. 실현 가능한 계획을 세울 정도라면 나 자신에 대해서 정말 잘 파악하고 있는 것이다. 내가 무엇을 할 때 어느 정도의 시간이 걸리는지, 즉 나의 능력치를 정확히 파악하고 있다는 것이다. 실현 가능한 계획을 세운다는 것은 이처럼 큰 의미가 있다.

실현 가능한 계획을 세워야 하는 이유 중 중요한 한 가지는 바로 성취감이다. 오늘 안에 해내지 못하는 일을 자꾸 계획표 안에 욱여넣어봤자 어차피 실패하게 되어 있다. 욕심을 내려놓고 현실적으로 생각해야 한다. 설령 스스로 생각하기에 너무 계획한 양이 적다고 하더라도 괜찮다. 계속해서 승리하는 하루, 성취감을 쌓는 하루를 살아가다 보면, 하루에 실현 가능한 계획의 양이 점점 늘어나게 되어 있다.

어차피 실패할 20가지의 하루 일과보다 무조건 성공할 5개의 일과만 계획하고 실행하라. 그렇게 하면 삶은 여유로워지고 에너지는 더욱 충만해질 것이다.

**한순간에 너무 많은 것을 담지 말라**: 실현 가능한 계획을 세우지 못하는 이유는 한순간에 너무 많은 것을 이루려고 하기 때문이다. 너무 많은 것을 이루려고 하다 보면, 오히려 더 많은 것을 못하게 된다. 나 역시 계속해서 그런 시간을 지내왔다. 남들보다 앞서겠다는 마음에 더 많은 것을 계획하며 살았지만, 현실은 남들보다 뒤처진 시간을 살 뿐이었다. 가장 수월한 것은 남들만큼만 하는 것이다. 그것보다 더 쉬운 길은 남들보다 조금 늦더라도 완벽하게 할 수 있는 시간을 계획하는 것이다.

출장이 많아 고속도로를 달리는 경우가 많은데, 그럴 때 종종 목숨을 내놓고 주행하는 사람들을 보곤 한다. 그렇게 달리면 얼마나 빨리 갈 수 있을까? 대부분의 그런 차들은 IC에서 다시 마주하게 되는 상황이 벌어진다. 빨리 가려고 해도 얼마 못 간다는 것을 알아야 한다. 그러니 조금 느리더라도 제대로 걷는 것이 실제로는 더 빨리 가는 것임을 기억하자.

**변수를 생각하라**: 계획을 세움에 있어서, 가장 큰 실패를 낳는 요인 중 하나가 바로 변수다. 변수 때문에 하루 계획을 망치는 것이 아니라 변수가 일어날 것을 생각하지 않았기 때문에 실패하는 것이다.

아침에 눈 뜨면서 예상했던 하루가 그대로 이루어진 적이 몇 번이나 되는가? 단 한 번도 없을 것이다. 그렇다면 변수는 언제나 일어나는 것이라고 생각하는 것이 현명하다. 하루 중 일부는 뜻하지 않은 변수의 시간을 위해 비워놓자. 휴식시간과는 별개의 시간이다.

이렇게 변수를 위한 시간을 설정해놓으면 한층 여유로운 사람이 될 수 있다. 우리는 늘상 바쁘다는 핑계로 누군가의 부탁을 들어주거나 내가 진정 원하는 일을 하지 못한다. 이것은 변수를 설정함으로써 바로 해결될 수 있는 문제다.

**정리하는 시간을 가져라**: 앞에서 문제집만 풀던 나의 서툰 모습을 이야기했다. 하루를 보내면서 하루를 정리하는 시간을 갖지 않는다면 학습은 하지 않고 문제집만 푸는 것과 같다.

내 나이가 몇이든 간에 모든 사람에게 주어지는 하루는 새로운 날이며 항상 시험의 연속인 날이다. 성공한 날들을 많이 쌓아왔다고 하더라도 새롭게 주어지는 하루 역시 성공적으로 보내리라는 보장이 없다. 단지 확률만 높을 뿐이다, 항상 주의를 기울이고 노력할 수밖에 없는 것이다.

그렇기 때문에 하루를 정리하면서 개선할 부분을 확인하고 고쳐나가는 것이 중요하다. 그것이 나를 더 앞으로 나아가게 할 것이다.

이렇게 7가지를 실천하게 되면, 하루에 많은 일을 할 시간이 별로 없다. 하지만 이것이 진정으로 더 많은 일을 할 수 있는 지름길인 것을 잊지 말자.

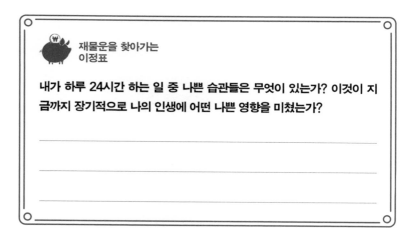

재물운을 찾아가는
이정표

내가 하루 24시간 하는 일 중 나쁜 습관들은 무엇이 있는가? 이것이 지금까지 장기적으로 나의 인생에 어떤 나쁜 영향을 미쳤는가?

# 돈이 들어올 때
# 조심하라

돈은 묘한 운을 가져온다.
많은 돈이 들어오게 되었을 때 구설수가 나고, 관계가 꼬이고,
건강이 나빠지는 경우를 쉽게 접한다.

## 돈이 나갈 때에는 다른 것도 같이 나간다

많은 사람들은 돈과 재물운을 같은 것으로 착각한다. 식복은 단순히 음식이 들어온다는 의미를 넘어서 돈을 벌게 되고 음식을 가져다주는 사람을 얻는다는 의미가 있다. 재물운도 마찬가지다. 단순히 돈이 많이 들어온다는 것이 아니라 다른 여러 운들이 함께 좋아지는 것을 포함한다.

그렇게 봤을 때 재물운이 좋다는 것은 참으로 좋은 의미다. 하지

만 단순히 돈만 들어오는 것은 주의해야 한다. 돈은 칼과 같다. 이 칼이 나에게 주어질 때 유용하게 쓰일 수 있는 도구가 될 수도 있지만 흉기가 될 수도 있는 것이다.

나에게 돈을 다룰 수 있는 능력이 없다면, 돈이 아무리 많이 들어오더라도 나에게 향하는 흉기에 불과한 것이다. 그래서 좋은 운을 쌓는 법에서 한걸음 더 나아가 돈을 다루는 법에 대해 알아야 한다. 돈을 잘 다루는 능력이 나의 운이 되어 삶을 풍족하게 해줄 것이다.

예를 들어 사주에서 남자에게 돈이 들어온다는 것은 단순히 돈이 들어오는 것뿐만 아니라 이성도 함께 생긴다는 것을 뜻한다. 결혼 적령기에 직장을 얻게 되고 정기적인 수입이 들어온다는 것이 바로 돈이 들어온다는 의미이며, 직장이 생기니 사람을 만날 수 있는 여유도 생기게 된다. 그러다가 좋은 인연을 만나면 결혼까지 생각하게 된다. 결혼한 남성에게 돈이 들어온다는 것에도 같은 의미가 있다. 즉 여성의 유혹이 들어올 수 있다는 것이다.

돈을 잘 활용해야 나에게 도움이 되는 것이지, 그렇지 않으면 가정 파탄뿐 아니라 많은 잘못된 일이 벌어질 수 있다. 그러므로 돈을 벌게 될 때는 항상 조심해야 한다. 돈은 묘한 운을 가져온다. 많은 돈이 들어오게 되었을 때 구설수가 나고, 관계가 꼬이고, 건강이 나빠지는 경우를 쉽게 접한다. 돈이 들어올 때 운을 잘 다스리지 못해 벌어진 일일 확률이 크다.

이러한 돈의 특성을 잘 기억하면서, 다음에 설명하는 것들을 삶에 적용해보자. 돈을 잘 활용해 재물운을 높일 수 있는 방법들이다.

# 재물운을 높여주는, 돈 쓰는 법

**돈을 귀하게 대하라**: 무조건 귀하게 대해야 한다. 내가 원하는 것을 할 수 있는 기회를 주는 돈을 언제나 감사하게 생각하고 귀하게 대해야 한다. 수많은 부자들이 자신들의 저서에서 이야기하는 것을 보면, 돈 자체를 의인화하는 경우가 많다. 마치 귀한 친구처럼 말이다. 귀하게 대접하는 손님을 위해 손님이 머물 공간을 마련해야 한다. 재물운을 높이기 위해 금고를 두는 이유도 이 때문이다.

여기까지 읽었다면, 지금쯤은 돈이 없다고 투정하는 독자는 더이상 없을 것이라고 생각한다. 금고와 더불어 늘 들고 다니는 지갑도 잘 관리하는 것이 좋다.

나는 재물운을 위해 거의 항상 장지갑을 들고 다닌다. 어떤 지갑을 쓰는 것이 좋은지 궁금해하는 사람들이 많은데, 가능한 한 좋은 지갑을 쓰는 것이 좋다. 명품을 이야기하면 사치스럽다고 하겠지만, 여건이 되면 명품지갑을 쓰는 것도 좋다.

**장지갑 안의 현금**

\* 지갑 속의 현금이 더 많은 현금을 불러올 것이다.

장지갑을 쓰는 이유는 잘 알려진 것처럼, 돈을 구기지 않기 위함이다. 빳빳한 신권으로 된 돈 뭉치를 만져보면 묘한 기운이 느껴진다.

소중한 사람에게 부드럽게 대하는 것처럼 나에게 귀한 기회를 전해 줄 돈을 귀히 대한다면 더 좋은 것으로 보답받게 될 것이다.

현금을 들고 다니면 실생활에서 유용하게 쓸 수 있을 뿐 아니라 현금 자체가 재물운을 가져다주는 일종의 부적과도 같은 역할을 해준다. 돈이 있는 곳에 돈이 모이기 마련이다. 나의 가방과 지갑에 빳빳한 새 돈과 귀하게 대한 지폐들이 있으니 더 많은 운을 불러올 것이다.

개인적으로 내가 실천하고 있는 또 다른 하나는, 책꽂이에 책을 위아래를 맞춰서 진열하는 것처럼 지폐도 위아래를 맞춰서 정리한 다음 뒤집어서 집어넣는 것이다. 돈이 쏟아지라는 의미다. 중국인들이 '복(福)'이라는 글자를 뒤집어서 붙이는 것처럼 지갑에 돈이 쏟아져 들어오라는 의미를 부여한 나만의 행동이다.

설령 소소한 행동이라고 하더라도 이 모든 것이 나만의 주문과도 같은 것이다. 운의 진실에서 봤던 것처럼 돈이 들어오는 나만의 주문은 분명 의미가 있다.


**가치에 투자하라:** 돈이 모이지 않는 가장 어리석은 행동 중 하나가 바로 돈을 쓰지 않는 것이다. 앞뒤가 맞지 않는 말이 아니다. 돈을 쓸 줄 모르는 사람에게 돈은 더 이상 기회를 주지 않는다. 돈을 쓸 줄 안다는 것은 더 많은 돈을 불러들일 수 있는 일에 쓴다는 의미다.

보통 재물은 '금'으로 표현한다. 그래서 금을 의미하는 서쪽을 재물이 들어오는 방향이라고 의뢰인들에게 알려드리곤 한다. 하지만 돈이 돌아가는 속성을 보면 '금'보다는 '물'에 가깝다. 맑은 물을 유지하기 위해서는 물이 고이지 않아야 하는 것처럼 돈도 고이지 않아야 한다.

물이 한곳에 가만히 머무르게 되면 이끼가 끼고 썩게 된다. 돈도 마찬가지다. 가만히 묵혀둔 돈은 냄새가 나기 마련이다. 더 큰 무언가를 성취하기 위해 돈을 모으는 것과는 의미가 다르다. 돈을 쓰지 않고 모으기만 하는 행동은 더 많은 돈을 모으는 데 도움이 되지 않는다는 뜻이다.

개인적으로 돈을 쓰지 않고 돈을 모으는 행위 자체만 좋다면, 그렇게 살아도 괜찮다. 하지만 더 많은 돈으로 더 많은 새로운 것을 접하고, 내가 원할 때 하고 싶은 것을 하고, 먹고 싶은 것을 먹으면서 살고 싶다면, 돈을 계속해서 써야 한다. 일종의 '투자' 개념과도 같다고 보면 된다.

예를 들어 내가 한 권의 책을 산다고 하면 그것은 나의 정신적인 소양을 높이고 나의 가치를 높이는 일이기 때문에 더 많은 돈을 불러오는 행위 중 하나다. 강의를 듣는 것 역시 마찬가지다. 수십만 원짜리 강의를 계속해서 듣는 이유는 전문가들이 시행착오를 겪으며 쌓은 노하우를 빠른 시간에 습득하기 위함이다. 수십만 원을 들여서 나의 시간을 아끼는 것이다.

이처럼 일상생활에서 투자를 하지 못하는 사람은 절대 큰돈을 모으지 못하고, 자기 몸값도 올리지 못한다. 그러니 자신의 가치를 높일 수 있는 일에는 과감히 투자하고, 더 많은 돈을 맞이할 준비를 하라. 돈이 없다면, 몸을 쓰면 된다. 몸을 쓸 수 없다면, 생각과 마음이라도 쓰면 된다. 내가 할 수 있는 것은 반드시 있다. 그럴 의지만 있다면 말이다.

**돈보다 사람이다**: 돈에 대한 이런 귀중한 이야기를 하다 보면 돈 자체를 너무 숭상하게 된다. 그리고 돈을 가져다주는 사람에 대한 가치를 잊을 수 있다. 궁극적으로 돈을 가져다주는 것은 사람임을 다시 한번 기억하자. 돈을 귀하게 대하는 것보다 더 귀하게 사람을 대해야 하고, 돈을 쓰더라도 나의 가치를 높일 뿐 아니라 사람을 얻는 투자를 이어나가야 한다. 그럴 때 나도 잘되고 남도 잘되는 돈을 쓸 수 있다.

# 준비하는
# 사람이 돼라

준비된 사람에게만 주어지는 천금 같은 기회,
당연해 보이지만 부단한 노력을 해야만 가질 수 있는 그 기회.
당신에게도 주어질 수 있다. 지금 당장 준비한다면 말이다.

## 운이라는 얄미운 녀석

지금까지 이 책을 읽다 보니 운이라는 것이 참으로 다루기 어렵다는 생각이 들지 않는가? 알 것 같다가도 모르겠고, 모를 것 같으면서도 항상 내 옆에 있다.

그러니 계속해서 연습을 하는 수밖에 다른 방법이 없다. 확실한 것은, 운은 자신을 알아봐주는 사람을 좋아한다는 사실이다. 이 같은 운의 진실을 알기 때문에 지금까지 나의 운을 쌓는 행동에 대해서 알아본 것이다.

의뢰인들에게 자주 이야기하는 것 중 하나는 준비하는 사람이 되어야 한다는 것이다. 지금의 상황이 현실적으로 풍족하지 않더라도 내가 앞으로 잘살기를 진정으로 바라고 의욕을 갖는다면 그런 상황을 미리 준비하라는 의미다.

준비하는 사람이 되라는 것이 무리해서 비싼 옷, 비싼 차, 비싼 집을 사라는 의미가 아님을 알 것이다. 나에게 돈이 들어오고 큰 일이 맡겨지는 상황이 오기 전에 미리 그러한 상황을 가정하고 그에 맞는 준비를 하는 것이다.

예를 들어 100억 상당의 건물을 갖는 것이 꿈이라면 그 건물을 살 수 있는 계획을 지금 당장 세워두라는 것이다. 그래서 내일 당장 100억 건물을 갖게 될 상황이 만들어진다면 바로 실행할 수 있게 공부를 해놓아야 한다.

그렇게 계획을 세우고 기다리고 조금씩 목표에 다가가다 보면 운이 나에게 오든, 내가 운에 가든 어떻게든 좋은 상황과 마주하게 된다.

그때를 위해 지금 우리는 이렇게 책을 읽고 생활을 바로 잡고 있는 것이다. 그러므로 모든 운에는 당연한 것이 없다고 했다. 준비된 사람에게만 주어지는 천금 같은 기회, 당연해 보이지만 부단한 노력을 해야만 가질 수 있는 그 기회, 당신에게도 주어질 수 있다. 지금 당장 준비한다면 말이다.

# 얼굴과 눈에 빛이 나는 사람

나의 운을 쌓는 행동 중 가장 의미 있는 것은 얼굴과 눈에 빛이 나게 하는 것이다. 물광 피부를 내기 위해, 눈이 커 보이도록 하기 위해 시술을 하라는 말이 아니다. 물론 그것도 자신의 자존감을 높이는 차원에서 나쁘지 않다. 하지만 그보다 더 제대로 빛이 나게 하는 것은 목표를 가지고 노력하는 자세이다.

우리나라의 특수부대 출신들을 모아 경쟁을 벌이는 예능 프로그램 〈강철부대〉를 보면 눈에 빛이 난다는 것이 무엇인지 바로 확인할 수 있다. 혹독한 훈련을 마치고 나온 사람들에게는 다른 눈빛이 있다. 그것은 오랫동안 이어진 자신과의 싸움에서 이겨냈을 때 얻게 되는 금메달과도 같은 것이다.

목표가 있고, 그 목표를 위해 자신을 이겨온 사람에게는 빛이 날 수밖에 없다. 그런 사람에게는 어떠한 상황이 닥치더라도 자신만의 노력으로 삶을 헤쳐나갈 자신감이 있다. 그리고 그 자신감이 운이 되어 하는 일을 더 순탄하게 만들어준다.

그러니 운을 모아서 잘살고 싶은데 당장 무엇을 해야 할지 모르겠다면 일단 목표를 세워라. 허황된 목표라 생각하지 마라. 남들이 보기에 비웃을지 몰라도 나 자신만 진심이면 된다. 그리고 그것에 다가가기까지 어떤 과정을 밟아나가야 하는지 조사하고, 지금 당장 무엇을 하면 될지 계획하고 실행하라.

실행하는 법에 대해서는 지금까지 충분히 이야기했다. 이제 다음 장에서는 좀 더 마음과 관련된 이야기를 하면서 진정으로 운이 좋아하는 사람이 되어보자.

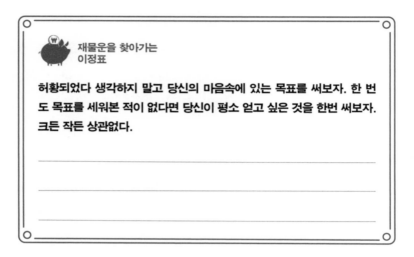

재물운을 찾아가는
이정표

**허황되었다 생각하지 말고 당신의 마음속에 있는 목표를 써보자. 한 번도 목표를 세워본 적이 없다면 당신이 평소 얻고 싶은 것을 한번 써보자. 크든 작든 상관없다.**

## CHAPTER 4 Summary
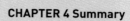
# 나의 운(외양)

- 나의 외양적인 부분을 통해서 쌓을 수 있는 운의 영역은 3가지로 나뉜다. 첫째는 몸이며, 둘째는 시간, 셋째는 돈이다.

- 나의 얼굴을 잘 관리하고, 나의 체형과 걸음걸이 등을 잘 관리하고, 그것들의 근본인 내 마음의 모양새를 잘 관리하는 것이 나의 외적인 운을 챙기는 것의 핵심이다.

- 하루의 시간 중 가장 많은 운이 모이는 시간이 아침이다. 아침 시간을 지혜롭게, 자신만의 루틴으로 생활해나간다면 더 효율적으로 시간을 활용할 수 있다.

- 밥을 먹는 행위는 이 세상의 모든 기운을 흡수하는 것과도 같다. 그러니 제대로 된 식사법을 통해 좋은 운을 쌓아가도록 하자.

- 치킨 8번을 시켜 먹는 것보다, 그 돈을 아껴서 최고급 호텔에서 한끼의 식사를 하는 것이 당신의 운을 더 크게 바꿔줄 것이다.

- 나를 가난하게 하는 것은 나의 행동 때문일 확률이 크다. 가난하게 만드는 행동은 하지 말고 좋은 운을 지켜나가야 한다.

- 옷은 타인에게 보이는 것이며, 타인이 나를 바라보는 운을 결정짓는 것이다. 매일 입는 일상 속 옷차림이라 하더라도 나를 바라보는 이들을 생각하며 옷을 입게 된다면, 이 역시 많은 운을 쌓는 길이다.

- 스스로 가난하게 여기는 사람에게는 재물운이 결코 따라오지 않는다. '우리 같은 서민들' '망할'이라는 말처럼 재물운이 싫어하는 말을 하지 않도록 노력해야 한다.
- 하루를 살아가는 그 시간과 행동이 모여서 곧 한 사람의 삶이 만들어진다. 당신의 시간을 부자의 시간으로 채워라.
- 돈과 재물운은 엄연히 다른 것이다. 돈이 들어올 때일수록 조심하고, 돈이 나갈 때는 다른 것도 함께 나간다는 것을 명심하라.
- 준비하는 사람에게 운은 찾아오게 되어 있다. 준비하는 사람의 얼굴과 눈에서는 빛이 난다. 준비하는 행동을 통해 행운이 당신을 잘 알아볼 수 있도록 준비하도록 하자.

드디어 마지막 장의 시작을 열어보려 한다. 지금까지 이어져온 내용들을 바탕으로 운이 좋은 사람, 운이 따라붙는 사람이 되고, 잘 살 수 있는 방법에 대한 이야기를 본격적으로 펼쳐나가게 될 것이다. 짧지만 지금껏 살아온 나만의 시간을 통해서 깨닫게 된 것들도 함께 나누게 될 것이다.

모든 공간, 모든 관계, 그리고 모든 외적인 행동을 통해서 이제 행운의 밥상이 다 차려졌다. 이제 내 마음가짐들을 통해서 숟가락을 놓고 먹기만 하면 언제나 운이 곁을 떠나지 않는 사람이 되는 것이다. 상투적인 내용이라고 생각할 수도 있다. 하지만 그 상투적인 것 속에서 나에게 적용할 수 있는 특별한 이치를 깨닫는 것은 당신의 몫이다.

나의 운, 특히 마음의 차원으로 들어가게 되면 직접적인 재물운에 대한 것보다는 운 자체 속으로 들어가서 갖추어나가야 할 마인드 세팅에 대한 내용이 많을 것이다. 자, 머뭇거리지 말고 바로 읽어 내려가보자.

5장

# 나의 운(내면)
## 모든 운은 마음에서부터 시작된다

# 좋은 선택과
# 빠른 실행

**결정에 대한 연습과 나 자신의 가치관에 대한**
**기준이 명확히 서 있는 사람만이 좋은 선택을 할 수 있다.**

## 신중하게 고민하되 빠르게 선택할 것

앞에서 나를 가난하게 하는 행동에 대해서 이야기를 했었다. 고민의 시간도 짧고 섣부른 결정을 하는 것은 나를 가난하게 만드는 행동 중 하나다. 신중한 고민을 통해서 빠른 선택과 빠른 실행을 하는 것은 나의 삶을 풍족하게 만드는 방법 중 하나다.

내가 신중한 고민을 거친다는 것은, 내 나름의 잣대를 통해서 순간적인 감정에 휘둘리지 않고 삶의 순간을 객관적으로 바라볼 줄 안다는 것을 의미한다. 그리고 그 판단에 확신을 가졌기 때문에 빠르게 선택하고 실행할 수 있는 것이다.

주변을 보면 선택하지 못하고 시간을 흘려보내는 사람들이 있다. 가장 안타까운 사람 중 하나다. 2021년 초에 자신의 아버지 산소를 감정했으면 해서 연락을 주신 분이 계셨다. 이런저런 이야기를 듣고 컨설팅 비용이 들어간다는 것을 알고는, 주저하시면서 다음을 기약했다.

그리고 나서 2021년이 기울어갈 때쯤 또 전화를 해주셨다. 그리고 그다음은 2022년 3월에 마지막으로 2023년 초에 전화를 주셨다. 그 오랜 세월 동안 섣불리 선택을 하지 못하고 흘려보낸 세월이 참 길었다.

어떠한 생각 하나를 가지고 결정하지 못해서 마음속에 계속 박아두는 것 역시나 나를 가난하게 만드는 것이다. 새로운 생각이 들어올 틈을 막아두는 것이기 때문이다.

사실 이런 분들이 상당히 많다. 지금 내가 결정을 내리지 못한다면, 앞으로도 못하게 되는 것이다. 그럴 경우에는 아예 생각을 접고 포기하는 것이 현명하다.

당신도 혹시 오래도록 결정을 끌고 가지는 않는가? 결정을 내리지 못하고 오래도록 끌고 가는 사람들은 안 되는 일을 항상 생각하는 등 부정적일 확률이 높다. 무슨 일이든 조심하고 신중한 것이 좋지만, 조심이 지나쳐 모든 상황을 '기우'로 만들어버린다면, 그것은 바꾸어야 하는 것이다.

이러한 마음과 닮아 있는 단어가 '나중에'다. '나중에'를 남발할수록 타인과의 관계에서 신용도 함께 떨어진다.

우연히 마주친 지인에게 '나중에 밥 한번 먹자'라고 말해보지 않은 사람이 없을 것이다. 나 역시 이 말을 지키지 않는 것을 알기 때문에 이제는 '인연이 되면 또 보자'라고 쿨하게 이야기해버린다. 나만의 시간에 맞추어 살다 보면 우연히 마주한 지인을 위해 시간을 내기가 어려운 것이 사실이다. 진정 밥 먹을 생각이 있다면 그 순간 바로 약속을 잡는 것이 가장 멋있는 행동이다.

**포기해야 할 때와 이겨내야 할 때를 아는 것**: 혹시라도 빠른 결정을 내리기 어렵다면 다음과 같은 기준으로 판단해보길 바란다. 어떠한 결정이 섣불리 나지 않는다면 내가 이것을 포기하는 것이 맞는 것인지, 아니면 지금 이것을 내가 결정하지 않거나 넘어서지 않는다면 계속해서 나의 삶에 문제가 되어 돌아올 것인지를 말이다.

만약 전자라고 판단이 된다면 과감히 생각의 끈을 잘라내면 된다. 물론 이런 과감한 결정은 끊임없이 자기에 대한 투자를 결정해본 사람만이 가능하다. 결정에 대한 연습이 되어 있고, 나 자신의 가치관에 대한 기준이 명확히 서 있기 때문이다. 만약 후자라고 판단이 된다면 가능한 한 빠르게 나를 시험하는 이 단계를 마무리해야 한다.

이해하기 쉽게 예를 든다면 나에게 주어진 문제집이 한참 남아 있는데 이것을 풀기 싫은 마음이 들었을 때, 이것을 풀지 않더라도 앞으로 내 인생에 이 문제집과 이 과목이 어떠한 영향도 미치지 않는다고 생각된다면 문제집을 휴지통에 버리면 된다. 그게 아니라 지금 이 문제집을 풀어내지 못하고 이것을 공부하지 않았을 때 앞으로 언젠가 다시 이것을 공부하고 이 단계를 넘어서야 할 때가 다가오게 되어 있다면 이겨내야 하는 것이다.

나의 삶에도 이러한 문제와 갈등이 있었다. 20대 수험생활 시절, 나는 나 자신을 이겨내지 못하는 시간을 하루하루 쌓아왔다. 계획을 세운 그날그날의 공부 계획을 이겨내지 못하는 날들이 이어졌다. 그때 나는 빠른 선택을 했어야 했다. 지금 내가 준비하는 사법시험을 포기할 것인지, 아니면 다시 마음을 고쳐먹고 얼른 공부를 끝내서 확실하게 합격을 하든 불합격을 하든 결과를 낼 것인지 말이다. 하지만 나는 어떠한 결정도 하지 않았고, 매일매일 중도포기한 날들만 쌓여갔으니 당연히 결과도 좋지 않았다.

그럼에도 마음의 미련은 남아 있어서, 매년 시험을 보면서 마치 시간이 지나면 합격의 순간이 다가올 것이라는 무책임한 태도로 나의 삶을 허비했던 것이다. 분명 사람마다 자신만의 숙제 같은 일들이 있을 것이다.


나는 이제 새로운 인생의 선택과 가치관을 정립하면서 내가 쌓아온 부정적인 나의 모습을 깨뜨려가고 있다. 그렇게 깨져가는 부정적인 내 모습 속에서 새로운 나 자신을 찾게 되었다. 현실적으로도 풍족한 삶을 이루어냈고, 심적으로도 예전보다 훨씬 더 긍정적이고 자신감에 찬 사람이 되었다.

당신에게 있는 그 문제를 얼른 포기하거나 이겨내야 한다. 그렇게 해서 다른 삶의 단계로 넘어가야 더 희망적인 순간들을 맞이할 수 있게 된다.

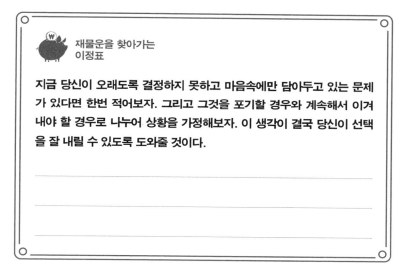

재물운을 찾아가는
이정표

지금 당신이 오래도록 결정하지 못하고 마음속에만 담아두고 있는 문제가 있다면 한번 적어보자. 그리고 그것을 포기할 경우와 계속해서 이겨내야 할 경우로 나누어 상황을 가정해보자. 이 생각이 결국 당신이 선택을 잘 내릴 수 있도록 도와줄 것이다.

# 시행착오를 줄이는 것이
# 성공하는 비결이다

**돌이킬 수 없는 인생의 손실을 줄이고
리스크 부담이 적은 시도를 반복하는 것.
그것이 성공으로 가는 비법이다.**

## 내가 풍수 컨설팅을 가볍게 여기지 않는 이유

풍수 컨설팅의 가치는 삶의 시행착오를 줄일 수 있다는 데 있다. 만약에 내가 분양을 받은 집이 있는데, 그곳에서 살아도 될지에 대한 거주적합성을 판단하고자 할 때 컨설팅을 받는 것이다.

대전에 사시는 한 의뢰인이 있었다. 그곳에서 집을 감정해드렸는데, 역시나 집이 좋지 않았다. 다행히 그분은 우리의 말을 신뢰해주셨고, 새로운 공간을 찾는 것까지 모두 진행하셨다.

새롭게 집을 얻어드린 이후에 그분에게서 연락이 왔다. 원래 이전에 살던 집에서 딸도 의뢰인도 모두 정신적으로 힘든 상태였다고 했다. 딸은 지나치게 예민한 상태였고, 의뢰인도 우울증 초기 단계였다. 하지만 정해드린 집에 가서부터는 딸도 예민했던 마음이 가라앉고 마침 취업까지 되어서, 새집에 오게 된 것을 너무 감사하게 생각한다고 이야기를 들려주셨다.

물론 취업준비를 위해서 열심히 노력한 것도 있을 것이고, 이렇게 새롭게 거처를 옮길 만큼 마음의 힘도 있는 분이셨다. 하지만 내가 사는 터의 도움을 받지 않고는 큰일을 해낼 수가 없는 것이 풍수의 원리다. '인걸은 지령'이란 말이 그것이다. 이 세상의 영웅은 땅의 힘으로만 만들어낼 수 있다.

만약 이분들이 계속해서 이전에 살던 집에서 살았거나 다시 좋지 않은 집에서 살게 되었을 때의 인생의 시행착오는 돌이킬 수 없는 손실을 안겨주게 된다. 가족이 행복할 수 있는 기회, 새롭게 살아갈 수 있는 선택지를 제시해주고 미래에 잘못된 선택을 하게 될 것을 미리 막아주는 것이 풍수 컨설팅이기 때문에 풍수에 대한 모든 것을 가벼이 생각하지 않고, 또한 풍수를 가벼이 여기는 분들을 안타깝게 여기는 것이다.

출장을 나서건 비대면 컨설팅을 진행하건, 항상 마음속에 새기는 것이 있다. '오늘도 한 사람, 한 집안을 살리겠습니다.' 실제로 그렇다. 나의 결정과 판단 하나가 한 사람의 인생에 날갯짓이 되고, 이것이 훗날 큰 운의 태풍이 되어 돌아오기 때문이다. 풍수 컨설팅은 예를 듣기 위함이며, 궁극적으로 이야기하고 싶은 것은 내 인생의 큰 시행착오를 줄여나가는 선택을 하는 것, 그것이 진정으로 잘 살 수 있는 방법임을 기억하자는 것이다.

## 대가가 크지 않은 실패는 부의 바탕이다

시행착오를 줄여야 함을 강조하다 보면, 자연스럽게 어떠한 일을 선택하는 것을 주저하게 될 것 같아서 이야기를 덧붙여보려 한다. 시행착오를 줄여야 하는 것은 일종의 대원칙과 같다. 그 이외에 모든 것은 경험이 중요하다는 것을 기억해야 한다.

만약 많은 리소스가 투입되지 않는 일이라면 그 어떤 것이든 경험을 많이 하는 것이 최고다. 내가 스스로의 실력에 자부심을 갖는 이유는 경험 덕분이다. 그 어떤 풍수 전문가들보다 유의미한 현장 출장 컨설팅을 진행했기에 경험을 바탕으로 한 것들을 이야기하고, 그 경험 위에 또 다른 경험을 쌓아서 더 높은 단계의 실력을 만들어낼 수 있는 것이다. 여러 문제집을 풀어보면서 이런저런 문제에 노출되어보는 것과 같다.

사업을 할 때 여러 제품들을 큰돈을 들이지 않고 계속 시도해보면서 마케팅 전략을 테스트해보는 것과 같다. 우리의 생활은 하나를 반복해서 하다 보면 거기에 젖어버린다. 그것이 나의 운으로 결정된다.

예를 들어 좋지 않은 집에서 살게 되면 그 집의 좋지 않은 기운에 젖어버리게 되는 것이다. 항상 외부의 기운에 젖어버리지 않기 위해서는 나 자신에 대해서 항상 명확하게 깨어 있어야 한다. 그래서 이전 장에서 스스로에 대한 것을 알아야 한다고 말한 것이다.

내 삶에 있어서 어떤 부정적인 것들이 있는지 인식하고, 그것을 바꾸고 싶다면 그것을 바꿀 수 있는 대안들을 세워보고, 반복해보자. 설령 실패하더라도 실패의 경험이 더 나은 성공의 길로 한 걸음 다가가게 해줄 것이다.

# 타고난
# 사주팔자가 있을까?

**아무리 사주가 좋다고 해도
그 사람이 사는 공간이 제대로 되어 있지 않으면
그 사람의 타고난 운이 발현될 수가 없다.**

## 사주를 자주 봤던 풍수 전문가

처음 보는 사람들에게 풍수컨설팅회사를 운영하고 있다고 말하면 가장 많이 물어보는 질문이 "혹시 사주도 보세요?"다. 풍수든 사주든 작명이든 모두 한 세트로 생각을 하다 보니 그렇게 물어볼 수밖에 없다. 또한 이것이 지금을 살아가는 대중의 인식이다.

하지만 지금까지 내가 이야기한 것들을 통해서 풍수에 대한 중요성을 체감한 사람이라면, 풍수가 사주나 작명과는 차원이 다른 문제임을 알았을 것이다. 같은 동양철학의 이치가 담겨 있다는 점은 동일하지만 사주나 작명, 손금, 기타 각종 운세를 보는 것은 나 개인의 운에 대한 것만 생각해 나의 미래에 대한 것을 이야기한다. 하지만 아무리 사주가 좋다고 해도 그 사람이 사는 공간이 제대로 되어 있지 않으면 그 사람의 타고난 운이 발현될 수가 없는 것이다. 같은 사주를 타고나더라도 극과 극의 삶을 살아가는 다양한 사람들을 보라.

풍수는 기본적으로 모든 것들의 관계를 기본으로 해 운에 대한 부분을 판단하는 전문적인 영역이다. 그래서 쉽게 따라 하고 공부할 수 없는 것이 '풍수'이기도 하다.

나 역시 사주를 자주 보러 가곤 했었다. 심중에 답답한 일이 있을 때에는 그렇게라도 털어놓으면서 내 지금 상황의 답답함을 조금이나마 덜어내고, 앞으로의 시간에 대한 희망을 얻고 싶었던 것이다.

물론 사주를 보러 갈 때마다 이것은 나의 심리적인 위안을 위한 것임을 알고 있었다. 그리고 이제는 그러한 심리적인 위안마저도 필요 없이 내 스스로 나의 마음의 문제를 해결할 수 있는 힘이 생겼다. 그렇게 마음의 위로가 받고 싶다면, 사주를 보러 갈 것이 아니라 내 집 안의 현관 바닥 한 번 더 닦는 것이 나의 운에 더 도움이 된다는 것을 알기 때문이다.

참고로 말하자면 나 역시 사주를 볼 줄 안다. 하지만 그것이 본질적으로 사람들의 삶의 문제를 해결해줄 수 없다는 것을 알기 때문에 특별히 이야기하지 않는 것이다.

# 사주를 믿어서는 안 되는 이유

이렇게 이야기하면 마치 '사주는 다 틀렸다'라는 것으로 생각할 수 있을 것이다. 그러나 절대 그런 의미로 이야기하는 것이 아니다. 사주 역시 동양철학을 바탕으로 해 한 사람의 삶을 풀이해내는 일종의 통계학과도 같다. 그리고 나 스스로의 타고난 성향을 파악하고, 특히 어린 자녀들의 기본적인 성향을 알아볼 수 있는 유용한 도구다.

개인마다 10년을 주기로 운이 바뀌는 것을 '대운'이라고 한다. 특히 그 대운에 있어서는 한 사람의 인생이 큰 틀을 벗어나지 않는다고 생각한다. 하지만 그렇다고 해서 가만히 있을 수는 없지 않은가. 그리고 만약 10년의 대운이 나에게 좋지 않게 흘러간다고 한다면 가만히 있을 것인가. 아니다. 그냥 그것은 그렇게 생각하고, 나는 나대로의 노력을 해야 하는 것이다.

바로 이것이 풍수와 사주의 큰 차이점이다. 사주는 나 스스로의 노력과 나의 마음가짐, 내가 쌓아온 운을 통해서 오늘 하루의 운을 바꿀 수 있고, 1년의 운을 바꿔나갈 수 있다. 그렇게 해서 궁극적으로는 정해진 대운까지도 변형시킬 수 있다. 물론 이렇게 되기까지는 환골탈태에 가까운 피나는 노력이 필요하다. 90% 이상의 사람들은 이러한 노력을 해내지 못한다. 하지만 내가 사는 공간에 대한 운은 앞서 운의 진실에서도 이야기한 것처럼 나의 노력으로는 바꿀 수 없는 운이다. 오로지 공간을 옮기는 것뿐이다. 한편으로는 선택지가 하나뿐이니 단순하게 생각해도 무방하다.

그러니 사주의 원리 자체를 부정하는 것은 아니나, 내 한순간의 마음가짐과 노력으로 순간순간을 잘 이겨내고, 나를 이겨내는 성공의 시간들을 쌓아가면 나의 의지에 따라서 살아갈 수 있게 되는 것이다. 그러니 사주를 때때로 잘 활용하되, 스스로의 노력을 절대 게을리하지는 말자.

## 인생 개운법

이렇게 나의 노력을 통해서 혹은 외부의 힘을 빌려서 내 운을 바꿔나가는 것을 '개운'이라 한다. 혹자들은 '개운법'이라고 해서 이런저런 미신적인 행위들을 장려하곤 한다. 물론 내 삶을 바꿔보기 위한 노력을 한다는 점에 있어서는 모든 행위들이 다 의미가 있다. 그것 역시 경험이며 시행착오일 수 있으니 말이다. 하지만 진정한 개운법이라는 것은 스스로의 노력으로 일구어낼 때 가장 의미 있게 다가온다. 내 인생의 가장 큰 개운법은 장소를 옮기는 것이다.

그 선택지를 떠나서도 스스로 해나가야 할 일들, 내 노력으로 내 삶을 바꿔가야 하는 부분들이 있다. 그렇게 내 삶을 바꿀 수 있는 것들을 다시 정리해보겠다. 지금의 삶이 지겹게 느껴지거나 벗어나야 하는 상태라고 생각된다면, 아래의 개운법을 적극적으로 활용하라.

**똑같은 삶에서 벗어나라**: 나의 운을 바꾸고 싶다라는 생각이 든다면 똑같은 일상들에서 벗어나면 된다. 예를 들어 매일 저녁 퇴근을 하고 넷플릭스를 보는 것이 일상이라고 하자. 하지만 지금의 삶을 바꾸고 싶다면 매일 저녁 퇴근을 해서 집에서 넷플릭스를 보는 대신, 근처 카페에 일주일 동안 가서 책을 한 권 읽는 목표를 설정해보라. 공간을 바꾸고 습관을 바꾼다는 차원이다.

공간을 바꾸는 것이 효과적이기는 하나 그래도 밖에 나가는 것이 싫다면, 넷플릭스를 보지 않는 것으로 바꾸어보면 된다. 넷플릭스를 보지 않는다는 전제하에서는 무엇을 하든 좋다. 그렇게 며칠만 해보면 같은 일상이 다르게 느껴지기 시작할 것이다. 그러니 시간적으로든, 공간적으로든, 혹은 만나는 사람이든, 어떤 것이든 좋으니 작은 차원에서 변화를 주도록 하자.

**가지 않던 길을 가라**: 나는 늘 출장을 다니고 항상 새로운 곳을 보고 접하기 때문에 뇌에 많은 자극을 받는 편이다. 그래서 그런지는 몰라도, 오히려 고시공부를 할 때보다 머리가 더 잘 돌아가고 책도 쉽게 읽히고 세상의 소식도 빠르게 눈에 들어오곤 한다. 뇌를 자극하는 차원에서, 그리고 나의 운을 바꾼다는 차원에서 내가 가보지 않았던 곳을 가보면 분명 새로운 기분을 느끼게 될 것이다.

멀리 가지 않아도 된다. 바로 옆 동네라 하더라도 내가 가보지 않았던 곳이라면 괜찮다. 심지어 내가 사는 아파트 단지라도 내가 발을 디뎌보지 않은 곳이 있다. 그렇게 새로운 공간을 접하는 순간들을 늘려보면 보이는 것들이 많을 것이고, 내 삶을 돌아보는 순간들이 생겨날 것이다.

더 의미 있는 변화를 주고 싶다면, 이왕이면 좋은 기운이 있는 소원 명당에 꼭 다녀오길 권한다. 앞에서 소개한 어느 곳이든 괜찮다.

**실행을 작은 단계로 나누어라:** 보통 어떤 문제의 상황에 맞닥뜨렸을 때 해결을 제대로 못하는 이유는 어떤 것부터 해결해야 할지 모르기 때문이다. 거창하게 이야기할 필요 없이, 내가 일주일 동안 책 한 권을 무조건 읽어야 하는 상황이 발생했다고 생각해보자. 300쪽에 달하는 책이다. 막연히 일주일 동안 읽어야 한다는 생각만 가지고 일주일을 지내게 되면 생각보다 버겁게 느껴진다.

이럴 때 나에게 주어진 시간을 세분화해보자. 7일 동안 읽는다고 생각하고 균등하게 나누면 하루 약 43쪽을 읽으면 된다는 계산이 나온다. 하지만 주중에는 출근도 해야 하니 30쪽 정도 읽을 수 있다면 평일엔 총 150쪽, 주말 이틀 동안은 75쪽은 읽어야 한다는 계산이 나온다.

물리적인 업무든, 내 인생에 닥친 문제든 모두 같은 원리로 생각하면 된다. 당황하지 않고, 지금 당장 할 수 있는 단위로 일을 쪼개어보면 생각보다 많은 것들을 쉽게 해결할 수 있다.

# 완벽한 사람에게는
# 운이 따라오지 않는다

우리의 불완전함은 어찌 보면 혜택일지도 모른다.
그러니 나의 완벽하지 못함을 탓하지 말고
오히려 감사하는 것이 현명하다.

## 나쁜 일이 일어남에 감사하라

인생 자체가 모든 것이 완벽한 사람이 있다고 가정해보자. 이 사람은 무얼 하든 다 성공하고, 언제나 건강하고 쾌활하며, 평생을 행복하게 살아간다. 이 사람을 싫어하는 이는 아무도 없고 모두가 그(녀)를 보고 기쁨을 얻는다. 이런 사람이 존재할 수 있을까? 모든 사람은 크고 작을 뿐 나름의 불완전함과 해결해야 할 숙제들을 안고 태어난다.

완벽한 이는 신이라 불리는 존재밖에 없다. 신에게는 운이라는 개념이 없다. 달리 생각해보면 인간이 불완전하기 때문에 운이 삶에 들어올 수 있고, 그 운을 쌓기 위해서 이렇게 노력하고 있는 것이다. 우리의 불완전함은 어찌 보면 혜택일지도 모른다. 그러니 나의 완벽하지 못함을 탓하지 말고 오히려 감사하는 것이 현명하다.

항상 좋은 일만 일어나는 것이 아니므로 가끔 일어나는 나쁜 일에 대처할 방법도 준비해야 한다. 가장 좋은 대처 방법은 나쁜 일이 일어난 것에 대해 도리어 감사하고 이를 통해서 얻을 수 있는 것이 무엇인지를 생각하는 것이다. 운의 일곱 번째 진실과도 같다. 이런 식으로 생각하면 나쁜 일을 통해 좋은 운을 만들어낼 수 있게 된다.

만약 운전 중 나도 모르게 속도를 위반해 벌금을 물게 되었다고 가정해보자. 보통 이런 경우 그날 기분이 좋지 않을 수 있다. 속도 위반의 범위가 커지면 금액도 커져서 그날 하루는 기운이 빠진 채로 지내게 될 것이다. 이때 생각을 달리해보면 어떨까?

보통 풍수나 사주에서 사고에 대해 예측하는 경우가 있다. 그리고 그 사고는 내 인생에서 어쩔 수 없이 일어날 수밖에 없는 숙명인 경우도 있다. 그것이 '송사'인 경우라고 생각해보자.

송사는 형사처벌을 받는 경우도 있을 것이고, 주변에서 민사소송이 들어오는 경우, 경찰서에 갈 일이 생기는 경우, 그리고 도로교통법 위반으로 벌금을 무는 경우 등이 있다. 이것은 운의 크기에 따라서 달라진다. 내가 그날의 운이 좋은 경우라면 내가 올해 반드시 겪어야 할 송사가 재판정에 가는 것이 아니라 주차위반 '딱지' 정도가 되는 것이다. 만약 오늘 하루 뜻하지 않은 사건·사고가 일어나더라도 그것은 운이 좋아서 더 크게 일어날 일이 그 정도에서 그치게 된 것이니 오늘 일어난 그 일을 기쁘게 생각하라.

## 10%의 계획이 섰다면 실행하라

몸담고 있던 조직에서 내던져지고, 새로운 사업을 시작한다는 것이 쉬운 일은 아니었다. 모든 단계가 조심스럽고, 어디 하나 의지하고 물어볼 곳이 없었다. 하지만 주변에 사람이 없다고 내가 가고자 하는 길을 멈출 필요는 없다. 내가 마음먹은 길에는 운이 따르고, 의지에 따라서 길을 만들어갈 수도, 길이 보여질 수도 있는 것이다. 그래서 유튜브 관련 서적들을 사서 읽었다. 그리고 유명 유튜버가 하는 인터넷 강의도 들었다. 그러면서 나의 길과 운을 스스로 만들어가게 되었다.

그 이후에도 새로운 사업을 벌이고자 할 때면 항상 주저하는 마음이 있었다. 어느 정도의 계획이 섰을 때 실행을 해야 하는지가 항상 고민이었다. 늘 이 문제를 생각하던 차에 우연히 마주하게 된 유튜브 영상에서 김미경 강사님을 만나게 되었다. 영상에서 하시는 말씀이, 무엇이든 10%만 준비가 되었다면 일단 실행을 하라는 것이었다. 그리고 나머지는 실행 이후 하나씩 채워가라는 것이다.

나는 마치 멘토를 만나 직접 코칭을 받은 듯한 느낌이었다. 그 이후로 많은 일들에 대해서 기획은 명확하게 하되 어느 정도 준비가 되면 바로 사업을 시작하는 것으로 기준을 세우고 실행에 옮겼다. 물론 큰 리스크가 없는 일들을 시작할 때라는 것을 전제해야 한다.

너무 완벽하게 하려고 하면 오히려 더 많은 기회를 놓친다. 무턱대고 일을 저지르는 것도 문제지만 대개는 준비 기간이 너무 길거나, 막연히 생각만 가지고 사는 경우가 많다. 무언가를 하고자 마음을 먹었다면, 조금이라도 준비가 되었다면 가능한 한 바로 실행하자.

운은 절대 가만히 있는 사람에게는 찾아오지 않는다. 책상에서 세상을 가질 계획은 세워놓아야 하지만 궁극적으로 문을 열고 나가지 않으면 그 어떤 운도 나를 알아보지 못한다는 것을 기억하자.

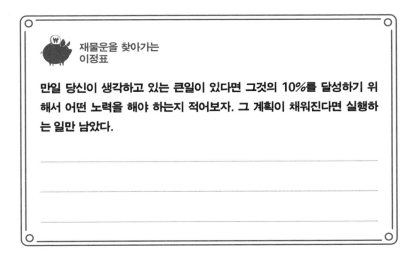

**재물운을 찾아가는 이정표**

만일 당신이 생각하고 있는 큰일이 있다면 그것의 10%를 달성하기 위해서 어떤 노력을 해야 하는지 적어보자. 그 계획이 채워진다면 실행하는 일만 남았다.

# 뻔한 자기계발서보다
# 더 뻔하게 사는 이유

한번 생각해보자. 뻔한 내용이라고 넘겨버린
그 책의 내용들을 제대로 실현하고
내 삶에 적용해본 적이 있는가를 말이다.

다짐 〈 실행 〈 꾸준함

참 많은 자기계발서들이 시중에 나와 있다. 20여 년 전에도 이런 말을 들은 적이 있었다. 사람들은 자기계발서를 보면 너무 뻔해서 잘 읽지 않는다고. 하지만 20여 년이 지난 지금도 자기계발서는 넘쳐나고, 오히려 더 세분화되고 더 전문화되어 매일 쏟아져 나오고 있다.

자기계발서를 쓰는 작가들은 자기 나름대로 삶에서 얻은 통찰을 책을 통해서 나누고 싶어 할 것이다. 나 역시 마찬가지다. 이 책을 통해 내가 생각하는 좋은 기준들을 전하고 싶어 안달이 나 있는 상태다. 워낙 많은 사람들이 비슷한 이야기를 하다 보니 뻔하다 느낄 수밖에 없는 것도 사실이다. 하지만 한번 생각해보라. 뻔한 내용이라고 넘겨버린 그 책의 내용들을 제대로 실현하고 내 삶에 적용해본 적이 있는가를 말이다.

내가 사는 시간들을 들여다보면 생각보다 일률적으로 살아가는 경우가 많다. 규칙적인 삶은 미덕에 가깝다. 하지만 잘되기를 바라면서도 기존의 나쁜 습관을 규칙적으로 실천하는 것은 어리석은 일이다. 물론 나쁜 습관에서 빠져나오고 싶겠지만 쉽지가 않을 것이다. 뻔한 자기계발서보다 더 뻔한 인생에서 벗어나고자 한다면 아래의 3단계를 반드시 기억하자.

## 뻔한 삶에서 벗어나기 위한 3단계

**다짐**: 뻔한 삶을 벗어나고자 하는 사람이라면 가장 먼저 해야 하는 것은 다짐이다. 나 역시나 나쁜 습관을 쉽게 고치지 못하는 사람 중 하나다. 하지만 뻔한 삶에서 벗어나고자 하는 열망은 누구보다 강렬하다.

그런 덕분에 매일 새롭게 주어지는 날의 아침에는 반드시 오늘은 나자신을 이기고 성장하겠다고 새롭게 다짐을 한다. 다짐을 하는 행위는 운을 부르는 외침과도 같다. 설령 나의 다짐이 꺾인다고 해도 다시 다짐하면 된다. 작심삼일 인간이라고 스스로를 폄하하지 말고, 삼일작심을 놓지 않는 꾸준한 사람이라고 칭찬하자.

**실행**: 다짐은 어찌 보면 쉬운 일이다. 좋은 책과 영화, 혹은 좋은 사람과의 대화, 강연 등을 듣고 나면 마음에 새로운 생각이 들어와 이제는 나도 좀 달라져야겠다 생각하며 새로운 다짐들을 하게 된다. 그러나 불과 10분도 지나지 않아서 금방 원래 살던 대로 살게 되는 스스로를 발견하게 될 것이다. 날씬하고 건강한 사람의 쾌활한 모습과 좋은 에너지를 보고 나도 이제 지긋지긋한 옆구리살들과 이별하리라 마음먹게 된다. 하지만 10분도 지나지 않아 친구의 부름에 곧장 달려가 치킨을 뜯고 있는 자기 모습을 보게 될 것이다.

사람들의 모습은 거의 똑같다. 다짐의 순간들을 남들보다 조금이라도 더 이어갈 수 있다면 뻔한 삶에서 벗어나는 출발을 했다고 볼 수 있다. 이젠 다짐을 실행에 옮기자.

**꾸준함**: "도는 단박에 깨쳐도 습성은 단박에 깨치지 못한다"는 말이 있다. 깨닫는 마음을 얻기는 쉬우나 기존의 습관을 벗어던지고 깨달은 마음을 유지해나가는 삶을 실행하는 게 어렵다는 뜻이다. 위에서 다짐과 실행의 단계를 알게 되었다면, 꾸준히 반복하는 일만 남았다. 누구든 마찬가지다. 무엇이든 한 가지를 꾸준히 실행하고 내 삶에 쌓아왔다면 그것은 언젠가 빛을 내며 밖으로 드러나게 된다. 그리고 지금부터 새로운 삶을 살고자 한다면 다시 무던하게 다짐과 실행의 순간들을 이어가면 된다. 언제쯤 바뀌려나 하는 마음으로 하지 말고, 그냥 그 순간에 빠져서 즐기면 된다. 밑 빠진 독에 물을 붓는 것처럼 '그냥' 하면 된다.

# 나와의 약속도 나의 운을 키우는 일이다

성공한 사람들이 왜 중요한 동서양의 고전들을 수백 번 수천 번을 읽고 또 읽었겠는가. 그것은 매일매일 자신의 다짐을 견고히 하고, 더 나은 지혜를 얻고자 하기 위함이다. 새로운 삶을 위한 3단계는 나와의 약속과도 같다. 나와의 약속을 잘 지켜낸 사람은 스스로의 운을 잘 키워온 사람들이다.

　로스쿨에 들어가기 위해서는 LEET라는 법학적성시험에서 좋은 성적을 받는 것이 가장 중요하다. 법학적성시험의 난이도는 수능 언어영역의 난이도에서 곱하기 100이라고 생각하면 쉽게 이해될 것이다. 법학적성시험의 성적이 좋은 학생들은 대부분 소위 말하는 스카이 출신의 학생들이다. 그때 내가 알게 된 사실은 머리가 타고난 학생들도 간혹 있겠지만, 궁극적으로는 같은 10대와 20대를 보내도 매일 약속을 잘 지키고 공부를 쌓아온 학생들의 삶은 다를 수밖에 없다는 것이었다.

　지금까지 내가 쌓아 온 것이 없다고 생각된다면 너무 실망할 필요는 없다. 내가 발견하지 못한 것일 수도 있고, 정말 없다고 해도 지금부터 쌓아가면 되니까 말이다. 멀리 보지 말고, 오늘 하루부터 다시 살아갈 생각을 이어가자.

# 기분 나빠하는 것도
# 돈을 잃는 것이다

화는 말 그대로 불이다.
음양오행에서 불은 금을 녹이는 속성이 있다.
즉 화를 한 번 낼 때마다 나의 재물운은 녹아내리는 것이다.

## 화와 걱정에 대해

예전에 한 스마트스토어 강의에서 이런 내용을 들은 기억이 난다. 고객을 응대하는 CS와 관련한 내용이었는데, 고객이 부당하게 환불을 요구하는 상황일 때 굳이 언쟁을 벌이지 말고 과감하게 환불해주라는 것이다. 만약 그 고객과 언쟁을 벌이고 설득을 하게 된다면 그 한 사람과 최소 30분에서 한 시간 가까이 대화를 이어가게 된다.

그뿐만 아니다. 그렇게 해서 환불을 해주지 않으면 그 사람이 나에 대한 앙심을 품고 각종 SNS에 여러 부정적인 내용들을 남길 수도 있다. 나 역시 그 사람으로 인해 하루 종일 업무에 집중하지 못하고 감정소모를 하게 된다. 피곤했던 뒷목이 더 뻐근해지고 혈압이 올라서 한의원에 침을 맞으러 가야 하는 상황이 벌어질지도 모른다.

그러므로 매뉴얼을 만들어두었다가 설득이 되지 않는 사람, 상식적인 대화가 되지 않는 사람이라면 환불을 빠르게 진행해주는 것이다. 그것이 오히려 돈을 버는 일이다. 부정적인 상황은 언제 어디서 일어날지 모른다. 그에 어떻게 대처하는가에 따라 나의 운을 지키는 지혜가 생겨나는 것이다.

화는 말 그대로 불이다. 음양오행에서 불은 금을 녹이는 속성을 지닌다. 금은 재물이다. 즉 내가 화를 한 번 낼 때마다 나의 재물운이 계속해서 녹아내리는 것이다. 그러므로 일상에서 화를 내지 않는 것은 곧 돈을 버는 효과를 가져온다.

화와 더불어서 나의 운에 나쁜 영향을 주는 것이 걱정이다. 걱정을 하면 삶의 긴장도가 높아지게 되고, 쉽게 몸이 피로해져 더 많은 일을 해내지 못하게 된다. 보통 걱정을 할 때는 무언가를 더 잘해야 하는 압박을 받는 상황일 때가 많다. 그렇다면 잘할 수 있도록 준비를 해야 하는데, 걱정은 전혀 도움이 되지 않는다.

걱정을 하고 싶어서 하겠냐라고 할 수 있겠지만, 걱정한다고 해서 일이 나아지지 않는다면 안 하는 게 맞지 않겠는가. 진짜 걱정을 하지 않으려면 철저하게 준비를 했어야 할 것이고, 그렇지 못해서 다가오는 결과에 책임을 지는 것이 염려되어 걱정을 하는 것이라면 체

넘하고 받아들이는 것이 감정소모를 줄이는 일이다. 그러니 화와 걱정, 이 2가지는 내 인생의 운을 감소시키고, 더 많은 운이 들어올 자리를 막고 있는 것이라고 생각하면 된다.

## 담을 때와 풀어야 할 때를 알아야 한다

화에 대한 이야기를 조금 더 이어보자면, 보통 화를 담고 있는 분들이 참 많다. 의뢰인들과 상담을 하다 보면, 수십 년 전의 응어리를 지금까지 끌고 와서 여전히 같은 정도의 분노를 가진 분들을 만나곤 한다. 얼마 전 한 분은 묘에 대한 문의를 하시면서, 돌아가신 시어머니에 대한 분노가 여전하다는 것을 인정하셨다.

나 역시나 잊지 못할 화나는 순간들이 있었다. 지금도 그것들을 생각하면 불쑥불쑥 속에서 무언가 올라오는 기분이 들곤 한다. 하지만 그것도 습관이다. 그것들이 지금의 내 본래 감정은 아니라고 생각하는 것이 현명한 판단이다. 불쑥 화가 올라와도 대부분은 시간이 지나면 잊히는 것들이다.

보통 분노의 상황을 마주하게 되었을 때 속으로 풀어내거나 밖으로 표출하거나, 이렇게 2가지의 현명한 선택지가 있다. 대부분의 관계나 조직에서 화를 밖으로 표출했을 때의 부작용이 더 많은 것이 사실이다. 이런 말을 하는 나 역시 화를 참는 것이 쉽지는 않은 성격이다. 그럼에도 불구하고 그것이 올바른 선택이 아니라고 생각되는 것들이 있으면 항상 고쳐나가려 애를 쓴다.

그렇다고 해서 무조건 화를 속에 담아두게 되면 그것도 병이 된다. 보통 '화병'이라고 하지 않던가. 몸속에 쌓인 화는 물리적인 병으로 발현된다. 몸과 마음이 이어져 있음을 증명하는 전형적인 사례다. 이렇게 화를 속으로 해결할 것인지 겉으로 풀어낼 것인지는 나의 선택이다. 어떤 것이 정답이라고 할 수는 없다. 다만 내 속에 담아두는 선택만큼은 피하도록 하자.

아까도 말하지 않았던가. 화는 금을 녹인다고. 그러므로 오래도록 묵혀두어 냄새나는 불의 기운은 이제는 꺼버리도록 하자.

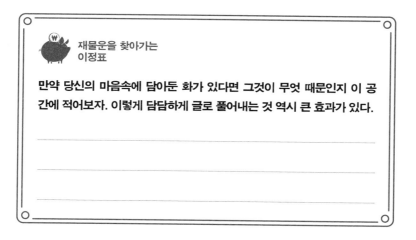

**재물운을 찾아가는 이정표**

만약 당신의 마음속에 담아둔 화가 있다면 그것이 무엇 때문인지 이 공간에 적어보자. 이렇게 담담하게 글로 풀어내는 것 역시 큰 효과가 있다.

# 공부해라,
# 잘 살려면

**많은 재산을 가진 사람들은
분명 보이는 것 너머의 피나는 노력의 결과로서
많은 재산을 가지고 있다.**

## 똑똑하지 못하면 가난할 수밖에 없다

조금 기분이 나쁠 수도 있겠지만 지적인 수준과 경제력은 어느 정도 이어진다는 것을 우리는 오랜 시간을 통해서 알고 있다. 그래서 자녀의 교육에 대한 것만큼은 어느 시대, 어느 나라를 막론하고 똑같이 중요하게 생각하는 것이다. 똑똑하지 못한 사람에게 돈과 운이 뒤따르기는 참으로 어렵다.

나는 영상을 만들고 강의를 제작하고 강연을 할 때면 최대한 내용을 세분화해서 알려주기 위해 노력한다. 그리고 그동안 사람들이 많이 물었던 질문들, 그리고 실생활에서 혼자서도 적용할 수 있는 기본개념을 알려주기 위해 노력한다. 그렇게 했을 때 정보를 받아들인 사람도 기본적인 개념을 바탕으로 삶에 응용하고 적용할 수 있기 때문이다.

모든 순간마다 특정한 분야의 전문가에게 질문할 수는 없다. 그리고 무조건 질문하고 답을 들으려는 것도 좋은 태도는 아니다. 전문적인 분야는 공부할 수가 없기 때문에 전문가를 통해서 자문을 받는 것이 맞다. 하지만 스스로 해결할 수 있는 문제는 혼자 공부를 통해 해결하려 노력하는 것이 좋다. 그러면 사고력과 현실 대처 능력이 빨라지게 된다.

내가 스스로 판단하고 결정해서 그렇게 얻어진 답으로 또 시행착오를 겪고 나만의 길을 만들어가야 한다. 사람들은 부자들의 '보이는 것'으로 쉽게 판단하려 한다. 그들이 하고 다니는 외양을 통해서 나와 그 사람들과의 괴리감을 느끼고 스스로를 초라하게 만든다. 그리고 그들을 부정하고 트집을 잡기 시작한다.

많은 재산을 가진 사람들은 분명 보이는 것 너머의 피나는 노력의 결과로서 많은 재산을 가지고 있다. 물론 상속으로 아무것도 하지 않고도 일확천금을 얻는 사람도 있다. 하지만 그것은 극히 드문 경우이고, 설령 그렇게 얻게 된 재산이라 하더라도 그에 맞는 지혜와 지식이 없다면 그 돈을 오래도록 유지하기는 어렵다.

우리는 정상적인 방법을 통해서 부자가 되고 싶어 한다. 설령 매주 로또를 사면서 나에게 일어날지도 모를 일확천금의 기회를 기다리기도 하지만 이제는 그 돈도 인생을 바꿀 만큼의 가치를 지니지 않는 시대를 살고 있다. 부자가 되기 위해 머리를 싸매고 시험공부를 해야 된다는 뜻이 아니다. 책을 읽고, 강의를 듣고, 사람들이 하는 이야기를 주의 깊게 듣는 것부터 시작하면 된다.

만약 자녀가 있다면 나의 삶을 희생하면서까지 자녀가 '안정정인' 직장을 얻도록 할 것이 아니라 어떠한 일을 하든 만족할 만큼의 돈을 벌고, 만족할 만한 일을 할 수 있는 지적 능력과 지혜를 길러주는 것이 더 현명한 부모다. 그러다 보면 주변에 보이는 정보들의 객관성 여부도 느껴지게 될 것이다.

## 부자들을 따라 하라

✳

부자가 되기 위해서 공부를 해야겠다는 마음이 들었다면, 이제 어떤 것부터 공부해야 할지 알아보자. 부자가 되고 싶다면 부자를 따라 하라는 말도 이제는 흔한 명제가 되었을 만큼 많은 이들이 알고 있다. 하지만 어디서, 어떤 것부터 해야 할지 막막할 것이다. 가장 쉽게 할 수 있는 것은 서점에서 부자가 쓴 책들을 찾아보거나 부자들이 하는 강의를 찾아보는 것이다.

강의의 가격도 천차만별이다. 몇만 원에 이르는 것에서부터 천만 원에 가까운 강의들도 있다. 최소한의 비용 부담도 없이 부자가 되려 하는 사람은 없을 것이라 생각한다. 무조건 비싸다 생각하지 말고 이게 왜 이 정도의 가격이 책정되었는지, 내가 낼 수 있는 비용은 어느 정도이며, 이 정도면 어느 정도까지 얻을 수 있을지 고민해보자.

주변에 부자라고 할 만한 사람이 있고, 그에게서 부자가 될 방법을 배울 수도 있다. 하지만 주변에 부자라고 할 만한 사람이 없을 확률이 높고, 설령 잘사는 사람이 있다 하더라도 어떤 질문이든 할 수 있는 사이가 아닐 확률이 높다. 그렇다고 해서 포기할 필요는 없다. 그냥 무턱대고 물어보는 것도 좋다. 어차피 돈이 들어가는 것도 아니다. 아니면 책을 쓴 부자들에게 이메일을 보낼 수도 있다.

나에게도 수많은 사람들이 이메일로 질문을 한다. 어떤 사람은 메시지보다 더 짧게 이메일을 보내면서 바로 질문을 남기는 경우도 있고, 어떤 사람은 공손한 인사로 시작해서 자신의 솔직한 이야기, 그리고 자신이 궁금한 내용을 조심스레 물어보는 경우도 있다. 주저하지 말고 어떤 선택지든 결정해서 실행하면 된다.

또 한 가지는, 내가 종종 사용하는 방법이기도 하다. 고급 호텔 로비에 있는 커피숍에 가는 것이다. 비록 커피 한 잔의 가격이 뼈아프겠지만, 이것 역시나 치킨 한 마리 가격에 불과하다. 그곳에 가서 책을 읽고 기록을 하며 유의미한 시간을 보내는 것도 좋지만, 궁극적으로는 그곳에 오는 사람들을 잘 관찰하는 것이다. 그리고 호텔 로비에서 플래그십 세단에서 내리는 사람들이 누군지, 어떤 모습을 하고, 어떻게 걷고, 어떻게 생겼는지를 보는 것이다. 말로 다 옮길 수 없을 만큼 많은 것을 느낄 수 있을 것이다.

궁극적으로 지금 당장 큰 비용을 들이지 않고도 우리가 그들을 따라할 수 있는 것은, 그들의 마음가짐과 행동습관이다. 내가 말한 방법들을 통해서 하나씩 수집해보자. 그것을 적어서 나의 삶에 적용하라. 그리고 그 행동과 생각들을 따라 하면서 지금 당장 부자가 되었다고 생각하면, 가장 강력한 힘을 가져올 것이다.

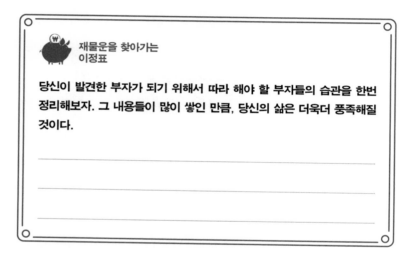

재물운을 찾아가는
이정표

당신이 발견한 부자가 되기 위해서 따라 해야 할 부자들의 습관을 한번 정리해보자. 그 내용들이 많이 쌓인 만큼, 당신의 삶은 더욱더 풍족해질 것이다.

# 부자의 단면에
# 속지 마라

오늘 바라보는 부자가 부자라고 해서
내일도 부자라고 단정할 수 없다.
한 치 앞도 알 수 없는 시간을 우리는 살아가고 있다.

## 비율에 집중하라

강의, 유튜브, 컨설팅을 통해서 풍수지리와 풍수인테리어에 대한 지혜를 계속해서 나눠드리고 있다. 그럴 때마다 항상 뒤따르는 비아냥 중 하나는 "잘사는 사람들은 그런 것 안 지키고도 잘살던데"라는 말이다. 전형적으로 부자의 단면에 속고 있는 것이다.

운을 모으는 대원칙은 누구에게나 동일하게 적용된다. 그리고 지금 잘사는 것으로 보이는 사람은 이미 쌓인 운이 발현이 된 상태다.

그들도 운을 쌓는 노력을 게을리한다면, 밑 빠진 독은 금방 바닥을 보일 것이다. 지금까지 쌓아 놓은 것을 쓰고 있는 모습을 보곤 아무렇게나 살고 흥청망청 살아도 괜찮게 사는구나라고 느껴선 안 된다. 그렇게 해서 막 지내면 결국 그렇게 생각하는 사람만 손해인 것이다.

그리고 한 가지 더 유념해야 할 점이 있다. 오늘 바라보는 부자가 부자라고 해서 내일도 부자라고 단정할 수 없다는 것이다. 우리는 한 치 앞도 알 수 없는 시간을 살아가고 있다. 우리가 운에 대해서 공부하고 운을 쌓고자 노력하는 것은, 한순간만 부자가 되려는 것이 아니라 오래도록 부를 유지하고 오래도록 걱정 없이 살고자 하기 위함이다. 동의하지 않는가? 그러니 부자의 단면에 휘둘리지 말고, 자신에게 부자의 순간들을 채워갈 노력만 계속해서 실천하면 될 일이다.

지금의 삶에서 더 나은 삶으로 좀처럼 나아가지 못하는 사람들의 특징 중 하나는, 비율에 대한 관념이 없다는 것이다. 예를 들어 2천만 원 아반떼를 타고 다니는 사람이 1억 원 벤츠를 타는 사람을 부러워한다고 치자. 그런 생각도 들 것이다. 어차피 다 같은 차인데 저렇게까지 사치를 할 필요가 있나, 라고.

여기서 잘못된 판단 중 하나가 사치의 개념이다. 1억 원짜리 차를 타는 자체는 사치가 아니다. 사치는 분수에 넘치는 소비를 할 때 쓰는 말이다.

만약 2천만 원 아반떼를 타는 사람의 한 달 월급이 세후 250만 원일 때, 그 사람이 2천만 원 아반떼를 유지하기 위해서 매월 사용되는 금액이 50만 원이라고 한다면 자동차에 매월 소득의 20%를

**비율을 통한 세상 보기**

| 사람 | 차 | 가격 | 월급 | 유지비 | 소득대비 비율 |
|------|------|--------|--------|--------|--------------|
| A | 아반떼 | 2천만 원 | 250만 원 | 50만 원 | 20% |
| B | 벤츠 | 1억 원 | 2천만 원 | 300만 원 | 15% |

* 두 사람의 경제 수준상 아반떼 소유주가 과소비를 하고 있다.

소비하는 것이다.

다음으로 1억 원 벤츠를 타는 사람은 월급이 세후 2천만 원이다. 월 유지비가 300만 원이면 월 소득의 15%를 소비하는 것이다.

그렇다면 두 사람의 경제 수준에서 봤을 때는 아반떼를 유지하는 사람이 오히려 과소비를 하고 있는 것이다. 이처럼 우리는 비율을 통해서 세상을 바라보는 눈을 길러야 한다. 그리고 기본적인 경제 규모를 키우기 위해서 노력하는 것이 부자의 길이다. 나의 상태에서 감당하기 어려운 퍼센트의 소비를 하는 사람이 진정으로 가난한 사람인 것이다.

비율을 통해서 세상을 바라보게 되었을 때, 대부분의 사회현상에서 나타나는 숫자들에도 민감해진다. 그리고 뉴스나 신문에서 보이는 숫자들에 대해서도 균형 잡힌 시선을 갖게 된다. 절대적인 숫자의 크기가 아닌, 그 금액이 어떤 곳에서 어느 정도의 비율을 차지하는지 생각하는 것, 바로 이것이 더 풍족한 삶으로 이끌어줄 부자의 사고방식 중 하나인 것이다.

# 부자는 돈으로 시간을 번다

신흥부자들의 경우, 소득이 들어오는 구간이 보통 여러 개다. 소득이 들어오는 라인을 총 3가지로 구분할 때 월급소득, 자산소득, 사업소득으로 나눠볼 수 있다. 부자들은 이 중에서 보통 2가지 이상의 조합을 가진 사람들이 많다.

월급소득이 높으려면, 대개 전문직종 종사자이거나 근속연수가 어느 정도 이상이 되어야 할 것이다. 자산소득이 높으려면, 끊임없이 자산에 대한 투자와 경험을 쌓아서 돈이 돈을 버는 수준이 된 상태다. 사업소득이 높으려면, 사업에 대한 노하우를 바탕으로 해 안정적인 상태로 사업을 유지할 수 있는 상태. 이러한 상황들이 모였을 때, 나의 노력을 들이는 것보다 점점 더 많은 돈이 들어오게 되는 시스템이 갖추어지는 것이다.

이것을 해석해보자면 부자들은 돈으로 시간을 확보한다. 하루 중에 조금만 일하고도, 직장인들의 평균 월급의 수십 배 혹은 수백 배 이상의 돈을 벌 수 있게 된다. 물론 그렇게 되기까지 수많은 연구와 노력이 뒷받침되었다는 것을 다시 한번 기억하자.

반대로 보통의 삶을 살아가는 사람들, 즉 마음으로만 풍족한 삶을 염원하는 사람들은 자신의 시간을 통해서 돈을 버는 사람들이다. 다시 말하면 나의 시간을 들여서 직장에 다니고 특정한 곳에 소속되어 적당한 월급을 받고 사는 것이다. 월급을 받고 직장에 다니는 것 자체를 낮추어 생각하는 것이 아님을 알아주었으면 한다. 더 나아지길 바라면서도 보통의 삶에서 벗어나지 못하는 경우일 때를 안타깝게 생각하는 것이다.

그러니 지금 내가 더 풍족해지고 싶다면, 돈이 돈을 벌어다주어서 시간을 확보할 수 있는 방법들을 고민하고 나아가야 한다.

# 누구도 부럽지 않은
# 나 자신이 되는 법

정직하게 살아온 사람들의 눈빛은 흔들리지 않는다.
그들의 곁에 가면 조금은 딱딱하지만
맑은 기운이 흐른다.

## 이유 있게 당당하라

부러우면 지는 것이라는 말을 자주 사용하곤 한다. 부러움 자체는
좋은 것이나, 부러움 이후에 따라오는 감정들에 주의해야 한다. 시
기하지 않고 나의 동력으로 삼을 수 있도록 나의 생각과 마음을 잘
단속해야 하는 것이다. 이렇게 말할 수 있는 이유는, 나라는 사람도
잘되고 싶은 욕구가 강하고 누구에게 지는 것을 정말 싫어하기 때문
이다. 그래서 더더욱 질투심이 잘 일어나는 내 마음을 경계하려 한

다. 부러우면 지는 것이라는 말을 마음에 새기고, 부럽지 않기 위해서 흔들리지 않도록 노력해야 한다.

누구에게도 부럽지 않은 나 자신이 되기 위해서 가장 먼저 알게 된 가치는 바로 '정직함'이다. 부럽지 않기 위해서는, 우선 나 자신이 떳떳해야 한다. 그 떳떳함이라는 것은 내가 정직하게 살았을 때 갖추어나갈 수 있는 것이다.

영화나 드라마를 보게 되면 범죄자들이 경찰차만 지나가도 괜히 주눅이 들고 피하려 하는 장면들이 연출되곤 한다. 실제로도 그렇다. 만약 실수를 저질렀고, 그것을 수습해야 할 의무가 있음에도 불구하고 도망치게 된다면 죄책감에 시달리게 된다. 움츠러든 마음 때문에 괜히 사람들의 눈치를 보게 된다.

문제는 여기서 더 나아갔을 때다. 한 번의 실수는 두 번의 실수를 낳는다. 두 번의 실수가 세 번의 실수가 되면, 죄책감도 줄어들게 된다. 사람은 적응의 동물이다. 죄책감이 줄어든 자리는 뻔뻔함이 자리를 잡게 된다. 그것은 결코 당당함이 아니다.

따라서 나쁜 일이 벌어진 것을 그대로 두면 계속해서 나빠지게 되는 것이고, 그것을 바로 잡게 된다면 좋은 일로 뒤바뀌는 것이다. 그러니 일단은 정직하게 사는 것이 중요하다.

정직하게 살아온 사람들의 눈빛은 흔들리지 않는다. 그들 곁에 가면 조금은 딱딱하지만 맑은 기운이 흐른다. 이렇게 나 스스로가 떳떳해진 다음에, 부러워하지 않는 사람이 될 수 있도록 노력해야 한다. 그러한 노력은 다음의 3단계로 나누어볼 수 있다.

## 누구도 부러워하지 않는 나 자신을 만드는 3단계

**과거 포용**: '나'라는 존재는 시간을 통틀어서 존재하고 있다. 특히 과거의 행적들이 바탕이 되어 현재의 삶을 이룬다. 그렇게 봤을 때 과거에 내가 어떤 잘잘못을 했건 간에 그 모든 것을 있는 그대로 바라보고 '나'의 일부로서 포용할 수 있어야 한다. 그렇지 않으면 계속해서 온전하지 못한 과거의 내 모습이 신발에 붙은 껌딱지처럼 붙어 다니게 될 것이다.

**현실 직시**: 과거를 포용하고 나면, 그다음 단계는 나의 현실을 직시하는 것이다. 나는 지금 어떠한 사람인지, 그리고 나의 능력은 어느 정도인지, 내가 무엇을 원하고 갈망하는지를 알아야 하는 것이다. 그러한 탐색의 과정은 이 책 전반의 내용만 잘 적용하더라도 쉽게 이뤄낼 수 있다.

**미래 준비**: 충분히 직시한 현실을 바탕으로 앞으로의 내 모습을, 내가 바라고 희망하는 모습에 가깝도록 실현 가능한 계획을 세우는 것이다. 미래를 준비하지 않는 사람에게 다가오는 삶은, 그저 시간이 가져다주는 삶이다. 시간을 거슬러 내가 원하는 삶을 살아갈 때 진정 더 행복한 삶을 살아갈 수 있다.

**실행력(경력)**: 잘 준비된 계획까지 마련이 되었다면, 이제 실행만 하면 된다. 그리고 앞에서 말했던 것처럼, 꾸준해야 한다. 이 꾸준한 노력과 계획의 실행이 나아가 나의 경력이 된다. 이러한 경력까지 갖추게 되면, 소위 말해서 누구도 부럽지 않은 나 자신을 만들어가게 된다.

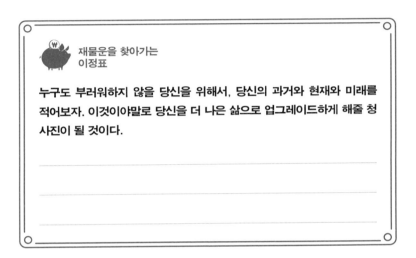

재물운을 찾아가는
이정표

누구도 부러워하지 않을 당신을 위해서, 당신의 과거와 현재와 미래를 적어보자. 이것이야말로 당신을 더 나은 삶으로 업그레이드하게 해줄 청사진이 될 것이다.

# 행운과 지금의
# 상관관계

## 셀프 토닥토닥

20년도 넘었지만 지금 보아도 명작인 영화 〈굿 윌 헌팅〉을 보면, 어릴 적 아동학대로 인해 비운의 천재로 살아가는 주인공 '윌'이 나온다. 영화의 말미에 윌은 어릴 적의 자신을 드디어 마주하게 되는데, 그럴 수 있었던 것은 자신의 옆에서 트라우마를 용기 있게 마주할 수 있도록 도와준 교수의 노력 덕분이었다. 교수는 주인공에게 이렇게 말했다.

"It's not your fault(너의 잘못이 아니야)."

주인공은 처음으로 다 큰 어른이 아닌, 학대를 당하던 어린아이로 돌아가 어린아이처럼 펑펑 울음을 터뜨리며 마음에 쌓아둔 응어리를 풀어내기 시작한다.

우리는 모두 이 〈굿 윌 헌팅〉의 주인공과 같은 마음을 하나씩은 가지고 있을 것이다. 우리는 누군가의 위로가 아니라 해도, 당신 스스로를 위로해줄 수 있다. 한번 어깨를 스스로 쓰다듬어줘보라.

앞서 소개한 나의 아침 루틴 중에서 내가 말하지 않은 것이 하나 있는데, 나에게 물 한 잔을 대접하면서 항상 내 어깨를 쓰다듬으며 고맙다는 인사를 전하는 것이다. 너무나 고마운 나 자신에게, 그리고 여전히 힘들어하고 있는 나 자신에게, 어깨를 쓰다듬으며 한마디를 건네어보자. 분명, 나도 모르게 울컥하는 날도 있을 것이고, 마음이 따뜻해지는 것을 느끼는 날도 있을 것이다. 그 누구도 대신 위로해줄 수는 없다. 나 자신을 내가 위로해줄 때 가장 큰 효과를 얻고, 이러한 힘을 바탕으로 다른 사람도 위로해줄 수 있게 된다.

## 행복을 지금으로 가져오는 법

이렇게 나를 위로하고 나면, 그다음으로는 행복을 '지금'으로 가져오기 위해 노력해야 한다. 영화 〈어바웃 타임〉에서 주인공은 대대로 시간을 여행할 수 있는 능력을 가진 집안에서 태어난다. 그래서 마음만 먹으면 과거로 돌아가 실수를 뒤집을 수 있게 된다. 영화의 마지막에서 주인공은 가장 행복할 수 있는 단계를 깨닫게 된다. 그것은 시간여행을 하지 않고 매 순간 최고의 순간으로 살아가는 것이다.

우리가 쌓아온 운을 지금으로 가져오는 방법이 있다. 행복을 '지금'에 두게 되면 시간여행이 없이도 행복할 수 있다. 행복을 지금으로 가져오는 법칙은 매우 간단하다. 지금 이 순간, 행복하면 된다. 하지만 이것을 실천하기는 매우 어려울 것이다. 이러한 개념을 깨닫기까지 내 인생의 지금까지 거의 모든 시간이 걸렸다고 해도 과언이 아니다. 이제서야 겨우, 이것을 깨닫고 실천을 조금씩 해나가고 있다.

나는 항상 준비하는 삶을 살아왔다. 중학교와 고등학교 때는 좋은 대학에 가는 것이 미래의 행복이었고, 대학교에 가고 20대 내내 나의 행복은 사법시험에 합격하는 것이었다. 30대가 되어서는 우리나라의 풍수를 전 세계에 알릴 수 있는 사람, 엄청난 자산을 가진 자산가가 되는 것이 내 미래의 행복이었다. 하지만 준비만 하고 살면서, '지금'의 행복을 가져올 줄 몰랐기 때문에 또 다른 삶의 단계로 넘어가도 똑같은 실수를 반복했다. 언제나 행복은 저 멀리 있는 것이었다. 30대 초반이 되면서 그것이 잘못되었다는 것을 깨닫게 되었고, 조금씩 행복의 목표를 현재로 앞당기기 시작했다. 그러다 보니 이제는 행복의 목표가 그날그날 있도록 할 수 있는 단계가 되었다.

모든 날이 성공인 것은 아니다. 하지만 오늘 내가 행복하기로 한 목표가 책을 50쪽 읽고, 비대면 컨설팅을 3건 진행하는 것이라면, 그것을 다 실천하게 되면서 행복한 오늘이 완성되는 것이다. 더 세분화하자면 오전에는 비대면 컨설팅 3건을 성공하는 것이 행복이며, 또 세분화하면 이 시간에 비대면 컨설팅 1건을 완성하는 것이 행복의 목표다.

그리고 마지막으로는 지금 내가 이렇게 일을 할 수 있고, 생각할 수 있고, 걸을 수 있는, '지금' 내가 현재 누리고 있는 이 공간과 공기, 나를 둘러싼 이 운들 자체만으로도 감사할 줄 아는 것이 행복을 지금으로 가져오는 법칙을 구현해내는 방법이다.

이것이 지금까지 나의 삶을 통해 쌓아온 것 중에서, 가장 소중한 것이며 이 책을 통해 만난 당신에게 전해주고픈 마지막 이야기다. 부디 나의 이야기를 잘 이해해서, 당신도 행복을 지금으로 가져오는 방법을 터득했으면 한다. 당신에게 있어 가장 행운의 순간은 수많은 재산을 얻게 되는 순간이 아니다. 그토록 바라던 한 사람을 얻을 때도 아니다. 바로 '지금'이다.

## CHAPTER 5 Summary
# 나의 운(내면)

- 한 사람의 삶은 모든 선택의 합으로 구성된다. 현명한 선택을 할 줄 아는 사람에게 언제나 운은 따라오게 되어 있다. 포기할 때와 이겨내야 할 때를 알고, 신중히 고민해 빠른 선택을 내리는 연습을 이어가자.

- 풍수 컨설팅이 귀중한 이유는 삶의 시행착오를 줄일 수 있기 때문이다. 이처럼 당신 스스로가 삶의 시행착오를 줄여나갈 수 있는 선택을 이어간다면, 그 누구보다 많은 시간을 확보해 풍족한 삶을 얻을 수 있는 기회를 만들 수 있다.

- 사주도 동양 철학의 바탕을 둔 학문이지만, 한 사람이 살아가면서 만나게 될 공간과 사람의 변수는 고려하지 않았다. 그날그날의 운세를 따지려 하지 말고, 내가 바꿀 수 있는 운에 대해서는 적극적으로 바꾸는 노력이 곧 나의 운세를 결정짓는다.

- 완벽한 사람에게 운은 찾아오지 않는다. 계획하고 있는 일이 있다면, 10%만 갖추었을 때 바로 실행하라. 그리고 큰 리스크를 지지 않는 선에서 도전을 반복하라.

- 대부분의 사람들은 뻔한 자기계발서보다 더 뻔한 삶을 살아간다. 스스로의 다짐을 구체적으로 실행해야 하고, 그것을 반복해야 뻔한 삶에서 벗어나 주체적인 삶을 살 수 있게 된다.

- 분노와 부정적인 감정은 내가 그날의 할 일을 방해하고, 효율성을 떨어트려 현실적으로도 돈을 잃는 결과를 낳는다. 감정을 잘 컨트롤하고, 화를 담아둘 때와 풀어내야 할 때를 잘 구별해내야 한다.
- 막연히 부자가 되고 싶다는 헛된 욕심만 키워선 안 된다. 궁극적으로 부자들이 어떠한 삶을 살고 있는지를 파악하라. 그리고 그것을 따라 하면서 나의 삶을 부자의 순간들로 채워가라.
- 나보다 풍족하게 살아가는 사람들의 단면만 보고 그들을 부자라 단정짓지 마라. 당신은 오늘 하루가 아닌 오래도록 부자가 되고자 하는 사람이다. 그렇다면 단순히 보이는 모습과 절대적인 숫자에 길들여지지 말고, 비율로 세상을 바라보라.
- 누구도 부러워하지 않는 나 자신을 만들기 위해서는 나 자신에 대해서 총체적으로 알아가는 시간을 가져야 한다. 과거와 현재, 미래의 나 자신을 잘 들여다보고 내가 원하는 바를 적어 실행해나가자. 그럴 때 그 누구 앞에서도 당당한 사람이 된다.
- 언제나 미래에 상정해둔 행복을 지금 이 순간으로 가져와라. 이 책 전체를 통해서 궁극적으로는 지금 당장 행복할 수 있도록 하는 것이 모든 귀결점이자 곧 시작이다.

# 재물운이 좋아하는 당신에게

여기까지 읽어온 당신에게 진심으로 축하의 메시지를 보낸다. 앞에서의 내용을 잘 이어왔다면 분명 여러분의 마음과 외양, 관계 그리고 공간까지 모든 것들이 변화되어 있을 것이다.

주변을 한번 돌아보라. 늘 같은 것들 속에서 살아가고 있다고 생각하지만, 모든 것들은 변하고 있다. 이 책을 읽는 동안에도 모든 것들은 변했을 것이다. 운의 첫 번째 진실처럼 말이다. 변하지 않는 것은 단 하나뿐이다. 모든 것은 끊임없이 변한다는 사실이다.

책의 마지막 시점에서 이야기하고 싶은 것은, 운이라는 것은 결국 여러분 자신이라는 점이다. 만약 처음부터 이 이야기로 시작했더라면 당신은 아마 이 책을 오래 잡고 있지 못했을 것이다. 하지만 지금까지의 과정을 잘 밟아온 당신이라면 이 말을 듣자마자 운의 '마침표'를 찍는 기분이 들 것이라 생각한다.

지금까지 지겹도록 운에 대한 이야기를 했지만, 그 모든 운이라는 것 자체가 바로 여러분이다. 어떠한 공간에 있든 여러분이 공간을 잘 가꾼다면, 여러분이 그 공간에서는 좋은 운 그 자체가 되는 것이다. 타인과의 관계에서도 그렇고, 나 자신에게도 마찬가지다.

단, 좋은 운일지 나쁜 운일지는 여러분들의 행동과 마음가짐에 달려 있다. 당연히 어떤 쪽을 선택해야 할지는 잘 알고 있을 것이다.

행복을 현재로 가져오는 것처럼, 부자가 되기 위한 과정도 마찬가지다. 대개 모든 빚과 대출금이 해결되고, 원하는 것을 모두 할 수 있는 만큼의 돈이 통장에 들어 있다면 지금 당장 행복할 수 있을 것이라고 생각한다. 하지만 실상은 그렇지 않다. 행복감을 느끼는 것도 잠시뿐이다. 또다시 닿지 않은 곳에 정해놓은 행복의 목적지를 좇기만 하면서 지금 가진 것들을 돌아보지 못하게 될 것이다.

지금 당장 '부자가 되었다'라고 생각하는 것부터 시작해야 한다. 그리고 그것이 생각이나 최면이 아닌, 여느 책에서나 읽었을 법한 뻔한 이야기가 아닌 진정한 진실이 되고자 한다면, 여러분들 스스로 깨닫는 노력이 필요하다.

마음의 힘이 있는 분들은 지금 당장 부자의 길을 시작할 수 있을 것이다. 오래도록 마음이 좋지 않은 상황에 놓여 있던 분들이라면 쉽게 바뀌지는 않을 것이다. 어떠한 상황이든, 우리가 잘 살고자 한다는 것만큼은 사실이다. 그렇다면 진정으로 그렇게 될 수 있는 방법을 찾아가야 한다. 그렇게 했을 때 진정으로 재물운이 좋아하는 당신이 되어 있을 것이다. 그리고 재물운 그 자체이자 귀인인 당신이 되어 있을 것이다.

　부자의 삶, 재물운이 항상 따르는 삶을 살게 된 당신을 진심으로 축복한다.

천동희(머찌동)